国家出版基金项目
NATIONAL PUBLICATION FOUNDATION

■2015年度国家社会科学基金重大项目——中国西南少数民族传统村落的保护与利用研究

中国西南少数民族村落的保护与发展
保护研究系列

孙华 主编

消逝的繁荣

——搜寻和保存滇西盐村诺邓变迁的影子

干小莉 周珂 著

巴蜀书社

图书在版编目（CIP）数据

消逝的繁荣：搜寻和保存滇西盐村诺邓变迁的影子/干小莉、周珂著--成都：巴蜀书社，2021.12

（中国西南少数民族村落的保护与发展丛书）

ISBN 978-7-5531-1641-9

Ⅰ.①消… Ⅱ.①干… ②周… Ⅲ.①村落—调查研究—云龙县 Ⅳ.①K928.5

中国版本图书馆CIP数据核字（2021）第279114号

消逝的繁荣：搜寻和保存滇西盐村诺邓变迁的影子

XIAOSHI DE FANRONG SOUXUN HE BAOCUN DIANXI YANCUN NUODENG BIANQIAN DE YINGZI

孙华　主编　　干小莉　周珂　著

出品人	林　建
总编辑	侯安国
责任编辑	王群栗　张立园
出　版	巴蜀书社 成都市槐树街2号　邮编：610031 总编室电话：（028）86259397
网　址	www.bsbook.com
发　行	巴蜀书社 发行科电话：（028）86259422　86259423
经　销	新华书店
印　刷	成都东江印务有限公司
版　次	2021年12月第1版
印　次	2021年12月第1次印刷
成品尺寸	210mm × 285mm
印　张	23.75
字　数	480千字
书　号	ISBN 978-7-5531-1641-9
定　价	480.00元

ISBN 978-7-5531-1641-9

保护民族村寨，促进社会发展（代前言）

孙 华
（北京大学文化遗产保护研究中心）

中国的西南地区包括了四川盆地、云贵高原和青藏高原三大地理单元。这里是世界的屋脊，是中国长江、黄河和珠江三大河流发源的地方，是贯穿中国的半月形文化传播带经过的地方。西南地区的腹地，也就是青藏高原东麓地区（包括藏东南、川西高原和滇西高原），被称作中国西南山地热点地区。该地区东为海拔很低的四川盆地，西邻高耸的青藏高原，从海拔几百米的河谷到六七千米的山脉交替出现。复杂的地理环境和气候条件造就了这里独特的生物多样性、民族多样性和文化多样性。这里是中国民族最集中的地区，又是中国交通最困难的区域，许多民族还保留着东部发达地区早已经遗失了的行为方式、生活习惯、聚落形态、宗教礼仪和生产工艺，蕴含着极其丰富的民族文化信息，是进行民族学、人类学和民族考古研究最理想的区域。该地区少数民族聚居的村寨则成为所有这些历史和文化信息集中的一个个资料库，有待于我们去开启和利用。在现代化和城市化飞速发展的中国，许多西南边远地区的闭塞状况已经明显改善，村寨的文化景观也已经发生或正在发生悄然的变化。这些，更需要我们文化遗产保护研究的从业人员去迎接挑战，在当地人们生活水准提高的同时，努力保护好这份宝贵的遗产资源。

西南地区山高林密，交通困难，古代的统一事业相对进行得较为缓慢。直到今天，西南地区还生活着中国族类最多的少数民族，散布着星罗棋布的不同民族的村寨。这些村寨所在地区相对封闭，经济也发展缓慢，文化的演进还基本上沿袭着其千百年来形成的自然节奏，不像中国东部和中部地区那样，乡村文化景观已经发生了很大的变化。由于西南少数民族所在的自然环境差异很大，社会发展水平参差不齐，文化习俗异彩纷呈，其乡村文化景观也有着显著的不同。这种不同，最集中地体现在其民族居住的村寨内。丰富多彩的少数民族村寨蕴涵着居住在其中的人们的大量社会、历史、文化和艺术要素，对我们认识中国多元一体的民族结构，研究这些少数民族的社会历史，丰富和发展人类的文化艺术，促进当地社会的可持续和谐发展，有着重要的价值。这些价值具体体现在以下三个方面。

首先，西南少数民族村寨是中国大多数少数民族丰富多彩的传统文化的集中保存地，是世界多元文化的重要组成部分。西南地区是中国南北向的文化传播带和东西向的文化传播带经过的地方，云南高原地区更是这两条文化传播带交叉的地方。前一条南北向的路线被称为“半月形文化传播带”或“藏羌（彝）走廊”，是中国北方及西北地区的古代族群南下的主要通道。考古学的证据表明，从新石器时代的仰韶文化时期起，北方的居民就沿着这条通道不断南下。后一条东西向的路线，也是古代族群迁徙的重要通道，这些族群沿着从云贵高原发源或流经的多条大河（如长江的支流沅水和乌江，珠江的上游南、北盘江，元江／红河的上游礼社江），或从云贵高原东下至长江中游、珠江口甚至红河下游地区；或从中下游地区逆流而上，进入到贵州高原甚至云南东南部地区。正是这两大文化传播带和族群迁徙通道的存在，造就了西南地区，尤其是云贵高原地区民族和文化的多样性和复杂性。中国现有56个民族，西南地区就集中了汉、壮、回、苗、土家、彝、藏、布依、侗、瑶、白、哈尼、傣、傈僳、仡佬、拉祜、水、佤、纳西、羌、仫佬、景颇、毛南、布朗、阿昌、普米、怒、京、基诺、德昂、门巴、独龙、珞巴等民族，占我国已识别民族总数的三分之二；此外，中国绝大多数未识别民族，也都分布在西南地区。这些民族基本上是以农业为主要经济形态的定居民族，由于各村落的历史形成不同、文化渊源各异，因而形成了种类众多、风格多样、习俗也千差万别的村落乡村文化景观。无论是文化的多样性还是村落形态的多样性，在西南地区都得到最充分最集中的体现。

其次，西南少数民族村寨是人类发展历史的实物证据。严格意义上的历史时期，是指有文字记录的时期，这个时期在中心地区开始于商代晚期的殷墟时期，但西南地区则比较晚，且各区域进入历史时期的年代不尽相同。在云贵高原的古夜郎道沿线，历史时期开始于西汉中期；在西藏地区，历史时期始于吐蕃时代；而在其他地区，有文字记载的历史开始更晚。而这种狭义历史时期的西南地区历史，文献的记载都是西南地区古代族群的人们与中心地区的人们发生了重要接触行为时的记录，如汉武帝通西南夷、蜀汉诸葛亮平南中、唐与吐蕃调整关系、南诏侵益州及交州、忽必烈灭大理、明太祖时的平云贵、明万历时的平播州、清雍正时的改土归流、清乾隆时的大小金川之役，等等。除了这些重大历史事件以外，文献记载中关于西南少数民族地区的记载并不多。我们要认识这个地区的历史，其史料来源除了文献记载外，早期的主要是考古材料，晚期的则主要是蕴含在村落中的民族志资料。回顾历史可以知道，一个古族自从其共同的生活区域基本稳定以后，如果没有积累的内部冲突或外界干扰，其聚居的村落有的会一直延续下来（当然随着人口的繁衍等原因也不断会有新的村落建立）。云南云龙县白族的诺邓村，由于这里很早就发现有盐卤涌出，白族先民很早就在这里定居，唐代樊绰《云南志》

中就已经有了“诺邓”之名，该村的形成肯定在唐代甚至更早的时代，是一个千年村名不改、聚落不迁的具有深厚文化积淀的传统村落。现代西南每个民族的村落中都蕴含着丰富的历史信息，通过这些信息，我们可以知道许多考古材料和历史文献所没有的古族历史的细节，从而为研究西南民族史做出贡献。除此以外，西南少数民族村落还能提供中国东部地区发展历史的重要参考材料。由于社会发展的地域性不平衡，我国东部地区许多历史上曾经有过的东西都已经消失了。“礼失而求诸野”，在中国西南民族村落中，就保存了许多中国中心地区曾经有过但现在已经消失的文化现象。研究西南民族村落的现在，很可能有助于了解我们的古代。

最后，西南少数民族村寨是西南地区社会发展的重要资源。西南地区各个不同的地域，是世世代代生息在这些地方人们的心灵家园。这里集中保存着他们祖辈的业绩，有他们世代相承的生存智慧、生活方式和文化传统。由于现代社会发展十分迅猛，特别是在现代化、全球化和城乡一体化的浪潮中，原先生活在相对封闭、节奏缓慢、发展滞后的西南少数民族村寨的人们，在使人眼花缭乱的外来信息的冲击下，自然会产生种种不适应，不仅对外界也对自身产生种种困惑，从而就会希望在自己的家园获得一些慰藉。如果说外来文化的冲击，使得西南少数民族村寨的传统发生某种程度的中断，当地村民持续而稳定的生活变得不那么具有连续性，是催生西南少数民族地区人们乡愁的纵向因素的话，那么，当今西南地区许多少数民族村寨的年轻一代离开世居的村寨到城市务工，置身于一个完全不同于传统乡村的现代城市中，这种空间距离和文化差距就是生成这些外出村民乡愁的横向因素。这样，作为家园的传统村寨就成为包括少数民族在内的现代人们用以寻求自我的心灵平衡、重新找到精神归属感的自我防御机制的重要“文化空间”。除此以外，中国西南地区山峦起伏，森林广布，自然景观随地区和地形而变化，既有云遮雾罩、山重水复的高原山地，又有天高气爽、环山嵌湖的高原平坝，还有白云蓝天、绿草如茵的高海拔草原，多样的自然环境加上多样的文化传统，造就了丰富多彩的建筑类型和建筑风格，形成了文化景观迥然不同的村落风格。优美的环境，奇特的建筑，再加上位于外地人很少去的偏远地区，西南少数民族村寨受到了国内外公众的普遍喜爱。早在20世纪前半期，俄国人顾彼得（Peter Goullart）就这样深情地写道：“我很早就梦想找到并生活在一个被大山与世隔绝的美丽的地方，也就是若干年后詹姆斯·希尔顿在他的小说《失去的地平线》中描写的‘香格里拉’。小说的主人公意外发现了他的‘香格里拉’。而我在丽江，凭我执着的追求寻觅，找到了我的‘香格里拉’。”前些年，《中国国家地理》曾发起过评选中国最美村落的活动，高居榜首的不是江浙水乡村落，不是皖南徽州村落，而是四川丹巴县甲居嘉绒藏寨，就说明了这个问题。西南少数民族村寨因而也就成了一种重要的旅游资源，成为促进当地经济、文化和社会发展的一个重要因素。

不过，也正是由于现代化、城市化、全球化的冲击，西南少数民族村寨才与中国其他地方的传统村落一样，几乎所有村寨都有了电灯照明、电话通信和电视信号接收。一条条公路、一根根电线和一道道电波正在将乡村与城镇连接起来，与世界其他地方联系起来，乡村也不可避免地要被卷入全球化的浪潮。即使在最偏僻的一些村寨，外来的观念、外来的文化和外来的设施都已经进入这些村民的头脑中、行为中和日常生活中。这种跨越自然区隔的道路建设和信息管道的建立，使得原先相对被“隔离”的乡村变得不那么封闭了，乡村的生态环境发生了变化。这种变化也必然导致乡村的许多方面向城镇靠拢，从而使乡村文化景观发生变异。这种变化的表象之一，就是许多民族村寨的人们受到城市和工厂的吸引，年轻人大多外出务工，村内剩下的大都是老人、孩子或中年以上妇女，失去了最有活力的青年群体，原先兴旺的村寨已经衰落和破败，村落面临着严重的空心化、老龄化、城郊化等问题。并且随着乡村经济走向多元化，西南地区许多村寨的家庭都有了兼业（副业），由于各家兼业种类和规模的不同，各个家庭的收入也有较大的差异，整个乡村社区的结构已趋向复杂。根据文化人类学或考古学的理论，越是复杂的事物，越容易发生变异。西南少数民族村寨的乡村文化景观，加快其原先基本稳定的发展演变节奏，已成为一个不可避免的现象。

在现当代全国统一的土地制度、行政制度和管理模式下，在当下城市化、城乡一体化和现代化的冲击下，西南地区少数民族村寨面临的问题与中国所有传统村落基本相同，主要体现在这样四个方面：一是普遍失去了传统的自下而上的自组织能力，自上而下的全国统一的他组织行为代替了具有个性化的自组织行为，传统文化多样性生成的土壤已经不复存在；二是伴随着现代化和城市化进程的迅速推进，村民大量涌向城镇，原先的基层政权对乡村的管控能力降低，导致村寨内部凝聚力下降甚至丧失；三是传统乡村与城镇的生产关系发生逆转，新的城乡关系导致多数西南少数民族村寨日益破败，城乡间的贫富差距进一步增大；四是开始于贵州湄潭县，进而在全国实施的农村土地的“两权分离”和“长久不变”，使得包括西南少数民族村寨在内的土地权属固化，无论是改善村民的居住用房和人居环境，还是试图致力于村寨的规模化产业的发展，都变得非常困难。除了这些问题，我们在相当长一段时期内，强化了城镇与乡村的差别。农村户口的人们一旦因读书、招工、参军等因素获得了城市户口后，就失去了再回到农村的可能性。他们退休后不能在故乡买房建房，为乡村建设发挥作用，只能在城市买房安度晚年，将积累的财富和资源留在城市。这与过去乡绅阶层不少是从城市退休返乡、将在城市赚取的财富和资源带回乡村的情况截然相反。而在不断推进城市化的今天，乡村的人们不再被一亩三分地束缚，他们大量在城市务工，不少人将挣得的工资储存起来在城镇买房，人才资源和资金资源不断从乡村被带到城市，而城市的人才资源和资金资源却很少进入农村。这些因素，导致城市与农村的差距加大，农村不免日益贫困化和边缘化。

中国西南少数民族村寨既然有重要的文化价值和社会价值，现在它们的存在状态和发展趋势又面临着许多问题，这就需要我们尽快选取保护对象，寻找保护对策并采取相应的行动，使这些承载着丰富文化信息的传统村寨能够更长久地保存和延续。

中国西南地区幅员辽阔，基本保持着传统风貌的村寨数量很多，有些位于高山陡坡、交通不便、存在地质灾害、不利于村民生产生活的村寨，当然只能采取拆村搬迁、合村并寨等方式进行处理；那些靠近城镇、已经或即将纳入城镇建设区的村寨，那些位于交通要道沿线、传统风貌正在迅速变异的村寨，已经无法也没有必要再采取保护行动。西南少数民族地区村寨数量众多，许多村寨都具有相近的自然环境和村寨建筑，如何在每个少数民族的众多村寨中选取具有典型性和代表性的村寨，这是保护好西南民族村寨的首要问题。中国是一个文明古国，又是资源相对缺乏的人口大国，遗产保护与民众生计的矛盾比许多国家都尖锐。即使是那些已经成为历史陈迹的古代遗址，保护起来仍然存在着保护性用地与乡村耕地和宅基地之间的矛盾冲突，更何况乡村文化景观这样的动态遗产。因此，在制定西南少数民族村寨的保护规划之前，先要对这些地区的村寨进行全面调查，基本掌握现有村寨的相关信息，才能进行一个民族或一个自然地理单元的各村寨的价值比较，才能从中选择出不同价值层面的村寨，并将其列入不同的保护层级，才能确定保护的范围、资源的取舍和发展的方向。

生活在中国西南山地的各民族，由于其村寨散布在交通不便的山区，被文化遗产学界了解情况的村寨只占其中一部分（这些村寨主要沿公路分布并距离城镇不是很远），还有许多村寨有待于重新调查和认识。到目前为止，我们已有的少数民族调查报告，注重的是人而非物，其公布的信息还不足以使遗产保护和管理者认知其价值。以苗族为例，早在20世纪50年代前，就已经涌现出了被誉为“苗学研究的三座里程碑”的三部苗族调查报告；20世纪50年代后，国家组织社会学家、民族学家和历史学家也开展了大量苗族社会历史调查工作，其调查成果除了“中国少数民族社会历史调查资料丛刊”中的苗族部分外，西南诸省区还分别编写了不少苗族的调查报告，贵州省民族研究所组织编写的“六山六水民族综合调查”就是其中之一。这些原始调查报告当然很珍贵，却存在一些缺憾。缺憾之一就是这些调查要么是区域民族调查，其调查范围主要是以州、县、乡为单位，很少能够具体到自然村寨这样基层的聚落单位；要么是某些专家进行的以某民族某一文化要素为对象的专题调查，缺少一个典型村寨全部结构要素的综合资料。因此，以自然村落为考察单位，首先进行各地区各民族的村寨调查，从中选取典型的村寨编写出版系列的“中国西南少数民族村落内容总录”，是开展该地区传统村落保护的前期工作。在此基础上，就可以通过村寨价值的比较评估，首先筛选出可以推荐列入省市级保护的相关村寨，然后再选出可以推荐列入全国重点文物保护单位和国家级历史文化名村的村寨，最后将价值最高、特征最典型的村寨推荐列入《中国世界文化遗产预备名单》及《世界遗产名录》，从而真正做到分级实施保护。

正是考虑到中国西南地区少数民族村寨的重要价值和面临的问题，北京大学文化遗产保护研究中心和贵州省文物局达成共识：少数民族村寨是中国西南地区文化遗产最重要的组成部分，这些村寨正面临着迅速改变和消失的威胁，亟须采取有计划的保护行动。由于西南地区自然条件复杂，民族成分多样，聚落形态千差万别，在开始保护行动之前，首先需要对西南地区不同民族、不同区域、不同社群的村寨进行系统的调查，在充分了解这些村寨基本情况和存在问题，以及深入思考这些村寨特点的基础上，通过对比分析这些村寨的文化面貌和价值分级，选取亟须采取保护行动的村寨群落和村寨个体，然后编制与乡村发展相结合的保护规划，采取恰当且适度的保护性干预行动。为此，我们在2007年开始了中国西南地区少数民族村寨调查的号召和动员，并于2008年起首先从贵州黔东南苗族侗族自治州的苗族村寨和侗族村寨开始，展开了少数民族村寨基本情况的调查。

从2008年到2014年，我们调查的范围从贵州黔东南州延伸到了邻近的湖南通道县和绥宁县、广西三江侗族自治县，其间还对云南大理白族自治州剑川县的白族村落、四川甘孜藏族自治州丹巴县的嘉绒藏族村落进行了调查。参加调查的人员主要是高等院校的师生，其中有以院系、研究所或研究中心名义组织的海峡两岸高校和科研单位人员，包括北京大学、同济大学、中央民族大学、四川大学、广西师范大学、台南艺术大学、贵州省文物保护研究中心、成都市博物院等，还有多所高校的本科生和研究生个人自愿报名参加了调查。这些调查都是利用每年的暑期进行。七年间参加调查的人员数量，即使不计当地文物部门派遣的干部和当地参加调查的大学生，其数量也达到了309人次（其中有的师生多次参加，人员名单附后）。在此行动中，既有白发苍苍的老教师，如台湾清华大学的徐统、台南艺术大学的陈国宁教授，也有刚刚在大学修完“文化遗产概论课”参加实习的大学低年级学生，但主力则是来自历史学、考古学、社会学、民族学、建筑学、城乡规划学、博物馆学的大学毕业生和研究生。这些师生冒着酷暑，在西南偏僻的山村进行田野调查，先后调查了苗族、侗族、藏族、白族的村寨超过五十个，另对与少数民族村寨相关的贵州锦屏县隆里古镇、四川宝兴县曹家村进行了调研，撰写了这些村寨的调查简报。有了对这些村寨地理环境与资源、传说与历史、基本构成单元、内部与外部结构、人群与社会组织、生业与经济结构、生活方式与风俗、宗教信仰与禁忌、相关文化事项和村寨保存状况的基本了解，再着手选择需要列入保护的村寨，并开始对一些村寨开展保护所需的更详细的综合调查和专题调查，在现状勘察报告完备、存在问题厘清的基础上，开始编制保护与发展规划，并开展保护行动。

选取要采取保护行动的保护对象，无论是从岛屿生态地理学的理论来说，还是从尽可能多地保存我国传统村落的角度来说，都应当尽可能多地对有明显地理边界的成片传统村落和村落群进行整体保护。不过，传统村落不是简单的不可移动文物，我们不应当一味追求列入保护单位的传统村落数量。我们需要关注已被列为国家级或省（市）自治区级文物保护单位的传统村落的情况。这些村落通常都是以“某某村古建筑”的名义被列入保护单位的，保护的对象是这些村落中年代较早、规模较大的建筑群，不是整个村落，更不包括这些村庄赖以存在的农田、山林和川泽，也不包括这些村寨中的社会组织、生产工艺、民俗节庆、宗教礼仪等非物质文化事项，即其文物保护只是村落中个别物质文化要素的保护。这就容易出现传统村落中的公共建筑和个别民居保护较好、而整个村落及其载体却疏于保护的现象。我们还应当吸取中国历史城市保护的经验教训，这些教训是多方面的，其中的一个教训就是国家级的历史文化名城数量过多，先后公布的三批国家级历史文化名城总数达99座，这些历史文化名城大多基础研究还比较薄弱，针对历史文化城市不同类型所制定的保护策略又有欠缺，保护范围（整体城市文化景观保护、城市轮廓及街区文化景观保护、部分街区文化景观保护、重点城市建筑遗产保护）也不够明确，结果现在的历史文化名城除了被列入世界遗产的城市以外，绝大多数是名存实亡了。西南少数民族村寨规模一般不大，即使在贵州黔东南州有号称“苗都”的最大的西江千户苗寨，居民户数也不过1258户，人口不过5326人，其空间范围的大小和结构的复杂程度都无法与城镇相比，其保护难度比城镇要小些，保护模式应当以整体保护为主。不过，越是强调整体保护，在选取保护单位时就越应当注意代表性，否则有的地方会以为类似的村寨很多，改变几处无关紧要。一旦被列入高等级保护单位的民族村寨被人为破坏，而没有采取问责制追究有关责任人，就会使有关保护的法律规章失去其应有的权威，破坏行为就会蔓延，就如同大多数中国历史文化名城的遭遇一样。

我们早就认识到，一个完整的传统村落不仅是村落的建筑，还应当包括村落赖以存在的田地、水泽和山林，包括活动在这个区域内的人们及其传统行为模式。按照文化遗产的分类体系，传统村落应当归属于文化遗产的特殊类型——文化景观。文化景观是联合国教科文组织倡言的文化遗产的特殊类型，它是一定空间范围内被认为有独特价值并值得有意加以维持以延续其固有价值的、包括人们自身在内的人类行为及其创造物的综合体，其生活方式、产业模式、工艺传统、艺术传统和宗教传统没有中断并继续保持和发展的城镇、乡村、工矿、牧场、寺庙等，都应当属于文化景观的范畴。农业文化景观由于产业模式不同，又有传统村落文化景观和农场文化景观的分别，前者由于地理的区隔、传统的差异，文化面貌也异彩纷呈，是农业文化景观的主体，也是世界多元文化最重要的构成要素。中国西南的少数民族村寨，其地理环境多样，文化传统各异，许多地处偏僻山区的少数民族村寨迄今仍然保持了自己鲜明的传统和特色，是中国乃至世界的文化景观类型遗产的重要组成部分。不过，“文化遗产”不同于“文物”，前者包括了物质和非物质的遗留，后者则只针对物质的遗存。文物保护专家很容易将诸如少数民族村寨这样的遗产划分为两部分：村寨的聚落、民居和公共建筑被视为不可移动文物；而村寨内人们的日常用具、服装饰件则被归为可移动的民俗文物。至于传统村落赖以存在的田地、山林和丰富多彩的非物质文化事项，却没有被纳入文物保护的范畴。浏览目前已经公布的七批全国重点文物保护单位的名单，不难发现，几乎所有传统村落都是以“某某村古建筑”“某某民居（某某大院）”等名目出现的，文物保护面对的不是传统村落的整体，而是村落中的部分古建筑或代表性建筑。由于以文物保护单位这样的模式保护传统村落，尽管有国家《文物保护法》的法规作保障，仍然很难做到保护村落的完整性、真实性和延续性；但如果将文物保护单位的范围推广至整个村落，甚至村落外的田地和山林，那么如何制定文物保护和管理的规定，如何处理村民因人口增长而新建的住房，以及如何对待村民改造自己原有住宅以提高自己生活品质？凡此等等，都是目前从事传统村落保护，尤其是西南少数民族村寨保护需要思考的问题。

我们这套“中国西南少数民族村落的保护与发展丛书”，正是上面这些思考和工作的产物。全书由“内容总录”“勘察报告”“保护研究”三个系列组成，涵盖了西南部分少数民族村寨基本情况调查、专题研究与综合研究以及保护与发展规划和实施报告三个方面。

“中国西南少数民族村落内容总录”系列，以村寨为基本单位，全面介绍该村寨基本情况。本系列已经编写了12册，分苗族村寨、侗族村寨、藏羌村寨、白族村寨四卷。其中已经调查的重要侗族村寨分布于贵州、湖南、广西三省区，故又细分为《贵州侗族村寨调查简报》《湖南侗族村寨调查简报》《广西侗族村寨调查简报》若干分册。每一分册由2—5篇调查简报组成，我们希望关注传统村落保护与发展的学者和机构，能够通过这些调查简报，对这些村寨的历史文化和当下状况有一个最基本的了解。由于我们的田野工作以贵州黔东南州为中心，因而贵州的苗族和侗族村寨调查报告的数量也最多，占了这个系列的半数，这也是苗族和侗族村寨以黔东南地区数量最多、保存最好、文化事项最丰富现状的反映。

“中国西南少数民族村落勘察报告”系列，由多本典型少数民族村寨勘察报告、专项研究著述组成。由于内容相对简单的村寨调查简报还不能满足从事传统乡村研究、保护和发展的相关机构和个人的需求，需要对选取作为保护与发展对象的村寨做详细的勘察记录，找出该村寨存在的普遍性和特殊性问题，以便采取有针对性的保护与发展措施。计划撰写的勘察与研究报告有《贵州榕江县大利侗寨调研报告》《贵州榕江县大利侗寨勘测报告》《贵州锦屏县文斗苗寨调研报告》《贵州黎平县堂安侗寨整治报告》《四川丹巴县中路藏寨调研报告》《云南云龙县诺邓村调研报告》等。除此而外，我们还将在西南少数民族村寨保护与发展的实践中，选取一些典型案例，将其记录汇集成册，以提供其他从事传统村落保护的同志参考和评判。

“中国西南少数民族村落保护研究”系列，是西南少数民族村寨保护的综合研究。它包括了村寨的历史、特点、价值和问题的基础研究，包括了针对中国传统村落、西南民族村寨、某一区域和族群村寨、某个自然村落存在问题及应对措施的研究，还包括了某些正在采取保护行动的传统村落的保护规划、展示规划、发展规划、方案设计等。如《中国传统乡村文化景观研究》《侗族村寨文化景观研究》《苗族村寨文化景观研究》《坪坦河流域侗族村寨保护与发展初论——从生态博物馆的角度》《川西高原藏羌碉楼研究》《云南云龙县诺邓村专题研究》《贵州控拜村苗族银匠村研究》《贵州榕江县大利侗寨文物保护规划》《贵州榕江县大利侗寨保护与发展规划》等综合和专题研究专著，以及《西南少数民族村寨研究文集》这样的论文汇集。

最后，我要代表我们全体作者，向支持西南少数民族村寨调查、研究和保护工作的单位和个人表示衷心的感谢。首先应当感谢的是联合国教科文组织北京代表处，该处的遗产项目专员杜晓帆博士最早提请我们关注西南地区少数民族村寨的保护与发展，希望中国这样一个大国能够利用自己的优势给东南亚少数民族村寨的保护探索符合亚洲特点的路径，我们正是在晓帆博士的鼓动下分别从不同的领域投入到西南地区少数民族村寨保护之中。其次是海峡对岸世界宗教博物馆的陈国宁馆长，她不顾自己年事已高，在自己原先任教的台南艺术大学的支持下，多年来承担起了组织台湾高校师生到祖国的西南地区参加少数民族村寨调查的重任，除了将她在台湾从事社区博物馆和社区再造的经验带给我们，还增强了海峡两岸师生的交流和了解。其三是要感谢中央民族大学民族及社会学院、同济大学建筑与城市规划学院、四川大学历史文化学院、台南艺术大学文博学院、云林科技大学文化资产维护系等高校相关院系所的负责人，他们协助我们动员学生参与西南地区少数民族村寨调查，是我们调查组人力资源和学术资源的可靠保障。其四要感谢四川、云南、湖南、广西诸省区文物局，他们在经费、人员、后勤保障上给予了我们许多支持和帮助，如果没有他们，我们许多工作没法顺利推进。最后，我们要特别感谢贵州、四川、云南、湖南、广西诸省区我们曾经开展调研工作的县（自治县）文化文物系统的工作人员和乡村的基层干部，他们或与我们调查组的师生一起进驻村寨，充当我们的进村“向导”并为我们排忧解难，或充当我们在村中的“翻译”，帮我们联系村民，协助我们做社区动员和召开村民大会。正是在以上单位和个人的无私帮助和支持下，我们的村寨调查、村寨规划和村寨保护实践才能够顺利向前推进。

就在“中国西南少数民族村落的保护与发展丛书”首批图书即将出版之际，我们高兴地得知，国家已将“中国西南少数民族传统村落的保护与利用研究”列为国家社科基金重大招标项目，我们北京大学与中山大学分别中标承担起该课题的研究任务。回顾过去，我们西南少数民族村寨保护与发展的项目，最初只是北京大学支持的一个小课题，所获课题经费也只有五万元校长基金作为启动资金。多年的调查工作使我们从各方面筹集资金，非常节约地使用，使得我们历时八年、参加人员达三百余人次的田野工作能够顺利完成。国家出版基金设立后，基金委将“中国西南少数民族村落的保护与发展”作为首批国家图书基金资助项目，使我们这些年积累的调查和研究成果，能够有资金资助顺利出版。

希望本丛书能够给我们认识这些村寨提供基础资料，同时也希望这套简报能给予城市规划、乡村规划和区域规划者一个参考的依据，在城市发展、新农村建设的时候，能重新思考中国文化的核心价值，吸取农村发展的经验，厘清中国不同于其他文明的特色，构拟出一个适合现代国人生活和居住的蓝图。

附：参加西南少数民族村寨田野调查和报告编写人员名单

2008年度（20人）

孙华、张成渝（北京大学考古文博学院教员）。

王书林、吕宁、王敏、王璞、黄莉、马启亮、高玉、黄玉洁、童歆、干小莉、刘杨、石慧（北京大学考古文博学院、城市与环境学院）；刘睿、刘翠虹、刘业沣（中山大学人类学系）；郭琼娥、李蜜、杜辉（厦门大学历史系）。

2009年度（40人）

陈国宁（台南艺术大学文博学院教员）；孙华；李慧（四川大学历史文化学院教员）。

余昕、李伟华、丁虞、韩爽、张娥凛、戴伟、李林东、王哲妍（北京大学社会学系、考古文博学院、元培学院）；杨向飞、龙成鹏、张悦、张志磊、徐菲、王皓、罗洪、赵丹、王妹娜、邱艳、谢莉亚、周海建、杨丽玉、李灵志、黄秋韵、董晓君、宋秋、刘争（四川大学历史文化学院）；沈天羽、王韵嘉、雷继成、高忠玮、黄胜裕、陈韦伶、高玉馨、朱仲苓、张雯茵（台南艺术大学文博学院）；刘亦方（郑州大学历史与考古学院）；黄尚斐（中国传媒大学摄影系）。

2010年度（44人）

陈国宁；孙华、张成渝；江美英（南华大学艺术学院教员）；朱萍、马赛（中央民族大学教员、民族学与社会学学院教员）；白露、李林东（成都博物院文物考古研究所干部）。

王怡萍、范子岚、陈筱、张娥凛、何源远、赵昊、荆藤、邹鹏、余昕、郭明、李颖（北京大学考古文博学院、社会学系）；张林、陶映雯、向阳、贾凯丽、郑宜文、杨力勇、司马玉、张一辉、来源、吴仙仙（中央民族大学民族学与社会学学院）；冯佳福、吴昭洁、张康容、黄雅雯、苏淑雯、王柏伟、王净薇、谢如惠、黄淑萍、谢玉菁、钟子文、邓佳铃（台南艺术大学文博学院）；杨丽玉、张绍兴（四川大学历史文化学院）；韩婧（中山大学社会学与人类学学院）。

2011年度（61人）

徐统（台湾清华大学材料科学工程系退休教员）；陈国宁；孙华；王莞玲（兰阳技术学院建筑系教员）；江美英；朱萍；李智胜、郭秉红（贵州省文物局抽调专业干部）。

陈筱、陈元棪、梁敏枝、黄莉、焦姣、韩爽、杨玲、庄惠芷、张林、邓振华、何月馨、孙雪静、李梦静、周仪、丁雨、张瑞、柳闻雨、张琳、刘精卫、李皓月、王晴锋（北京大学考古文博学院、社会学系）；贾凯丽、郭领、刘学旋、郎朗天、雷磊、于梦思、王东、王博、王金、董韦（中央民族大学民族学与社会学学院）；袁琦（北京理工大学工业设计系）；闫金强（天津大学建筑学院）；杨丽玉（四川大学）；熊芝莲（云南师范大学日语系）；沈天羽、蔡译莹、赵庭婉、陈昱安、许又心、萧淑如，张康容（台南艺术大学文博学院、视觉艺术学院、艺术史学系）；段品淇、叶怡麟、郭维智、龚琳雅（云林科技大学文化资产维护系）；唐君娴（台北艺术大学建筑与古迹保存研究所）；谢以萱（台湾大学人类学系）；许明霖（台湾“中央”大学艺术学研究所）；林孟荪、陈仲甫（兰阳技术学院建筑系）；黄雅雯（高雄市立历史博物馆）；林义焜（台湾清华大学）。

2012年度（51人）

陈国宁；孙华；周俭（同济大学建筑与城市规划学院教员）；江美英；赵春晓（兰州建筑科技大学教员）；寇怀云（同济大学城市规划研究院职员）；赵瞳（清华大学建筑设计研究院职员）。

陈筱、陈元棪、王晴峰、张林、袁怡雅、刘昇宇、韩博雅、王小溪、朱伟、孙雪静、张锐、娃斯玛、刘婷、李楠、李可言、王斯宇、杨凡、刘天歌、尚劲宇、张予南、李寻球（北京大学考古文博学院、社会学系）；曾真、董真、庞慧冉、刘小漫、卞晶喆、白雪莹、单瑞琪、张琳、俞文彬（同济大学建筑与城市规划学院）；石泽明、陈海波（中央民族大学民族学与社会学学院）；刘若阳（北京中医药大学毕业生）；陈沛妤、蔡泽莹、曾正宏、张康容（台南艺术大学）；段品淇、叶怡麟、龚琳雅（云林科技大学文化资产维护系）；杨贵雯（台湾）；林欣鸿（台湾清华大学）；林孟荪（台湾高雄大学）。

2013年度（42人）

孙华；朱萍；王红军、杨峰杨（同济大学建筑与城市规划学院教员）；赵春晓（兰州理工大学建筑学系教员）。

陈筱、李光涵、尚劲宇、王一臻、尚劲宇、吴煜楠、王宇、冯玥、王云飞、陈时羽、张夏、张高扬、张林、王思怡、温筑婷、张锐、刘畅、李唯、张予南、徐团辉（北京大学考古文博学院）；巨凯夫、门畅、尹彦、魏天意、娄天、陶思远、王正丰、陈艺丹、朱佳莉、罗蓝辉、陆盈丹、李缘圆、韩瑞、郑晓义、冯艳玲（同济大学建筑与城市规划学院）；曹玉钧（北京林业大学园林学院毕业生）；于炳清（南京解放军理工大学）。

2014年度（39人）

杨树喆、海力波、冯智明（广西师范大学文学院教员）；赵晓梅（北京建筑大学建筑学院教员）；孙华；郭秉红（贵州安顺市文物局退休干部）。

陈容娟、李哲、党延伟、谢雪琴、蔡检林、徐田宝、梁膑、彭翀、杨斯康、谢耀龙、李婉婉、周洁、辛海蛟、甘金凤、赵家丽（广西师范大学文学院）；李光涵、张巳丁、冯妍、尚劲宇、孙静、加娜古丽（北京大学考古文博学院、社会学系）；解博知、张逸芳、吕妍（北京建筑大学建筑学院）；于炳清、陈罗齐（南京解放军理工大学）；张力、杨中运、郑耀华（兰州理工大学建筑学系）；黄雨博（四川大学历史文化学院考古系）；Suvi Ratio（苏葳，芬兰赫尔辛基大学人类学系）；陈会、陈燕（贵州省文物保护研究中心）。

2015年度（12人）

石鼎（复旦大学文物与博物馆学系教员）。

李光涵（北京大学考古文博学院）；孙静（北京大学社会学系）；王霁霄（清华大学规划学院）；殷婷云（清华大学建筑学院）；石本钰、冉坚强、张芬（贵州民族大学民族学系）；刘威（山西大学考古学系）；杜菲（京都大学景观学系）；Joel Wing-lun（黄智雄，哈佛大学历史系）；张力（志愿者）。

——以上共计309人，没有注明教员身份的均为研究生和本科生。其中博士生陈筱、李光涵曾两次以辅导员身份带队，特此说明。

目 录

上篇

第一章 绪论

一、诺邓的位置、环境与历史简况

云南省云龙县地处横断山南段纵谷地带，是滇西北的一个偏远县，位于大理白族自治州西南部，东临洱源县、漾濞县，南接永平县、保山市，西与泸水市相交，北与兰坪县、剑川县毗邻。康熙年间本地人董善庆作《云龙记往》载：“云龙州，古云龙甸也，其名得于澜沧江，蒙诏时，四渎之一。或曰：江上夜覆云雾，晨则渐以升起，如龙；或曰：大理人有惧罪逃江滨者，事缓乃出，蒙氏拘讯匿所，答以在云浓处。嗣后乃称云龙甸，附邓浪诏境。洪荒无稽，云龙之名，自蒙氏起也。”①

云龙县主要处于澜沧江纵谷区，澜沧江及其支流沘江从北而南贯穿云龙县全境，县城就位于沘江侧畔。此外，云贵高原上的另一条大江怒江也由北向南从县境西边擦过，云龙县的一个乡镇就属于怒江流域。这些相距很近的纵向江河，把整个云龙县划分为东、西两个狭长的条块（其中东部条块又被沘江分割为南北两块），东部为云岭山脉，西部为怒山山脉，形成高山峡谷相间的破碎复杂的地貌形态。这些大江大河下切得很厉害，江河间的纵向山岭相应地格外高峻，海拔从河谷地带的730米陡然上升至县境最高山的3663米，垂直地带性显著。这里气候温和，属大陆性副热带气候，年平均气温15.9℃，年平均降水量729.5毫米，日照2114.9小时。

这里远古为古地中海，地壳抬升为高原后，原先的盐卤深埋地下成为岩盐，已查明的盐矿储量达2亿多吨。这些盐矿在河谷深切地带有自然露头，容易开采，因此云龙一带自古就以井盐闻名。全县总面积4400平方公里，共辖8乡4镇86个村（居）委会，总人口20万，有20个民族，

① 方国瑜主编、徐文德等纂录校订：《云南史料丛刊》第36辑，云南大学出版社2001年版。

其中白族占70%以上[①]。诺邓村就是这些白族村中的一个。

诺邓行政村是云龙县城以北5公里多的一个小山村，该村由诺邓、曙光（旧称“七曲”）、山后、牛舌坪四个自然村组成，现在村民绝大部分以务农为主业，以养殖、运输、腌制火腿等为副业，另有部分村民投身旅游接待行业。但诺邓自然村历史上为“井地”，生计长期依赖于井盐生产，其产业结构完全不同于周围普通的以农业为主业的村子，清代鼎盛时期全村曾有400户人家。本书的研究对象即诺邓自然村，以下简称诺邓。沘江支流诺水由东北流向西南横贯诺邓，将全村划分为东西两区。最高海拔2040米，最低海拔1750米，高差近300米，整个村子依山而建呈阶梯状，村民沿诺水两岸傍山而居。

云龙一带虽然地处边陲，但因沘江沿岸盐井众多，很早就被载入汉文史籍。《汉书·地理志》“益州郡”下辖二十四县，其中的“比苏”县就在今天的云龙境内。在白族语言中，称盐为“比”，唐樊绰《蛮书》卷八就有“盐谓之宾”的记载，比、宾二字的读音相近；而“苏”在汉藏语系的藏缅语族中则是“人”的意思，故“比苏”即“盐人”，而主要流经云龙的“沘江”也就是“盐江”了。故云龙产盐可以追溯到汉代。到了唐代，云龙的盐井很可能就集中在诺邓村一带。《蛮书》卷七记载：“剑川有细诺邓井。丽水城有罗苴井，长傍诸山皆有盐井，当土诸蛮自食，无榷税。蛮法煮盐，咸有法令。颗盐每颗约一两二两，有交易即以颗计之。”[②]云龙澜沧江以东地区南诏时属剑川节度，据考证“细诺邓”即今云龙县诺邓井。故诺邓产盐的历史至迟开始于南诏国时期，但当时煮盐方法原始，产出的盐主要为当地人自食，尚未纳入国家管理体系。

南诏国时期至明代以前，诺邓村应当都是南诏国及大理国（包括元代的大理总管府）的重要产盐点，只是由于唐末五代以后，中央政权失去了对云南的控制权，中心地区的人们难以得到有关云南的信息，再加上明初傅友德等平定云南，“在官之典籍，在野之简编，全付之一烬”[③]，当地人士撰写的书籍也罕有遗留，故明以前有关云南的史料很少，直接有关诺邓的记载仅存《蛮书》中的一条。

明清时期，云南井盐生产被纳入中央政府掌控之中，因此相关史籍数量大增。据《景泰云南图经志书》《正德云南志》《万历云南志》《天启滇志》等明代云南志书及《明会典》《大清一统志》记载，明政府曾于洪武十六年（1383），在大理府浪穹县雒马井设五井盐课提举

① 云南省云龙县志编纂委员会：《云龙县志》，云南人民出版社2017年版。
② 樊绰著，赵吕甫校：《云南志校释》第263页，中国社会科学出版社1985年版。
③ 师范《滇系·典故系六》：“自傅、蓝、沐三将军临之以武，胥元之遗黎而荡涤之，不以为光复旧物，而以为手破天荒，在官之典籍，在野之简编，全付之一烬。”

司，设于诺邓井的盐课司就从属于此[①]；万历四十二年（1614）裁撤提举司，将盐政收归云龙州[②]。《云南通志》《读史方舆纪要》等史籍记载清廷曾在诺邓井置盐课司大使。康熙、雍正、光绪三种《云龙州志》则详细记载了诺邓井的地理环境、汲卤方式、分卤制度、熬盐方法、柴薪来源等情况。结合史籍及访谈可知，明清及民国时期，政府主要通过收纳盐税和发放薪本对诺邓井盐的生产进行管理，诺邓民间则通过贩盐等方式获利谋生。清代晚期，一度施行“灶煎灶卖，民贩民销”，没有官盐、私盐之分。

诺邓生产的盐通过多种渠道流行于永昌、腾越等地，诺邓人从中获利丰厚，诺邓成为这一带最富裕的村镇。诺邓现在保有大量典雅的明清（主要是清代）民居，以及其他白族村镇少见的公共建筑，如文庙、武庙和道观等。诺邓村早在2002年就被云南省人民政府列为省级历史文化名村，2007年又被住建部和国家文物局共同列为第三批国家级历史文化名村，2020年被云南省文旅厅列为云南省旅游扶贫示范乡村。

近代以来，尤其是抗日战争中，由于沿海盐场被日寇占领，当时民国政府管辖区食盐不足，故包括诺邓在内的各产盐地都紧锣密鼓增加产量，以满足市场对食盐的需求，诺邓村也因此一度呈现了该村发展历史上的最后繁荣。中华人民共和国成立后，1954年，政府在诺邓正式设立国有盐厂，将卤水权逐步收归国有，世代以盐为生的灶户除了一部分成为盐厂的工人外，其余都转变为依靠为数不多的农田为生的农户，此后，作为传统盐业聚落的诺邓至少在经济层面上土崩瓦解了。

1996年，因为乔后盐矿的冲击，及耗柴、无碘，生产工艺落后，诺邓盐井被关闭，延续千年的盐业生产就此终止。诺邓失去这个延续千年的支柱产业，聚落的持续衰败也就不可避免了。

二、多学科调查研究诺邓之学术史回顾

自司马迁于《史记》首创四夷传，历代正史除《陈书》和《北齐书》外，皆有少数民族专传。此外自《汉书·地理志》始，西南区域地理情况也见于正史记载。正史中关于西南地区民族历史地理的记载，是对西南地区进行研究的基本文献材料。此外，历代官私著述的各种类书、丛书、方志、游记、笔记中，也有大量关于西南民族地区历史和地理的记载。如晋常璩《华阳国志》，唐樊绰《蛮书》，宋周去非《岭外代答》、范成大《桂海虞衡志》，元李京《云南志略》，明钱古训、李思聪《百夷传》、朱孟震《西南夷风土记》，清田雯《黔书》、

① 《万历云南通志》卷六。

② 《天启滇志》卷五《建设志第三》。

李心衡《金川琐记》、姚莹《康辅纪行》、陈浩《黔苗图说》、无名氏《土官底簿》、郭松年《大理行记》、龚柴《云南考略》、萧瑞麟《乌蒙纪年》、无名氏《乌蒙秘闻》、刘彬《永昌土司论》、赵翼《平定金川述略》、魏源《西南夷改流记》、无名氏《招捕总录》、蒋彬《南诏源流纪要》、余庆远《维西见闻纪》等。此类文献多根据作者调查而成，形式各异，详略不等，但学术价值很大。20世纪五六十年代，中国政府曾对民族地区的社会历史状况进行大规模调查，“文化大革命”后在此基础上陆续出版了“民族问题五种丛书”，其中《白族简史》《白族社会历史调查》等从纵、横两个方面对大理白族的历史发展、社会经济、文化习俗等进行了梳理。上述资料为研究诺邓提供了基本的史料框架。

诺邓村进入学术界视野是因为它的盐业，因而中国盐业史的专家首先对该村的盐业进行了调查。20世纪90年代中期，四川省的自贡盐业历史博物馆派员对云南盐业进行考察，曾经实地考察过该地井盐生产的情况，在随后发表的《云南盐业考察报告》中，专门有一段诺邓盐井的井下实地勘察记录。随后不久，1996年，诺邓盐井被封闭，延续千年的盐业生产从此终止，上述报道如调查者所料，已成“绝版”[①]。

21世纪以来，在国家倡导保护地方村镇和发展旅游经济的双重推动下，诺邓村因其千年村名和千年盐业而声名远播，先后被列为省级和国家级历史文化名村、首批中国景观村落，吸引了社会各界越来越多的目光。云南学者杨国才、林文勋等先后撰写专文为诺邓保护出谋划策[②]。诺邓当地有识之士也对保护、宣传家乡历史文化倾注了大量心血[③]，退休教师黄金鼎还撰写并出版了《千年白族村——诺邓》一书，全面探讨诺邓的聚落特点、居民流变、产业、教育、信仰、民俗等一系列问题[④]。一些高等院校的研究生也以诺邓作为自己研究生学位论文的选题，从不同的视角，针对不同的问题，运用不同方法对诺邓村展开多角度研究[⑤]。一个边陲少数民族村子集中了这么多研究者的视线，这在中国西部是不多见的，足见诺邓村学术信息量的丰富。

朱霞《云南诺邓井盐生产民俗研究》一文以她在诺邓村的田野调查资料为主，从民俗学的角度，对诺邓井盐的传统生产工艺和生产组织进行了系统研究。作者阐述了诺邓“十六灶”的

---

① 黄健：《云南盐业考察报告》，《盐业史研究》1996年第3期。

② 杨国才：《白族千年古村“诺邓”的保护与发展研究》，《云南民族学院学报（哲学社会科学版）》2022年第2期；林文勋：《诺邓村：一个盐井村落的历史文化解读》，《盐业史研究》2004年第4期。

③ 杨希元：《南诏遗村》，《云南日报》2000年10月15日。

④ 李文笔、黄金鼎：《千年白族村——诺邓》，云南民族出版社2004年版。

⑤ 朱霞：《云南诺邓井盐生产民俗研究》，2004年北京师范大学民俗学博士论文；董永龙：《法律与地方发展——诺邓的个案研究》，2006年云南大学法律硕士论文；廖林燕：《边远地区农村白族妇女的政治参与研究——以云南省大理白族自治州云龙县诺邓村为例 》，2007年云南大学民族政治与公共行政硕士论文；邱玮：《旅游开发中的地方精英——云南大理诺邓白族村的个案研究 》，2008年云南大学民族学硕士论文；舒瑜：《微“盐”大意——云南诺邓盐业的历史人类学考察》，2009年北京大学人类学博士论文。

卤水分配民俗、民间传承及其意义，以及卤权在家庭中的分配、传承和流动的情况，指出村落井盐生产民俗与国家灶户制度之间的互动机制和矛盾冲突，是导致保护私盐活动的民间惯制产生的根本原因。在此基础上，作者探讨了诺邓井盐生产民俗的现代变迁，描述了“十六灶”卤水分配民俗的消失及其影响，并讨论了技术民俗变异和消失的某些特征。此外，作者通过对卤龙王的信仰和盐井的祭祀进行描述和分析，认为盐井的生产仪式和祭祀仪式都是促进井盐生产的必要手段①。

董永龙是诺邓人，对自己家乡盐业生产中的“十六灶”制度比较熟悉，因而从法学的角度对这个问题进行了探讨。《法律与地方发展——诺邓的个案研究》一文注意到，在绵延千年的历史长河里，在诺邓这样一个狭小的村落空间中，留下了比较清晰的地方制度变迁的轨迹，是研究法律制度与地方发展关系不可多得的案例。作者通过描述诺邓盐业生产的“十六灶”民间制度和官方制度及其变迁，两种制度博弈所催生出来的官盐与私盐之争，以及官方制度与民间制度变迁对诺邓盐业生产的正面或负面影响，得出这两种制度（法律）通过利益调整共同作用于地方发展的结论：官方制度有国家强制力保证实施，对发展具有决定性的影响，民间制度则依靠“习俗的戒律”施行。当官方制度并未触动民间根本利益时，民间制度是官方制度的补充；而当官方制度与民众利益相悖并达到一定程度时，民间制度就会走上前台，与官方制度形成此消彼长的竞争关系，甚至导致法律失效。因此，在对官方制度的选择与构建上，必须在官方利益与民间利益之间进行合理的取舍，使二者达致微妙的平衡，才能避免法律失效，进而推动地方经济社会发展②。

北京大学社会学系舒瑜也以诺邓为研究对象完成了她的博士学位论文，并以此为基础出版了专著《微“盐”大义——云南诺邓盐业的历史人类学考察》。作者以对当地仪式中“马料盐米碗”的关注为起点，完成了一份关于物的历史民族志，呈现了“盐”这样一种司空见惯的物品在特定地方所展开的历史进程和文化图景，盐在历史上如何勾连起诺邓的“内外”“上下”关系，以及今天仪式生活中的盐如何言说历史。帝国的进入对当地来说，意味着一套隐喻帝国等级秩序的象征符号的进入，但这并不导致地方原有的象征符号消失，两者反而会形成创造性的结合，诺邓盐神的树立就是这种结合最为明显的体现。帝国进入地方的另一面，是地方对帝国文明的向化。诺邓的公共生活表现出对官方祭祀礼仪的积极仿效，旨在彰显井地的文明性。“以井代耕”赋予“井”以“耕”的道德意涵，作为帝国边陲的盐井，由此找到与帝国的道德

---

① 朱霞：《云南诺邓井盐生产民俗研究》，2004年北京师范大学民俗学博士论文。

② 董永龙：《法律与地方发展——诺邓的个案研究》，2006年云南大学法学硕士论文。

宇宙观相统一和贯通的联系性①。

在既有的研究中，除了那些以诺邓村为案例来研究中国农村带有普遍性问题（如妇女参政、地方精英等）的论文外，其他专门对诺邓村进行研究的学者，其兴趣点主要都集中在与盐业相关的问题上，而对盐业以外的诺邓村聚落自身，如村落建筑与家族墓地的现状及分布、聚落空间发展演变的轨迹、主要功能区（如居住区与墓葬区）之间的关系、这些变化发生的原因等还缺乏应有的关注，然而这些是事关诺邓村保护的重要基础研究。有鉴于此，笔者于2008年春夏之交、2010年春季及2021年元旦先后三次前往诺邓村进行田野调研，累计时长四月有余，系统调查了诺邓村的资源环境、村寨格局、典型建筑和家族墓地，并获得了该村历史上从事井盐生产运输等方面的丰富口述资料，本书系统地分析诺邓村生者与死者的空间关系，其中关于该村墓地研究的内容填补了明清考古的空白。在此基础上，笔者尝试探讨诺邓村的兴衰轨迹及发展规律，目前村寨的现状及存在问题，并针对这些问题提出新的保护和发展规划设想，可为分析缺少文字记载、资源环境、产业经济和兴衰过程等与诺邓村类似的传统村落提供一个参照标本。

三、本书的尝试：用考古学方法搜寻诺邓发展的轨迹

尽管诺邓是个有着上千年历史的聚落，但经过多次战火洗礼，现在诺邓村的居民住房和公共建筑除了个别可能早至明代外，其余都是清代以后的建筑。诺邓村外的墓葬，早期的火葬墓地因为没有进行过发掘，基本情况不明，能够观察得到的土葬墓除了少许明代墓葬外，其余都是清代以来的墓葬。在这种情况下，笔者选择诺邓聚落作为中国考古学论文的选题，主要基于以下几个方面的考虑。

首先，是基于中国民族考古学发展的需要。我们知道，中国民族考古是在大量民族调查和民族志资料积累的基础上逐渐发展起来的。“由于传统考古学在古代遗存的功能解释、物质遗存所隐含的非物质的文化现象的解释和社会历史背景的解释存在着局限，因而一些受过民族学和人类学训练的学者就试图采用民族志的资料与考古学材料进行类比，以解决研究这些遗存所遇到的问题。”②在先前中国的民族考古学的实践中，最典型的民族考古学研究就是用民族志资料中的宗教礼仪、生产工艺、生活习俗、事物功能等来推测考古材料中相似遗存现象背后的东西，这种类比论证尽管有的对于我们认识没有文字记载的史前事物很有帮助，但从方法上来

① 舒瑜：《微“盐”大义——云南诺邓盐业的历史人类学考察》，2009年北京大学人类学博士论文。

② 孙华：《西南考古的现状与问题》，《南方文物》2007年第3期。

说，基本上属于简单类比，缺乏对我们所要研究的中国史前聚落的系统类比研究。20世纪90年代以来，中国考古学界中民族考古学的式微，从某种意义上说，就是利用民族考古学方法系统诠释史前考古材料的缺乏，从而最终影响到中国民族考古的走向深入。而要使中国民族考古向前推进，民族志记录的改进和对典型民族聚落的研究，是最基础的工作。长期以来，我们考古学家使用民族志资料，大多数是利用民族学家、社会学家的调查记录，这些记录往往是以一个行政单位（如某某州、某某县或某某乡）作为记录单位，缺乏以一个自然聚落为单位的记录资料。同时这些记录往往关注于经济形态、阶级关系和民族识别关心的文化表象，可以与考古材料发生关联的信息比较缺乏。因此，以一个自然聚落为单位进行调查和记录，并将记录的重点放在可以和考古发现相联系的聚落形态、居住单元、墓地墓葬及其发展演变之上，再结合相关的血缘关系、社会关系、经济关系和习俗礼仪等方面的调研，可以为民族考古学的类比研究提供一个聚落的案例，改变目前中国缺乏这方面案例的局面。

其次，人类社会的发展史是错综复杂的，同样一种考古遗迹现象，可能会有完全不同的使用功能和社会作用。在中国史前考古研究中，有时存在将某种考古遗存现象按照一种可能性来解释的弊病。因此，在选择少数民族村寨作为研究案例时，既要考虑普遍性，也要考虑特殊性。普通的以农业生产为主业的聚落容易寻找，而那些在古代拥有特殊资源、以某种输出型产品为主业的聚落，因其数量较少，往往成为一个区域的中心聚落，应当引起我们的重视。在中国古代，食盐因其与农业民族的生活密切相关，因而成为最重要的资源，统治阶级往往控制盐业的生产或销售来满足国家和区域政府财政的需求。而盐业尤其是井盐是一个系统产业，除了盐业生产本身外，还有燃料获取、燃料和产品运输、生产管理与产品销售、生活保障等一系列支持产业。选择一个历史上以盐业为主业的聚落，有助于我们认识以特殊产业为主业的聚落与普通聚落的异同，从而为环境考古和景观考古开辟一个新的领域。诺邓是一个因盐而兴的聚落，该聚落周围有限的农田资源本不足以养活该聚落中的众多人口，村落面积与土地面积的比率很不相称。该聚落在盐业由私有转变为国有，尤其是在盐业生产终止以后，已经由一个以盐业为主业的聚落转变为以农业为主业的聚落，不少居民已经迁往其他地方谋生。这样一个特别的聚落引起广泛关注是理所当然的，考古学家也不能忽视这样一个聚落。

其三，作为一个研究案例，我们能够得到的相关信息越多，就能够更严格限制所作推论的方向，就能够给论证提供更多的证据，所得出的研究结论的准确性也就越高。诺邓是一个有着上千年历史的聚落，尽管在明代以前的记载只有《蛮书》一条材料，但明代以后的文字材料很多，不仅有书籍文献，而且有碑刻契约，这些文字材料为研究者认识诺邓聚落民族、族群、姓氏、家族等问题做好了铺垫，比那些没有文献记录的聚落深入和准确得多。另一方面，诺邓由于受到多方面研究者的关注，笔者并非是从零开始来研究这个聚落，在笔者以前已经有多位研究者对诺邓的沿革、宗族、社群、精英、宗教、产业、与周围区域的关系等问题进行过调查和研究，这些研究成果可以为我们探讨诺邓的聚落形态提供有用的参照。

本书从诺邓古村民居和墓葬的实地调查入手，结合访谈、族谱、碑刻、史籍等资料对该聚落的历史流变进行考察，试图建立一个民族考古学的系统模式，为分析史前缺少文字记载，但资源环境、产业经济等与诺邓类似的聚落遗址提供一个参照标本[①]。

① 孙华：《西南少数民族村寨调查》，《中华文化遗产》2007年第2期。

第二章
附井人家——诺邓聚落研究

一、历史的积淀——诺邓聚落现况及追忆

诺邓自然村现有村民200多户，人口千余，居住在诺河两岸的山坡上①。诺河是一条自东北流向西南的小河，河流水量的季节性差异较大，平时只有涓涓细流，暴雨时节，却有滔滔洪水。洪水有时会夹带大量泥沙，诱发小型的泥石流，现在诺河上的数道混凝土小坝，据说就是过去为防止河水夹带的泥沙淹没盐井而修建的。当地人习惯以诺河为参照，将诺邓自然村分为三大部分，河右区域为“河西”，河左区域为“河东”，诺河上游为“河头”。河西区坡度较陡，但居山阳，多数民居及庙宇、小学都分布于此。河东区坡度较缓，且有一块较大的平地，历史上是盐务机构和商旅会馆分布的地方，现在村里每周一次的集市也在这里举行。河头区地势平坦，很早就有人居住，为利用诺邓上游水力资源，河边原设有一水磨坊。因解放后诺邓村的盐业转为国有，村民主业由盐业转为农业，诺邓村繁荣的经济基础不复存在，诺邓村在经济上元气大伤，村民既无力大兴土木修建新的公共建筑（为破除封建迷信，即使有财力也不可能再修建庙宇等建筑），也很少有财力重修或重建自己的住房，故村内明清以来的民居院落保存较好。特别是诺邓被列为省级和国家级历史文化名村，村民们尝到发展旅游的甜头后，大家的文化保护意识普遍觉醒，纷纷加入到保护古村落的队伍中来。

诺邓现存的明清民居主要为三合院和四合院，因功能需要或地势所限，尚有重院、一向两坊、一向一坊等类型。一般不论正房、对厅或耳房都是三间两层，底层较高而上层低矮，底

① 据杨啃衡，解放初期，诺邓有400多户，现仅剩200多户。据黄金鼎，解放初期，诺邓有382户，1864人；2000年末，诺邓有283户，993人。据朱霞，2001年，诺邓有217户，868人。据舒瑜，2006年，诺邓有279户，1108人，男565人，女543人。

层带有较深的檐廊，各个民居的房间层高、开间、进深尺寸相差不大。大理一带的人们将这种三间两层的建筑单元称为“坊”。三合院，由三座“坊”及一座照壁围成，故又称“三坊一照壁”，照壁位置通常在正房的对面，大门开于照壁的左侧（如果房屋是标准的坐北向南，就在院落的东南角）。这种“三坊一照壁”的三合院在诺邓村最为常见，因为其基地所需深度比四合院小，适应偏坡地形，便于获得更多的日照。如果以一“坊”代替照壁，则三合院就变成四合院。四座“坊”的前檐大致对齐，在垂直相交的两座“坊”间，也就是院子四角相邻处就会形成楼角，将楼角用围墙围合，就形成了四个小天井，加上院子中间的大天井，一共五个天井，故这种四合院又称“四合五天井”。因“四合五天井”的四合院所占基地深度较大，不大适应多坡地而少平地的诺邓村地形，故这种四合院较少，且多分布在诺邓村的平缓地带。此外也有将陡坡改造成台阶基地，建成台阶式四合院的。为便于兄弟分院居住，诺邓村还有不少重院民居。有纵向排列的两进院落和横向排列的两重院、三重院等类型。若地基呈长条形，民居则多建成简单的一向一坊或一向两坊①。解放后兴建的民居在平面上比前代随意，较少围成一个规整的封闭院落。

每个民居单元的功能分区一般比较固定：正对院落的正房底层面开三间，中隔明间为待客的堂屋，主人平日也常在此休闲。堂屋后部约四分之一的面积用屏风隔出一小间卧室，称“屏障房”，一般由家中长辈居住或存放一些日用杂物。分布于堂屋左右的暗间称“大卧房”，是供主人就寝的卧室。正房二层多打通不分隔，称“大楼”，后墙上挖三个壁龛，中供佛像，左供祖宗，右供灶君。二层窗外伸出一截，称厦台，上有出檐遮蔽，可供堆物晾晒，厦台正中多供有石香炉，取面对天空之意，称“天地堂”。除供奉外，正房二层主要是用来晾晒、储藏粮食和腊肉的。正房两侧的耳房（即厢房）又称“小楼”，主要被用作厨房，过去各家煮盐的灶房也多位于厢房。此外按使用需要，厢房也用于储藏、书房、居室、圈房、门房等。因地势所限，诺邓民居院落天井通常较小，但布置大方得体，在照壁之前常建条形花台。以上是一户独居一院的情况，因土改分房、兄弟分家等原因，如今一院房子常属数户共有，在功能分区上已不严格按照建房时的规划了。如住房紧张的人家，厢房也用于卧室，甚至有睡在正房二层的情况。在上述主体建筑周围，各家按需要还会搭建一些附属建筑用作厕所、牲口圈等，这些附属建筑多是随意搭盖，常做翻新修补。

作为一个完整的聚落，现在的诺邓自然村的功能分区由生活区、生产区、管理区、服务区、丧葬区等几部分组成：生活区包括村民居住的房屋院落、日常休闲的集会地、取水的多口水井、连接各户人家的村内道路等。生产区包括耕作区、酿酒作坊、火腿厂等。管理区现在只

① 一向一坊一般称为“一字独家院”，多数是三间两层；一向两坊平面呈“二”字形，多建于临街房屋。

有先前一个大户人家兼精神领袖的院子，这里设置着诺邓村唯一的行政机构——村公所。服务区包括寺庙、小学、集市、小商店、客栈、诊所等，小学原来利用玉皇庙作教学场所，前几年才搬到附近的新建校舍内。商店、客栈等则是居民利用自家住房改建的。丧葬区包括分属于各姓村民的若干块家族墓地。除丧葬区、耕作区相对独立外，以上几大功能区交错在一起分布于诺河两岸。

生活区方面，诺邓自然村现存的房屋院落是明清以来四百多年间不断兴建起来的，经历了一个房屋兴建、破败，原址翻新、重建，人户繁衍、民居逐渐向四周扩张的过程。在这个过程中，还存在着某些区段因自然的地貌变迁，原本房屋密集的建成区因倾倒塌陷而被放弃的复杂情况。根据村民的口头叙述，结合现存建筑的风格，可将诺邓自然村现存民居大体划分为明代、清代、清末民国、解放后共四个时期。其中可确认为明代晚期建筑有两座，分别位于河东区及河头区，据碑文记载，前者重修于嘉靖丙辰年①，即1556年；后者是村民公认的明代民居。诺邓的建筑主要兴建于清代、民国，遍布村内各处。村子周围边缘地带还有不少解放后修建的房屋，此外村内也有一些现代建筑，或旧屋翻新，或拆掉重建，或新址兴建。河西区中心部位有棵参天古榕，地势开阔、道路交汇、阴凉舒适，是附近居民常去的休闲集会的地方，人称“大青树那”。此外河东入口处的火腿厂门前，有一块较开阔的平坝，这里是通往县城的公路的起点，现在这里新修了一个停车场，不少村民也常聚在火腿厂门前打牌聊天。这两处地方是自发形成的村民日常休闲集会的场所。如今村民的日常用水主要引自诺河上游箐门口、七曲两个自然村的山间小河，先将水引至诺邓自然村北高处的一个蓄水池，然后再分引到各家各户。原先遍布村内的十多口水井大多枯掉了，不过还有一些村民会到尚未干枯的井里打水使用。据村民回忆，解放前，住在河头的二三十户人家喝诺河里的水，其余人户饮水主要靠井水。我们推测，在聚落形成的早期阶段，村民用水均应取自诺河，后因诺河下游水质变坏，以及高处居民取水不便等问题，除位于上游河头处的居民外，其他区域的居民生活用水就靠水井了。

诺邓自然村的产业现在以农事为主，生产区主要就是农耕区。诺邓是围绕盐井兴起的聚落，河流小而阶地少，周围山丘坡都较陡，可以作为耕地开垦的山坡面积不大，如果不是盐业就不可能形成现在这样规模的聚落。在诺邓盐业还兴旺的时候，村民的主业是围绕盐业的产业，粮食可以从外地购买，不需要与人口数量成比例的土地，原先的土地面积可能并没有现在这样多（尽管原先的人口比现在要多许多）。在诺邓的产业结构调整后，居民的主业从盐业改变为农业，就需要更多的土地来满足自己生活的需要，在更远的地方开垦土地就成为必然。诺

① 石碑现镶嵌于万寿寺墙面内，碑文如下：“残垣废刹一僧无，陋殿空炉三像孤。蓑笠每将暑鱼避，擎撑乱把危墙扶。捐金引募新禅院，绘彩杂朱焕佛都。朝贺明时习拜舞，万年祝寿听海呼。 嘉靖丙辰提举李琼题 督工 杨谦 杨辉 杨大升 杨用 杨明 李亨 陈桂荣。”

邓现在种植粮食的土地多在生活区以外较远的地方，村民到最远的耕地上去劳作要走两个多小时的山路，耕种起来非常辛苦，所以不少村民将远处的耕地转给别人承包耕种。即使仍然自家耕种，也往往在耕地附近修建庄房，耕作、收获季节就住到自家耕地附近的庄房中。粮食作物一年两熟，品种单一，小春主产豌豆，大春主产苞谷。由于土地都是坡地，基本没有水田，无法种植西南地区人们的主要粮食作物水稻，米面多靠外界供给。菜地多在房前屋后，方便日常摘取食用。此外，也有几户人家从事火腿加工、酿酒等产业。火腿厂位于河东区的入口处，规模不大，但因火腿由诺邓井盐腌制而成，风味独特，畅销省内，是现在诺邓唯一可以称道的食品加工业。酿酒作坊有两个，分别位于河头区及河西区。前者规模较大，几乎每天都酿，产品以批发为主；后者规模较小，限于柴薪不足，大半个月才酿一次，周日运到县城街市零售。需要指出的是火腿厂是由河东入口处原国营盐厂的厂房改造而成，两个酿酒厂则都是位于村民家中。

管理区就是现在的村公所所在地，位于河西区与河头区的交接部位，那里原为“道长家”，是由在村中威望很高的孙姓道长于民国年间修建的一座三合院。当时孙家甚为兴旺，据村民黄金品回忆，孙道长的儿子孙树梅当选过数届国民党省党部秘书，查证大理州博物馆、思茅区档案馆在线档案资料后可知，孙树梅还曾担任过保山县党部书记长一职。道长家院落宽敞，房屋的开间、进深尺寸比一般民居大，房屋装修也比一般民居漂亮，且有一个不见于其他民居的庭前月台，据说是当年道长作法事、弹洞经之地。后来孙姓衰败，现村中已无后代，其房屋也被村上收归公有，并设立村公所于此。民国年间，诺邓是诺里乡治所所在地，当时乡公所设立在大青树之下的黄握之旧宅内。解放后，诺里乡被并入果郎乡，原乡公所也在土改中被分给三户杨姓村民。此外，解放以前管理盐务的盐局设立在河东万寿宫对面，那里位置居中、地势平坦，便于交通运输。

服务区是指拥有为人们提供公共服务的基础设施和场所的区域，包括寺庙、小学、集市、小商店、诊所及主要向外来游客开放的四家客栈。诺邓村内的寺庙主要有六座，分别是河西区北村口也就是诺邓自然村最高处，主奉道教的玉皇阁及其附近承载着儒教文化的文庙、武庙，河西西缘村口不远处代表白族本土信仰的本主庙，河东区低处有距离盐井不远的供奉卤水龙王的龙王庙，以及河东区高处坡上主祭观音的香山寺。这六座寺庙包含了三个层次的信仰：本主庙代表了白族的本土信仰，文庙、武庙、香山寺、玉皇阁分别是外来儒释道三教的信仰载体，龙王庙则是诺邓村因盐业才有的盐工灶户的特殊信仰。诺邓小学位于玉皇阁的下方，学生来自诺邓及邻近自然村，因上学路远，一般选择住校，一周或更长时间才回家一次。村内集市每周开一次，位于河东区万寿宫北侧开阔地带，是村民间进行猪肉、青菜、豆腐、白酒等买卖的场所。因诺邓村距离县城石门镇不算很远，县城每周日的街市也是村民买卖日用品的重要场所。

村内还有两个小商店，分别位于上述两个自发形成的村民集会处。村民医保点设在河西区一户李姓人家，村民日常生病多到那里接受简单的西医治疗。此外，大青树那里住着一个祖传用草药治病的黄姓医生，他兼顾西医，还能给牲口看病。近年来，诺邓自然村旅游业起步，有四户村民开起了家庭旅馆，其中河西区高处的一家还设有所谓的“生态博物馆”①，展出了一些从本村搜集来的制盐工具、土地契约等实物资料，以向游客展示诺邓明清以来的历史。

墓葬区散布在诺邓自然村四周山野，合族而葬，绝少例外。据村民介绍并结合实地考察可知，诺邓现存土葬墓2500座以上，可划为西北区、北区、东北区、南区四个相对独立的区域。此外，南区下方还有一处火葬墓群。墓葬区的情况详见第三章。

二、分期的认识——诺邓聚落的微观变迁

房屋建筑的技术、风格演变是一个聚落变迁在微观上的集中体现。下文试分析明代、清代早期、清代中期、清末民国及解放后各时期诺邓典型建筑的基本特点，以期总结出诺邓微观变迁的一点规律。所举房屋个案一般按村内惯例称呼，若无则以现房主冠名。

1. 明代建筑个案

诺邓现存建筑能确认为明代所建者有万寿宫（图2–1）和银匠家（图2–2）两处。万寿宫位于河东中心部位，明代以前是商旅会馆，明代时改作祝寿寺，嘉靖年间重建，清代因很多老人在此办寿，故又被称为万寿宫，“文化大革命”以后由村民居住，万寿宫现在还保存着一块明嘉靖重建时所刻之石碑。银匠家位于河头，是村内银匠杨的祖房，现仅一哑女独居于此。这一时期的建筑山面多施中柱一根，梁上再立短柱；平梁上立蜀柱，蜀柱两侧施合楷，合楷上刻卷草纹，蜀柱直接承托脊桁，顶端两侧施云形丁华抹颏栱；檐部多从檐柱平出两道枋，两层枋均低于撩檐桁，在下枋端头立蜀柱与上枋相交，承托于撩檐桁。

① 目前，尽管国内外对生态博物馆还没有统一的认识和定义，但有些区分生态博物馆与传统博物馆的基本要素，则已经成为博物馆学专家的共识。例如，（1）生态博物馆是由公共权力机构和当地居民共同设想，共同营建，共同经营管理的一种社区博物馆；（2）生态博物馆不是简单指修建一座博物馆，而是将整个社区都作为博物馆及其展品；（3）由于生态博物馆是一面镜子，该社区的居民为发现自己的形象需通过这面镜子来观察自己，寻找对该博物馆所处的土地及其先民的诠释，因此生态博物馆的主导者应当是所在社区的居民们；（4）生态博物馆应有一个资料室，资料室是整个生态博物馆的窗口和管理机构，当地社区的精英是这个资料室资料的记录、收集和管理者。对照这些要素，诺邓自然村的“生态博物馆”更像是传统博物馆而不是生态博物馆。

图2-1 万寿宫

图2-2 银匠家

2. 清代早期建筑个案

诺邓现存建筑能确认为清代早期所建者有贡爷院（图2–3）和黄桂故居（图2–4）两处，前者经土改分房，现住着多户人家，后者则已荒芜，并不住人。这一时期在延续明代建筑风格的基础上有所发展：平梁构架在细节上不如明代精致，如合楮仅作卷瓣，丁华抹颏栱做方木等；承檐结构也有变化，上层枋与撩檐槫相平，下层枋端头置斗承撩檐槫。

3. 清代中期建筑个案

诺邓现存建筑大部分是清代中期所建，这里选取保存较好的黄升四合院（图2–5）、进士家（图2–6）、黄碧英家（图2–7）、李世俊家（图2–8）和杨丽梅家（图2–9）作为案例进行分析。这一时期的建筑山面多施柱三根，每个槫下均施柱；合楮多作镂空雕饰，高度升高，与丁华抹颏栱距离很近，甚至出现两者合并成一个构件的情况，蜀柱或被省去，以高大的驼峰承托脊槫（图2–8）；两层承檐枋均低于撩檐槫，下层枋上置斗，斗上施翼形栱承上层枋，再承托撩檐槫，亦可见立蜀柱者（图2–9）。

4. 清末民国时期建筑个案

诺邓现存清末民国时期的建筑为数不少，这里选取保存较好的四合五天井（图2–10）、杨文娟家（图2–11）、段进坤家（图2–12）、杨尧安家（图2–13）和孙道长家（图2–14）作为典型个案进行分析。这一时期，山面施一根柱子和施两根柱子的情况兼而有之，以前一种情况居多；蜀柱已少见，多以高大的驼峰承托脊槫；承檐结构与清代类似，但已少见立蜀柱者了。

5. 解放后建筑个案

解放后建筑多分布在聚落外围，最明显的特点是普遍使用水泥、瓷砖等新型建材，此外平面布局较为随意，较少围成一个规整的封闭院落，且其木构梁架较明清时期粗糙不少，很少讲究装饰性了（图2–15）。

整体看来，诺邓民居都是穿斗式与抬梁式构架的混合结构，即山墙作穿斗式结构，施多根柱，之间以较密集的横梁穿插结合；室内采用抬梁式，省去内柱，以取得较大室内空间，以大梁连接前后柱，大梁之上再立柱施梁，承接上部屋架。从演变轨迹看，清代早期较好地继承了明代的建筑风格并有所发展；清代中期以后建筑风格则有较大的变革与创新，这一阶段的装饰也很繁复，是诺邓民居发展的一个高峰；清末民国，前代建筑的变革成果逐渐转为定制；解放后修建的建筑多已使用水泥、瓷砖等新型建材，平面布局及细部装饰都不似前代规整了，显示

图2-3　贡爷院

图2-4 黄桂故居

图2-5 黄升四合院

图2-6　进士家

图2-7 黄碧英家

图2-8　李世俊家

图2-9　杨丽梅家

图2-10 四合五天井

图2-11 杨文娟家

图2-12 段进坤家

图2-13 杨尧安家

图2-14 孙道长家

图2-15 解放后房屋梁架

出一种简化、随意的风格。

根据上述民居建筑的细部特征，我们可以区分诺邓自然村不同时期建筑的分布，并以此为依据来考察诺邓聚落宏观上的变化。

三、发展的轨迹——诺邓聚落的宏观变迁

从考古地层学的角度看，现在诺邓自然村的地面相当于两个层位的交接面，这个地面至少从明中期以来就保持相对稳定，通过考察四百多年来不同时期、不同家族的建筑在这一层面上的分布特点，可以为我们揭示出该聚落宏观变迁的规律及原因。

诺邓自然村是因盐兴盛也因盐衰落的一个历史文化村镇，因此在叙述该聚落的居住区等功能区域演变之前，我们需要首先考察现已终止的盐业生产区的位置情况，这是我们认识诺邓自然村其他区域形成及其变化的基础。

诺邓自然村的盐井位于诺河两条支流的交汇处，是村内地势最低的地方。《康熙云龙州志》记载诺邓井："出东山下，名大井，介两溪之中。深七丈，方围二丈余……又小井一处，味极淡，久弃。"诺邓现存盐井就应是文中所谓的"大井"，至迟从清中期起，这口盐井的位置、井深、井宽就趋于稳定，少有变化了。诺邓自然村中最容易分辨的与盐业有关的建筑是管理盐务的盐局，从风格看，现存建筑应为清末以后所建。盐局位于河东开阔地带，毗邻商旅会馆，位置居中、便于交通。清末之前的很长时间，盐局很可能就设立在那里。

一般说来，自从发现盐泉后，就会有灶户在盐井附近修建工房和住房，民居建筑是伴随盐业生产和销售一起产生的。然而，经考证诺邓至迟于唐代开始产盐，而诺邓自然村中的民居最早仅追溯至明代晚期，二者之间有很长的时间差。造成这种现象的原因很简单：像诺邓这样一个历史上产盐的聚落，每当遇到社会动荡时，就有可能成为不同势力集团所要争夺的对象，战火兵燹会导致聚落屡兴屡衰。而由于有盐业作为支柱产业，诺邓聚落会相对比周围聚落富裕，这种富裕可能在明清时期达到极致，会有不少有积蓄的人家拆旧建新，从而导致晚期民居逐渐取代早期的民居。在诺邓自然村的测绘图上，以不同色块区分不同的始建年代（明、清初、清、清末民国、解放后），我们可得到图2-16"诺邓建筑年代分布图"。由图可知，诺邓村仅存的两处明代建筑分别位于河头区及河东区的开阔地带。此外河西区高处的三崇庙，始建于明代，"文化大革命"期间被毁，现存者是1985年村民集资重修的。据崇祯己卯年（1639）《皇图巩固——玉皇阁常住碑记》及康熙乙亥年（1695）《玉皇阁主持碑记》记载，玉皇阁始建于明嘉靖年间，嘉庆庚午年（1810）大修，道光辛巳元年（1821）因火不存，六年后重建，沿用至今。可以说，明代村民主要居住在离河流较近且地势较为平坦的河头区及河东区，而如今房

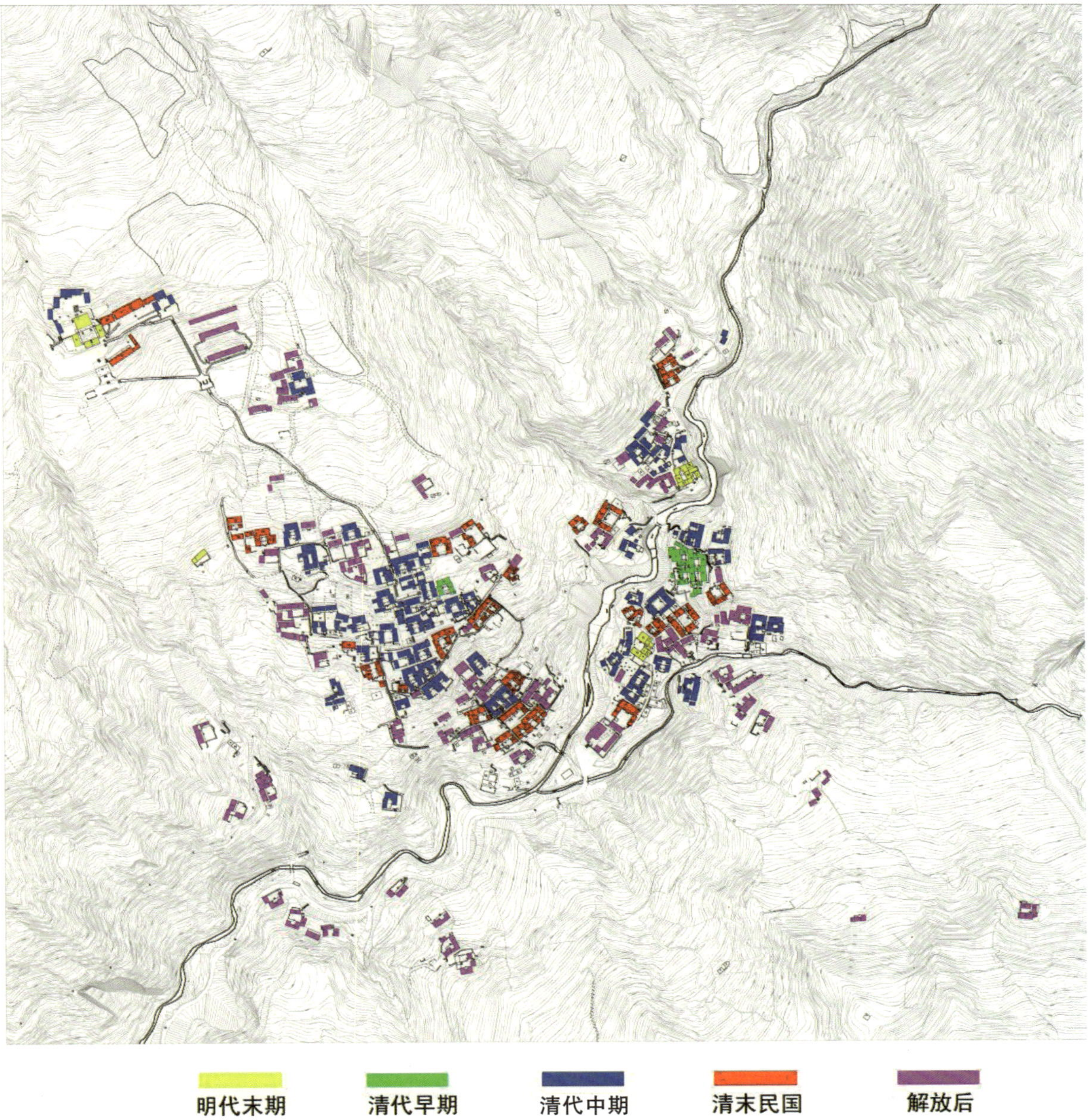

图2-16　诺邓建筑年代分布图

屋最为密集的河西区除本主庙、玉皇阁外，似乎并无民居，这应该是因为河西地势陡峭，开发难度较大，且距离水源和盐井较远的缘故。

清初民居现存两处，除河东区平坦处的一栋外，河西区高处也开始有人居住。

清代民国奠定了今日诺邓自然村的基本格局，这一时期是诺邓井盐经济发展的鼎盛时期，地势较陡的河西区得到充分的开发，民居林立；此外河头区、河东区也有进一步发展。需要指出的是，在河头、河东区开阔地带被开发殆尽之后，村民们选择了地势较陡的河西区，而非继续开发河东区高处的山坡地带，其中的决定性因素应是河西山坡向阳。另外，河西区的建筑以西北—东南走向的两条箐为界限呈条带状分布，两箐之外没有民居分布。

解放后的建筑主要是20世纪80年代之后兴建的，多位于聚落的外围，农业经济发展、人户繁衍，村民不满于村内狭窄拥挤的生活环境才外迁于此。另外，河西及河头两区还分别有一块趋于衰败的区域：据多位村民回忆，河西西部沿箐一线，从“新村”到“营尾”（又称“茅竹林村”）之间的地段原本比较热闹，住着几十户人家，民国以来沿箐地带两侧逐步塌陷，从前只需一步就可以跳过去的箐现宽已逾十米，只能搭桥通过，一些沿菁的住宅有的垮塌，有的成为危房，因而居民逐渐迁离这个地段，现仅存靠近村边的零星几户人家。有的村民附会说，这是因为民国二十年（1931）箐底河边的关圣殿被迁走，箐里“孽龙”趁机兴风作浪的缘故。这些当属无稽之谈，真正的原因应该是长期以来村民在箐里过度打石材所致。另外河头区域河水冲刷，河坝塌陷，不断蚕食沿河民居，画匠杨家祖房原在河头岸边，为前后两进的重院民居，毁于四五十年前。据后人杨尧光回忆，因河岸外扩，画匠家前院地基早已塌陷不能再盖房，后院地基虽还可以利用，也盖上了其他民居。

诺邓自然村目前主要有杨、黄、徐三大姓，此外还有李、段、孙、施等其他姓氏。按不同的始祖，杨姓又可以细分为银匠杨、贡爷杨、画匠杨、裁缝杨、村边杨、福寺门外杨等若干支。诺邓民间用“九杨十八姓”来概括村内各姓氏家族。这些不同姓氏尤其是三个主要大姓的住宅，有相对集中的现象，在分布上具有一定的规律。仿照建筑年代分布图的绘制方法，我们将民居与姓氏的分布关系用色块进行标注，可以得到图2-17“土改前诺邓姓氏分布图”，其中不同色块区分的是不同姓氏，深蓝色的是土地改革后修建的建筑，空白的是公共建筑，而非民居。从图2-17可见，黄姓和银匠杨是两支可以确认的有成片居住区的家支，他们的住宅分别位于河西区大青树附近及河头区，在河头区住满后，银匠杨有向河东区搬迁的趋势。黄姓集中居住的河西区大青树一带距离盐井较远，这里有清代中期的一座牌坊式大门，门上镌刻有黄家历代科举功名。按照黄姓家谱，黄姓的祖籍贯在福建邵武，因黄孟通在云龙担任盐务官，子孙遂留居诺邓。前面我们说到，河西区现在并没有明代建筑，现存民居开始于清初，那么可以确定即使黄姓最初不是居住在河西区的大青树，至迟在乾隆年间他们也聚居在这一带了。联想到黄

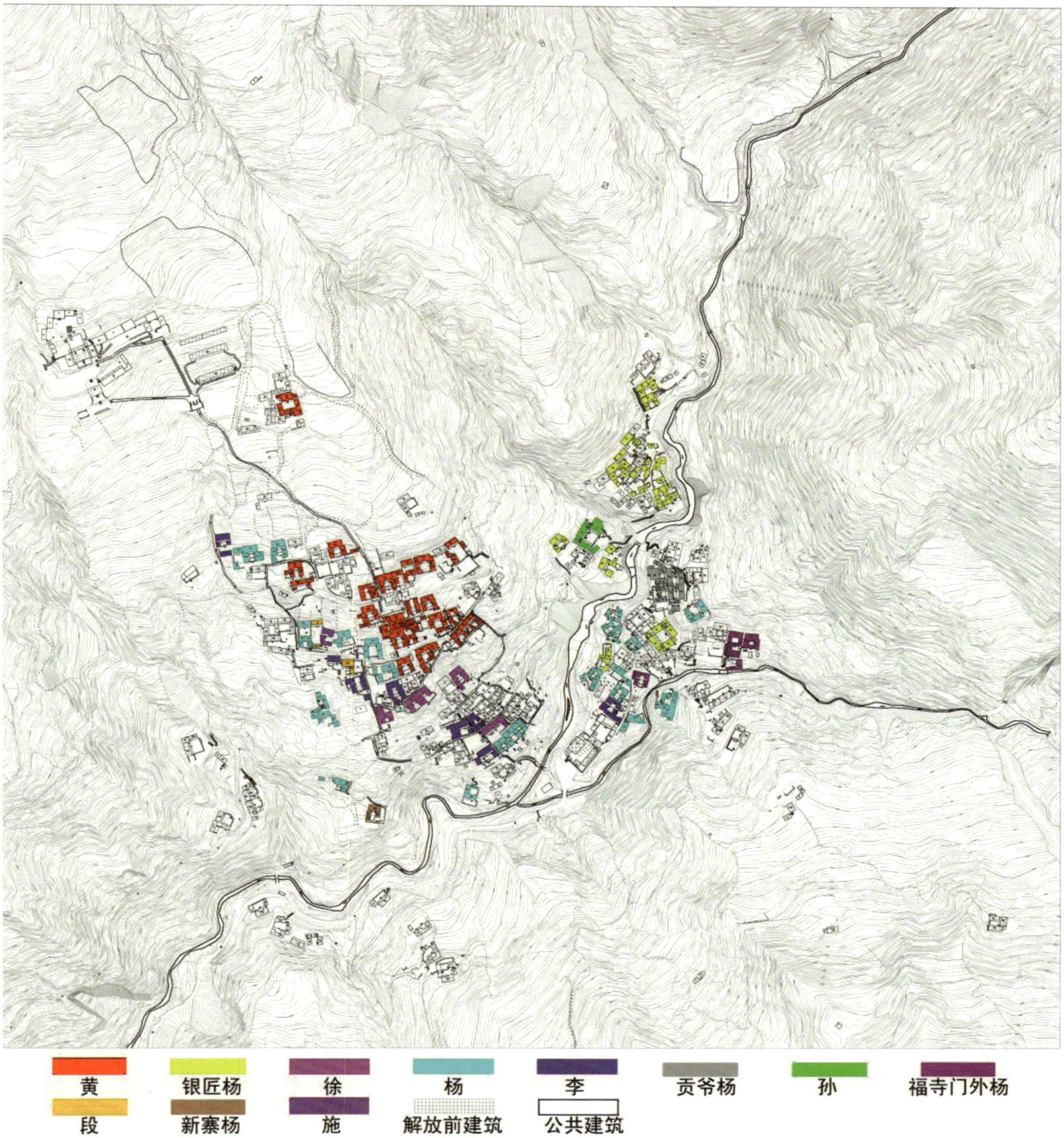

图2-17　土改前诺邓姓氏分布图

姓的祖先曾担任盐务管理者的故事，可以推知这些以盐务管理为职业的黄姓祖先，自然无须居住在环境不太好的靠近盐井的区域。至于其他姓氏和家支的居住区虽未连接成片，但也各有处所，较少混杂。

以上是土改前的情况。土地改革后，被划为地主的人家住宅被分给不同姓氏的贫下中农，原有的姓氏分布格局被打乱，出现了不少一院分属几个不同姓氏人家的情况。近二三十年来，因进城打工或外迁务农等原因，房屋买卖更加频繁，且打破了过去房屋买卖主要在本姓家族间进行的限制，因而如今姓氏分布已经混杂，不似土改前那样有各自的范围了。

第三章
千秋寿域——诺邓墓葬研究

墓葬是聚落故去祖先的府邸。系统的墓葬资料是研究一个聚落人口变迁、历史演进的绝佳资料。笔者由村民黄文光带领，以摄影、GPS定点等记录方式对诺邓墓葬进行了系统调查，已调查并记录的土葬墓共计1600多座，覆盖了诺邓现存墓葬总数的60%以上。已调查墓地中，除北山少数墓地外，其余墓地的调查基本做到了每墓记录、不予遗漏。

一、诺邓墓葬概况

诺邓自然村四周漫山古墓，多是有券有坟有碑有志的石室木棺土葬墓，除少数因开垦耕地等原因遭到破坏外，绝大多数墓上的建筑保存完好。但近些年盗墓猖獗，不少土葬墓的墓圹遭到盗掘，棺木扰乱严重。此外，在村西南山麓有所谓“烧人箐”，历年耕地翻土发现不少火葬罐残片，村民黄文光还收藏着从这里挖到的两个完整的火葬罐（图3-1）。2008年首次调研恰逢大春翻地播种苞谷，“烧人箐”附近随处可见火葬罐碎片，还发现了若干块人骨碎屑，且那里的耕土呈深灰黑色，明显不同于周围的红棕色土。据说20世纪五六十年代生产队社员在那里开荒时曾掘出大批用于装火葬骨灰的陶罐，并有铭刻不清的墓碑。据福寺门外杨，即始祖是铨应公的杨姓家谱记载：从四川迁云南邓川大邑，后迁云龙诺邓井，最初的五代祖“火升，碑名不注，时尚属浪穹，未开州。自铨公生仕秋公，仕秋公首有土冢”。

综合以上线索，“烧人箐”应该是行土葬前诺邓村的火葬墓地，但因年代久远、后期开荒等原因，火葬墓墓上标志被破坏殆尽，地下墓穴的保存状况也不容乐观。但因未经正式考古发掘，该火葬墓地的规模范围、墓葬形制、起始年代等相关问题尚难明确。一般说来，云南现存

1 采集

2 采集

3 黄文光收藏

图3-1　诺邓火葬罐

的白族火葬墓，其年代跨度主要是宋、元、明三代，而以明代数量最多[①]。清代初期因地方官屡次严禁火葬，火葬之俗逐渐消失，白族也像汉族一样改为土葬。诺邓的土葬墓从明代中期开始，清代以后迅速增加，反映了诺邓的葬俗与云南其他地区一样，从明代开始逐渐从火葬向土葬的转化，清初以后火葬基本消失的这段历史。诺邓没有发现早于明代中期的土葬墓，这个现象说明，当时诺邓的居民，除一些管理盐务的外来公职人员外（他们可能采用的是土葬，但因是归葬故里，故在诺邓没有留下土葬墓遗存）和来诺邓盐井务工的工人外（他们即使在当地土葬，也可能像清代一样，被埋于诺邓的“义地”中，且坟墓简陋，无后人养护，已难辩识），其余本地居民很可能采用的都是火葬。从“烧人箐”出土的两件火葬罐形态来看，两罐都是外施绿釉的釉陶罐，器表没有火葬罐常见的堆塑纹样。两罐的造型都是肩部耸起的圆肩罐，其中一件体态较高的罐子口部较小，颈部不明显，且有点内敛；另一件体态较矮的罐子口部稍大，有略倾斜的高斜颈。将这两件罐子与凤仪县大丰乐等地火葬墓的火葬罐相比较，虽然没有完全相同的实物，但从总体风格上看，与大丰乐之X型火葬罐（如YZM574:1）相近。后者的年代属于大丰乐第六期，也就是明代晚期[②]。这个例子说明，直到土葬墓已经在诺邓出现的明代晚期，火葬墓还相当流行。如果能够对“烧人箐”一带的火葬墓地做全面的发掘，弄清火葬墓出现的时代，对于认识诺邓盐业聚落的形成及使用火葬墓居民的入住，当有重要意义。

据实地调查可知，诺邓土葬墓遍布生活区四周山野，可划分为西北墓区、北墓区、东北墓区、南墓区四个相对独立的区域。各大墓区又由若干家族墓地组成，时至今日村民仍严格遵守祖上对家族墓地范围划分的惯例，罕见侵占别家墓地的情况。墓地买卖较少，但并不禁止，因而也有一个墓地葬若干姓氏家支的情况。各墓地墓主姓氏、现存墓葬数量、已调查墓葬数等具体情况详见表3-1“诺邓土葬墓地一览表”。在村东箐边还设有“义地”，那里风水较差，是专门埋葬外来人员的地方，过去不少来诺邓盐井务工的外来人员死后就安葬在那里。因为义地位于村边，且无后人看管，解放后那里逐渐被开垦成苞谷地。需要指出的是，按此次调查的覆盖率，可将表一中的各处墓地分为三类：调查覆盖率为100%的墓地，包括东北墓区的钢板山、箐干场、坛梨树、画虎眼场、青砖坟、包袱地、官家坟，南区的香山寺、杉树林，西北墓区的水桥坪、阁坪、玄坤庵、古宗坪、村西、新庄坪、鹊城，这类墓地墓葬总数等数据直接来自调查所得；调查过但覆盖率未达100%的墓地，包括北墓区的马崇山、老路坟岭、刀刃山、六层山等墓地，这类墓地墓葬总数等数据为本人调查及诺邓村民估计所得；调查没有覆盖到的墓地，

① 李家瑞：《滇西白族火葬墓概况》，《文物》1960年第6期；云南省文物考古研究所、大理白族自治州文物管理所、鹤庆县文物管理所编著：《鹤庆象眠山墓地》，文物出版社2009年版。

② 云南省文物考古研究所、大理市博物馆：《大理大丰乐》，云南科技出版社2002年版。

包括北墓区刀刃山、松岭坡、马茨坪、瓦窑，东北墓区的孙家坟，南区的和来门、大地坪等墓地，这类墓地的墓主姓氏、墓葬总数等情况均来自村民估计。土葬墓碑文通常记录了墓主姓氏、生卒、子嗣、立碑日、山向等内容，有的还有记录墓主生平的序文。通过逐块整理此次调查所得之墓碑，可制成附表一至十九《诺邓土葬墓碑文一览表》，以简略表现各墓碑文的基本内容，其中墓葬编号是用墓地名称加照片编号来表示的，公历是由立碑日统一换算得到的。

基于表3-1和附表一至十九，我们可以得到表3-2“诺邓各土葬墓地墓主姓氏、墓葬数量及年代分布”及表3-3“诺邓各土葬墓地主姓氏及年代分布”。需要指出的是已婚女性死后葬入其夫家墓地，故其单人墓统计时归入夫家姓氏之墓葬。由表3-2可知，墓葬数量在100座以上的有杨、黄、李、徐四个姓氏，其他的张、王、严、钱、施，墓葬数量较少，调查所见均未超过20座。

诺邓自然村内现在杨姓人数最多，调查发现的杨姓墓葬也最多，共计567座，占可辨墓主墓葬数的45%以上，加上调查未覆盖者，杨姓墓葬的总数应在1000座以上。村民常用“九杨”来泛指杨姓的多样来源，其下可细分为银匠杨、贡爷杨、画匠杨、裁缝杨、村边杨、新寨杨、福寺门外杨等，但此次调查只区分出部分银匠杨和新寨杨的墓葬，其他均合并统计为杨。包袱地是杨姓最大的一处墓地，共有墓葬174座；此外马崇山、箐干场分别是新寨杨和银匠杨墓葬比较集中的地方，均各有72座墓葬；六层山、鹊城、坛梨树、青砖坟等地也有不少杨姓墓葬；古宗坪、老路坟岭、阁坪、玄坤庵有少量杨姓墓葬分布，均未超过10座，且年代较晚，几乎都是解放以后的墓葬。

调查发现的黄姓墓葬有268座，约占可辨墓主墓葬数的22%，加上调查未覆盖者，估计共有黄姓墓葬近300座。其中官家坟有黄姓墓葬180座，是黄姓墓葬最集中的墓地，且自明万历以来绵延不绝；此外新庄坪、玄坤庵、老路坟岭、青砖坟也都发现一定数量的黄姓墓葬，起始年代均在清中期以前；古宗坪、阁坪、杉树林发现少量清末民国以来的黄姓墓葬，数量均在5座以下。

李姓墓葬共发现155座，加上调查未覆盖者，李姓墓葬总数应在200座以上，仅次于杨姓和黄姓。其中近90%的李姓墓葬位于杉树林，年代从清中期起至今；此外阁坪、新庄坪、古宗坪、六层山、香山寺均有少量李姓墓葬，除香山寺两座墓葬属清末民国时期外，其余均是解放后的墓葬。发现的徐姓墓葬也超过100座，但分布较为分散。水桥坪是起始年代最早，数量最多的一处；钢板山因路途较远，解放后就没有人再埋葬在那里了。

段姓墓葬仅有12座，分散在青砖坟、杉树林和新庄坪三处墓地，段姓墓葬集中的瓦窑墓地尚未调查，据说那里有段姓墓葬40座左右，则诺邓现存段姓墓葬应在50座以上。调查发现了16座张姓墓葬，绝大多数在六层山，因该墓地未全面调查，估计诺邓现存张姓墓地近50座。另外，据调查可知，诺邓现存的王姓、严姓、钱姓、施姓墓葬分别是12座、7座、3座、2座。

表3-1 诺邓土葬墓地一览表

分区	墓地	墓主姓氏	墓葬总数	已调查墓葬	记录墓碑	可辨墓碑	调查覆盖率
北区	马崇山	新寨杨	500	150	83	72	30%
	老路坟岭	黄 徐 杨	100	29	28	28	29%
	刀刃山	李骑龙	40	0			0%
	六层山	杨 张 李	200	74	73	73	37%
	松岭坡	杨 徐	100	0			0%
	马茨坪	李 杨	40	0			0%
	瓦窑	段	40	0			0%
东北区	钢板山	徐	39	39	23	23	100%
	箐干场	银匠杨	114	114	90	78	100%
	坛梨树	杨 徐	64	64	64	50	100%
	画虎眼场	杨	26	26	25	19	100%
	青砖坟	杨 黄 段 徐 施	73	73	72	67	100%
	包袱地	杨	263	263	208	190	100%
	官家坟	黄	212	212	180	157	100%
	孙家坟	孙	50	0			0%
南区	和来门	杨	100	0			0%
	大地坪	杨	50	0			0%
	香山寺	李 徐	14	14	13	13	100%
	杉树林	李 杨 黄 段	249	249	188	178	100%
西北区	水桥坪	徐	51	51	51	47	100%
	阁坪	徐 杨 黄 钱 李	29	29	29	27	100%
	玄坤庵	黄 杨 徐 王 施	28	28	28	28	100%
	古宗坪	徐 黄 李 杨 张 王	29	29	29	24	100%
	村西	杨 严	25	25	25	24	100%
	新庄坪	黄 徐 王 李 段	77	77	77	58	100%
	鹊城	杨 严	69	69	69	54	100%
合计			2582	1615	1355	1210	

表3-2　诺邓各土葬墓地墓主姓氏、墓葬数量及年代分布

	杨		新寨杨		银匠杨		黄		徐		李		段		张		王		施		钱		严	
马崇山			72	1606–2007																				
老路坟岭	3	1986–2003					16	1775–1991	8	1865–2006														
六层山	54	1610–2006									2	1950			15	1863–1998								
钢板山									23	1767–1946														
箐干场					72	1769–2003																		
坛梨树	39	1725–2008							6	1921–1989														
画虎眼场	13	1693–2006																						
青砖坟	30	1724–1994					15	1794–2000	4	1810–1900			7	1789–2007					1	1629				
包袱地	174	1714–2008																						
官家坟							180	1577–2007																

续表

	杨		杨厚保		银匠杨		黄		徐		李		段		张		王		施		钱		严	
香山寺									1	2001	12	1887–2004												
杉树林	24	1699–2007					5	1900s–1985			137	1702–2008	4	1690–1851										
水桥坪									47	1626–2008														
阁坪	7	1974–2003					4	1937–2007	12	1947–2007	1	1979									3	1982		
玄坤庵	7	1827–2004					16	1812–2002	2	1883							2	1728–1789	1	1898				
古宗坪	1	1989					2	1937	17	1820–2008	2	1993–2001			1	1846	1	1987						
村西	23	1755–1926																					1	1770
新庄坪							30	1614–2004	17	1896–2002	1	2004	1	1987			9	1777–1991						
鹊城	48	1749–2007																					6	1828–2008
合计	423		72		72		268		137		155		12		16		12		2		3		7	

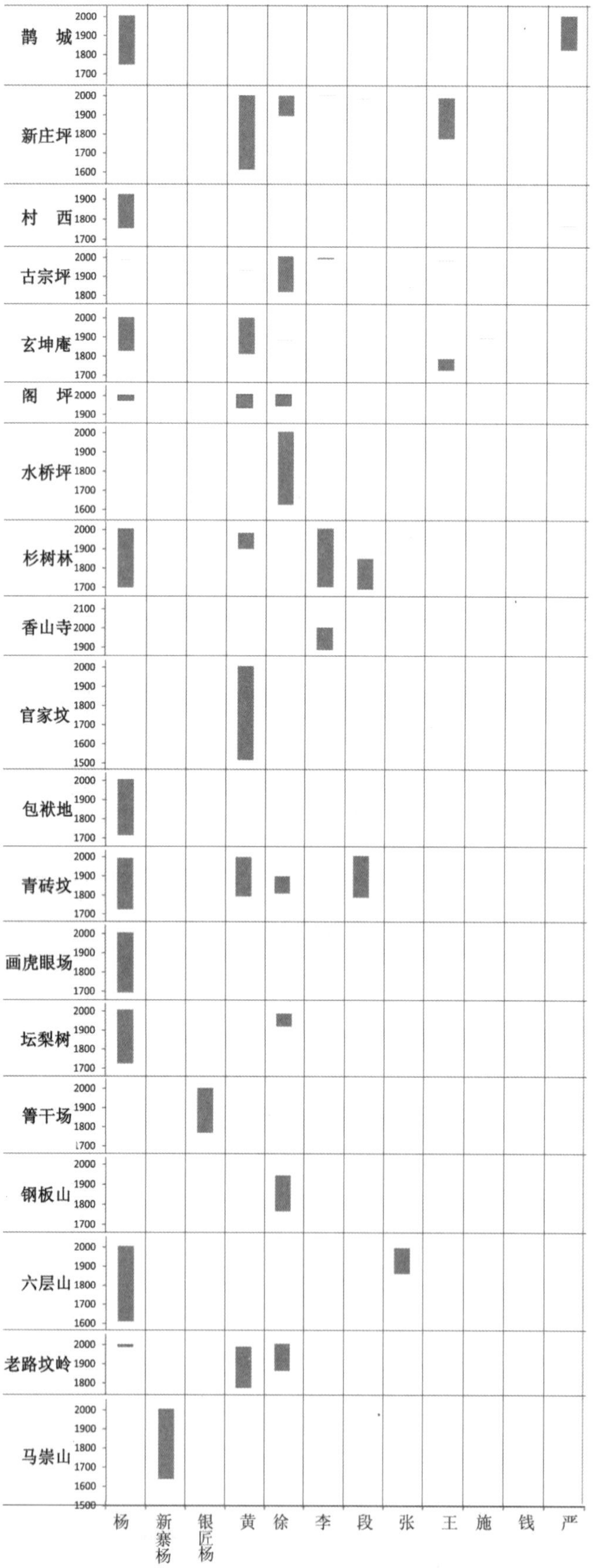

表3-3 诺邓各土葬墓地墓主姓氏及年代分布

二、诺邓墓葬的形态分析

诺邓的火葬墓地之墓上标识均已被破坏，此次调查仅采集到若干火葬罐残片，故本篇对墓葬的形态考察主要是从现存的土葬墓入手的。

诺邓土葬墓均为石室木棺墓，墓上立碑垒券。墓坑挖好后，放入两个罐子，取镇压辟邪，不让异物进出之意：一个装满天池水①，水里放一对小鱼②；一个装五谷，代表金银。死者下葬前将两罐取出丢弃。墓坑四周镶条石成石椁，一般两侧用条石8块，前后各用3块，棺木之上又置盖石，多为7、9或11块。

土葬墓地下墓穴、棺木形制基本相同，可分为夫妻合葬的并列双室墓和一人葬的单室墓两种。墓上建筑则富于变化，依据墓碑基座的有无这一最显著的形态特征，可将土葬墓分为两大类。

甲类：有基座类。墓碑立在基座上，不与地面直接接触。依墓券的形态差别又可分为两型。

A型：墓券立面为圆拱形。依石雕造型及墓硐③深浅的差别，该型可分为三个亚型。

Aa型：不仿木型。墓券以下不做仿木石雕。依基座的形态特征及其与墓券的位置关系的变化，可将该型区分成三式。

AaI：基座为凹陷于墓券之内的须弥座，中段束腰部分又被分成并排三段，分别雕刻有瑞兽等图案，基座上下涩饰有莲瓣。该式出现的年代集中在明末清初。如村西662天启二年（1622）黄太杨氏墓等。

AaII：墓葬基座趋于简化，少见分段及雕刻，但仍凹陷于墓券之内。该式始见于清中期，且沿用至今。如画虎眼场340康熙三十二年（1693）杨衍宗夫妇合葬墓、新庄坪604光绪四年（1878）杨太冯氏墓等。

AaIII：基座简化，无分段及雕刻，且已与墓券连为一体。该式民国始见，沿用至今。如新庄坪959民国三十七年（1948）杨月中夫妇合葬墓，坛梨树2357杨时润夫妇合葬墓（1994）。

Ab型：仿木浅墓硐型。墓券以下做仿木石雕，墓硐较浅。据闪八字的有无，该型又可分为两式④。

---

① 天池古称高海子，为高原断层湖泊，海拔2500米，位于诺邓西南10公里处。

② 清代至民国初年，用进口牛皮金银纸剪制一对小鱼，民国起改用锡箔。

③ 墓硐是诺邓民间对墓券的称呼。硐，通“洞”“峒”。

④ “闪八字”是指沿墓门向两侧呈八字形斜张的石屏，雕有武将造型。

AbI：无闪八字式。该式始见于明代晚期，今日仍很流行。如东山200万历五年（1577）黄本清夫妇墓，包袱地771道光年间（1821–1850）杨芳材夫妇墓，新庄坪686民国三十五年（1946）黄铭夫妇墓，箐干场251杨崇墓（1992）等。

AbII：有闪八字式。该式始见于清代中期，且见于此后各个时期。如东山50乾隆四十七年（1782）黄绍魁夫妇墓，杉树林894民国二十四年（1935）黄名盛夫妇墓，杉树林112杨国朱（1998）夫妇墓等。

Ac型：仿木深墓硐型，墓券以下做仿木石雕，墓硐较深，墓葬体量较大。诺邓民间称其为“城门洞”。该型数量极少，年代集中在清末民国。如杉树林819光绪十五年（1889）李正昌夫妇墓，杉树林885民国二十七年（1938）李彬华夫妇墓等。

B型：墓券立面为抹角方形，墓券以下不做仿木石雕，墓硐较浅。据闪八字的有无，该型又可分为两式。

BI：无闪八字式。该式清中期始见，沿用至今。如包袱地482康熙五十五年（1716）杨元嗣夫妇墓，新庄坪631道光二十二年（1842）杨公夫妇墓，坛梨树581民国辛酉年（1921）徐太杨氏墓，东山273黄绪先墓（1979）。

BII：有闪八字式。该式始见于清中期，民国以后绝迹。如马崇山1069乾隆四十六年（1707）杨思聪之墓，老路坟岭1235民国三十二年（1943）黄棐之墓等。

乙类：无基座类。墓葬无基座，墓碑与地面直接接触。墓门用四块规整条石砌成，坟冢用六块杂石堆砌，故诺邓民间称该类墓葬为“四六具”。该类墓葬形制简单，缺乏变化。从清中期起一直沿用至今。如新庄坪913乾隆十四年（1749）杨老大人墓，包袱地596民国七年（1918）杨学信墓，老路坟岭1242徐公夫妇墓（1980）等。

以上型、式各有年代，据此我们可制成表3–4“诺邓土葬墓型、式年代表”，以表现诺邓土葬墓形态演变的规律性特征。

表3–4　诺邓土葬墓型、式年代表

型、式年代	甲类				乙类
	Aa型	Ab型	Ac型	B型	
明末清初	I	I			
清中晚期	II	I II		I II	√
清末民国	II III	I II	√	I II	√
解放后	II III	I II		I	√

此外，我们还可以将墓葬形态特征拆分成墓穴、墓碑、墓券、石雕等几个因素，分别考察其变化趋势（表3–5“诺邓土葬墓形态变化统计”）。土葬墓墓穴分并列双室墓和单室墓两种，

明末清初供夫妻合葬的双室墓比例较低，仅为11.76%，清代双室墓比例上升至近50%，民国、解放后双室墓比例分别维持在40%和30%以上。墓碑从碑面形态看可分为平板和外凸两种，明末清初碑面外凸的比例近30%，清代降至7%左右，民国已不足2%，解放后墓碑碑面凸出者已十分罕见了。墓券是墓上建筑的主体结构，可分为圆拱形墓券和抹角方形墓券两种，明末清初不见方墓券，清代方墓券比例近30%，民国以来，方墓券的比例维持在10%左右。墓券下做仿木石雕是诺邓土葬墓的一个重要装饰特色，从明末至今一直都有，且比例从明末清初的不足6%稳步攀升至解放后的近90%。此外，闪八字、四六具都经历了一个从无到有的过程，但比例一直不高。

表3-5　诺邓土葬墓形态变化统计

特征年代	双室墓	碑文右至左	凸墓碑	方墓券	仿木石雕	闪八字	四六具
明末清初	11.76%	29.41%	29.41%	0%	5.88%	0%	0%
清中晚期	48.48%	4.92%	7.03%	27.63%	50.05%	16.16%	7.73%
清末民国	40.16%	0	1.64%	10.66%	79.51%	17.21%	23.77%
解放后	32.92%	0.20%	0.41%	7.45%	89.44%	6.63%	29.40%

三、土葬墓变迁的宏观分析

1. 明末清初墓葬分布

通过统计墓碑碑文可知，此次调查共发现明末清初时期的土葬墓17座，时间从明万历五年（1577）到南明隆武元年（1645，即清顺治二年）共计69年，包括东北区官家坟的黄姓墓葬3座，北区马崇山的杨姓墓葬7座、六层山的杨姓墓葬1座，西北区新庄坪的黄姓墓葬3座、水桥坪的徐姓墓葬2座和南区杉树林的李姓墓葬1座。可以说这一时期诺邓东北区、北区、西北区、南区四大墓区的格局已初见端倪，杨、黄、徐、李这四个墓葬总数过百的姓氏已率先进入我们的视野。

2. 清代墓葬分布

此次调查共发现清代土葬墓427座，时间从康熙十二年（1673）到宣统三年（1911）共计239年，包括东北区包袱地杨姓墓葬66座，官家坟黄姓墓葬55座，钢板山徐姓墓葬23座，箐干场杨姓墓葬12座，画虎眼场杨姓墓葬11座；北区马崇山杨姓墓葬28座，青砖坟杨姓墓葬10座，黄姓墓葬4座、徐姓墓葬3座、段姓墓葬3座，坛梨树杨姓14座、老路坟岭黄姓墓葬11座，六层山杨姓墓葬8座、张姓墓葬2座；西北区鹊城杨姓墓葬23座、严姓墓葬1座，村西杨姓墓葬15座、严姓墓葬1座，新庄坪黄姓墓葬9座、王姓墓葬5座、徐姓墓葬1座，玄坤庵黄姓墓葬2座、王姓墓葬2座、杨姓墓葬2座、施姓墓葬1座、徐姓墓葬1座，古宗坪徐姓墓葬3座、张姓墓葬1座；南区杉树林李姓墓葬46座、杨姓墓葬10座、段姓墓葬4座，香山寺李姓墓葬1座。清代各区墓地均有所扩展，东北墓区的包袱地、钢板山、箐干场、画虎眼场，北墓区的青砖坟、坛梨树、老路坟岭，西北墓区鹊城、村西、玄坤庵、古宗坪，南墓区香山寺是这一时期新出现的墓地；其中，段姓、严姓、王姓、施姓、张姓的墓葬未见于前一时期。

3. 民国墓葬分布

此次调查共发现民国时期土葬墓122座，时间从民国元年（1912）到1950年（因当地墓碑将1950年书写作“民国庚寅年”，故如此计算）共计39年，包括东北墓区箐干场杨姓墓葬16座，东山黄姓墓葬16座，包袱地杨姓墓地14座，青砖坟黄姓墓葬1座、杨姓墓葬1座、施姓墓葬1座，坛梨树杨姓墓葬2座、徐姓墓葬1座，钢板山徐姓墓葬2座；北墓区六层山杨姓墓葬8座、张姓墓葬2座、李姓墓葬1座，老路坟岭黄姓墓葬2座、徐姓墓葬2座、杨姓墓葬1座，马崇山杨姓墓葬7座；西北墓区新庄坪黄姓墓葬3座、王姓墓葬1座、徐姓墓葬5座，鹊城杨姓墓葬7座、严姓墓葬2座，村西杨姓墓葬5座，玄坤庵黄姓墓葬1座，古宗坪徐姓墓葬1座、黄姓墓葬2座，阁坪徐姓墓葬1座；南墓区杉树林李姓墓葬11座、黄姓墓葬1座，香山寺李姓墓葬1座。民国时期各区墓地趋向稳定，仅西北墓区新增阁坪一处墓地，且未见新的姓氏出现。

4. 解放后墓葬分布

此次调查共发现解放后墓葬483座，时间从1951年至2008年共计58年，包括东北墓区包袱地杨姓墓葬79座，官家坟黄姓墓葬57座，箐干场杨姓墓葬38座，青砖坟杨姓墓葬15座、黄姓墓葬7座、段姓墓葬4座，坛梨树杨姓墓葬19座、徐姓墓葬6座，画虎眼场杨姓墓葬3座，钢板山徐姓墓葬2座；北墓区六层山杨姓墓葬27座、张姓墓葬10座，马崇山杨姓墓葬13座，老路坟岭徐姓墓葬4座、杨姓墓葬3座、黄姓墓葬2座；西北墓区新庄坪徐姓墓葬10座、黄姓墓葬6座、王姓墓葬2座、段姓墓葬1座，阁坪徐姓墓葬10座、杨姓墓葬7座、黄姓墓葬2座、钱姓墓葬2座、李姓墓葬1座，鹊城杨姓墓葬12座、严姓墓葬3座，玄坤庵黄姓墓葬10座、杨姓墓葬5座，古宗坪徐姓墓葬12座、李姓墓葬2座、杨姓墓葬1座；南墓区杉树林李姓墓葬51座、杨姓墓葬10座、黄姓墓葬1座，香山寺李姓墓葬8座、徐姓墓葬1座。村民基本沿袭了清代以来形成的墓地格局及划分，罕有例外，其中阁坪的钱姓墓葬是之前所不见的，钢板山则因路途遥远等原因，解放以来已被徐姓村民舍弃不用了。

综上所述，从墓葬数量看，杨姓、黄姓、徐姓、李姓确实是诺邓的四大姓氏，明末清初这四个姓氏的墓葬就率先出现于诺邓四野的四个墓区。清代是诺邓各土葬墓墓地形成和发展的重要时期。该期四大墓区内出现了众多墓地，且为后世所沿用，除四大姓氏之外的姓氏之墓葬也纷纷出现，这和第二章房屋建筑所反映出来的规律是吻合的。民国以来，除个别墓地兴起（西北区阁坪）、舍弃（东北区钢板山）及解放后新出3座钱姓墓葬外，诺邓土葬墓在墓地划分和墓主姓氏两方面都趋于稳定；另一方面在墓葬数量上却有长足发展：明末清初平均每年只有0.25座墓葬，清代平均每年有1.79座墓葬，民国平均每年有3.13座墓葬，解放后平均每年有8.33座墓葬。明末清初每年土葬墓葬数量偏少，这有两方面的原因，除了与当时诺邓聚落的总人口数相关外，当时土葬墓与火葬墓并存应当是更重要的影响因素。清代初期以后，新增墓葬数量历年来逐步攀升，且增长的幅度很大，这显然与诺邓人口增长有着密切的关系。

我们上面将诺邓土葬墓划分为四个阶段，可按照习惯的25年左右作为一代的时间划分方法，将明代晚期至今的土葬墓数量制成表3-6“诺邓土葬墓数量—时间分布”。从这个图形表中可以看出，诺邓的土葬墓数量从明嘉靖二十八年（1549）以来，至清康熙中（约1690年前后）长期保持着稳定，以后就开始逐渐增加，在清道光（约1840年前后）中达到了一个高峰。此后却有所下降，在清咸丰、同治之间（约1860年至1865年间）形成了一个低谷。以后迅速回升，在清光绪前期（1885年前后）到达了又一个高峰。从这个高峰后，墓葬数量逐年减少，到了20世纪60年代初又跌入一个低谷。从那以后，墓葬数量急剧攀升，在不到50年的时间里，墓葬数量达到了历史上最高点的三倍。诺邓从最初的土葬墓出现，到1840年前后的第一个高峰期，经历了近300年时间，而从1860–1865年这个低谷上升到第二个高峰期的1885年，则只花了20多年时间。我们知道，从明代晚期山地谷物如玉米等传入以后，山区人口都有迅速增加的现象，清代雍正年间“摊丁入亩”以后，随着人头税的彻底消失，农村人口更有大幅度的上升。诺邓不是以农业为主业的聚落，所以作物品种和农业税收的因素不是导致人口增减的原因。这几个高峰和低谷，其所处年代都有重要历史事件，如清咸丰、同治之间的墓葬数量的低谷，其时间正好与席卷整个滇西的杜文秀回民起义的时间相吻合，后者发生在清咸丰六年（1856）至同治十一年（1872）间，诺邓盐井作为重要财政资源，交战双方都会争夺，诺邓聚落肯定会受到影响。始建于明嘉靖年间的诺邓玉皇庙于清咸丰七年（1857）毁于兵燹，光绪年间才得以修复，就说明了这个问题。诺邓聚落的人口有的死于战火，死者又得不到正常的安葬，就会出现正常的土葬墓数量一度大量减少的现象。杜文秀起义失败后，社会回复常态，不仅诺邓聚落的人口回升，正常埋葬人数会增加，而且先前没有正常埋葬的人也会重新安葬，土坑墓数量在这个时候出现大增，可能就是这个原因。如果除去因杜文秀起义时间导致的土坑墓数量的波动，那么，从清康熙中期至民国时期，诺邓的墓葬数量基本上是稳定在一个大致相当的水平上。至于解放后墓葬数量的降低，以及20世纪60年代以后的墓葬数量的大幅度攀升，前者与诺邓村产业的变化、居民的减少有直接的关系，后者则与城市推行火葬后与诺邓村有关的人们死后归葬在诺邓有关。

表3-6 诺邓土葬墓数量—时间分布表

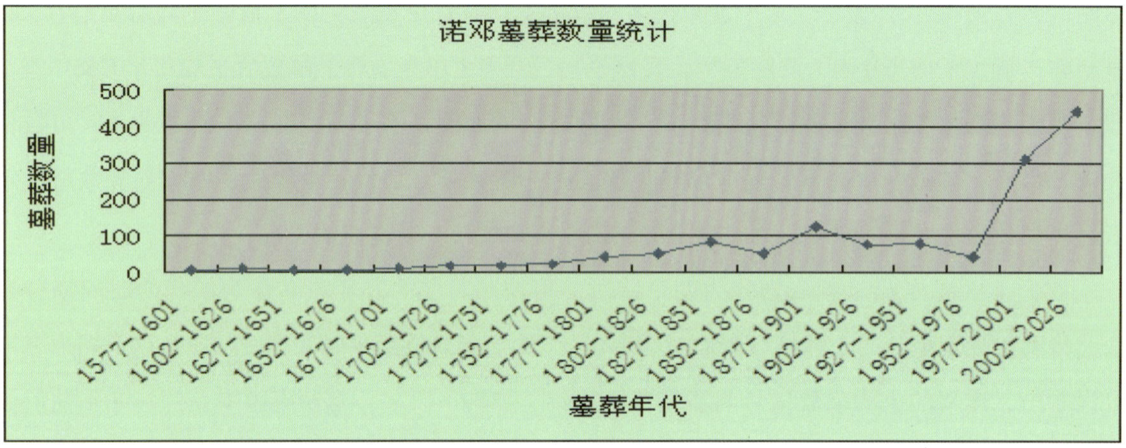

第四章

代远年湮——诺邓历史探寻

第二、三章分别探讨了诺邓民居和墓葬的现状和变迁，本章拟以此为基础，结合访谈、族谱、碑刻、史籍等资料探讨诺邓历史变迁中的若干问题。

一、人群的来源及演变

诺邓民居和墓葬的使用者和所有者是诺邓历史的直接创造者，这些人群的来源及演变是我们理解诺邓历史面临的首要基本问题。散落村内各家的族谱资料记录了不同姓氏村民对各自族源的追忆。史籍、档案中对诺邓不同历史时期户数的记载则是考察人群演变的重要参照系。

笔者在调查中收集到村中杨姓、黄姓、徐姓、李姓、段姓、张姓族谱，共计39本。这些族谱均成文于清中期以后，此后多有抄录整理。族谱由两部分组成：开篇序文追溯本族定居诺邓之过程；正文则录有各代祖先的姓名。各族支无一例外均自认由外地迁居诺邓，除段姓以大理皇族段氏后代自居外，其余族支均将自己的籍贯追溯到南京、江西或福建（见表4-1“诺邓各家支族谱一览表”）。此外，据嘉靖二十八年（1549）张俊墓碑记载，这支张姓祖居叶榆，后徙居施浪，嘉靖二年张俊才自施浪迁至诺邓。

通过仔细研读诺邓诸姓族谱，我们可以发现不少有关诺邓族源的蛛丝马迹。首先在表4-1所展现的十三个家支中，有八支将祖籍追溯到了南京，且小地名也有惊人的相似。五支杨姓中有四支“原籍”南京，三支同出自上元县。诺邓民间认为诺邓的杨姓可分九支，有九个不同的族源，迁居诺邓前彼此互不相识。考虑到农业社会的封闭性，同县甚至同村的居民彼此却互不相识，这点甚为可疑。其次，祖籍“南京应天府上元县南门外大石板桥”的福寺门外杨的族谱记载，这支杨落籍诺邓后的前四代祖省忠公、恩元公、辅鼎公、铨公均“火升”，“碑名不注”，“火升”即火葬，是明清以前流行于云南土著的一种丧葬习俗，为同期江南汉人所不用。另外族谱记载“铨公生仕秋，仕秋公手有土冢。仕秋公生二子秋海公、秋野公，秋野早卒，秋海生二子海珠、海宝”，仕秋生秋海、秋野，秋海生海珠、海宝，这是一个父子联名的典型例子。父子联名是西南土著长期沿用的命名方法，与汉文化命名为尊者讳的做法迥然有别。以上两点从根本上颠覆了福寺门外杨祖籍南京的家族记忆，这支杨姓应该就是云南土著的直接后代。最后，据段姓族谱记载，自明初段世至生于民国十五年（1926）的段太徐正九，段氏在落籍诺邓的500多年间仅有祖先15代，这与一百年五代人的正常繁衍速率有很大差距，因此我们可以确认这支段的族源记忆也是不可靠的。

清人师范在《滇系·典故系六》中就指出云南族谱的族源记载多不可信：“自傅、蓝、沐三将军临之以武，胥元之遗黎而荡涤之，不以为光复旧物，而以为手破天荒，在官之典籍，在野之简编，全付之一烬。既奏迁富民以实滇，于是滇之土著皆曰：我来自江南、我来自南京。”攀附官宦、美化家史，不过人之常情，这点很好理解。故谭其骧先生在他的《播州杨保考》一文中特别指出，研究西南族群，对于家谱中所述的祖先来源要特别谨慎[①]。特别是在明初平定云南后，迁南京都城原有居民至云南[②]，这些来自皇都的居民一般都有某种优越感，这种优越感会对周围汉化的土著（主要是白族）产生吸引力，因而他们也以江南汉人后代自居，确能使本家族在地方竞争中占据优势地位[③]。不过，在大量内地汉人自明初以来因军事、商业等原因涌入滇西地区的背景之下[④]，受井盐之利吸引而落籍诺邓的江南人士应该大有人在。故诺邓族谱中将族源追溯到南京、江西、福建等地也并非完全是无中生有。毋庸置疑，诺邓现居人群是外来汉人与当地土著相融合的后代，而且外来汉人很可能在这个过程中占据了主导地位，这从诺邓人以汉人之后自居且全盘接受儒道信仰等方面得到了很好的体现。

除族源外，我们还可以从户口数的变化考察诺邓人群的演变。康熙及雍正年间的《云龙州志》记载，清朝中期诺邓井“附井居民二百余户”。据村民黄金鼎、杨哨衡等回忆，解放初期诺邓井有居民四百户左右。据诺邓村公所档案记载，2006年诺邓共有279户居民。这三个数字为我们探讨诺邓人群演变提供了有益的线索。从清中期的两百余户到解放前的四百多户，诺邓井的人户翻番用了250年左右的时间。解放以来的50多年间，诺邓户数则减少了近三分之一，这主要可以归结为四个原因：过去诺邓主营盐业，较为富裕，20世纪50年代土改时被划成地主、富农的人户较多，故有数十户地主和富农被迫外迁至周围自然村或更远的旧州等地；20世纪80

① 谭其骧：《长水集》上册，人民出版社1987年版。

② 明·顾起元《客座赘语》卷二：“高帝定鼎金陵，驱旧民置云南，乃于洪武十三等年起，取苏浙等处上户四万五千余家填实京师。”

③ 王明珂：《华夏边缘：历史记忆与族群认同》，社会科学文献出版社2006年版。

④ 蓝勇：《明清时期云贵移民的时间和地理特征》，《西南师范大学学报（哲学社会科学版）》1996年第2期；古永继：《明代滇西地区内地移民对中缅关系的影响》，《中国边疆史地研究》2008年第3期。

年代初开始推行计划生育政策，这在一定程度上减缓了人口的增长速率；诺邓地狭拥挤，距离耕地远，不利发展农牧业，故主营农业以来，有不少村民陆续外迁到周围其他自然村居住；此外近二十年来，诺邓也有一些进城打工的中青年，有的甚至举家搬到石门县城、大理、昆明等地。可以说，过去300多年间井盐业的长期繁荣是诺邓人口增长的直接动力。解放后诺邓人口的锐减则是国家政策导向的直接产物。迁走居民、限制生育是政策直接干预人口数量，转商务农、改革开放则是通过经济层面的政策调整从根本上指引了人口的流向。

诺邓人户数的这一升一降在民居、墓葬上有不同的体现，这为我们解释史前聚落的变迁提供了一点借鉴。

清代中期至民国因盐业经济繁荣，诺邓人口数量增长较快，250年间人口翻了一番。相对应的，这一时期，诺邓民居在数量和风格上都得到长足发展，奠定了今日诺邓的基本格局。墓葬方面，众多墓地被开辟利用，且出现不少前代不见的姓氏，可以说这一时期经济的繁荣、人口的发展在民居和墓葬两方面都得到了直接的体现。而解放后的情况则更耐人寻味，兴建了一定数量的房屋，且多集中在村落外围；而村内不少老房子已闲置不用，大门紧闭。房屋新建的势头已大不如前，这一点与居民外迁、人口减少的事实是相吻合的。但墓葬方面却是另外一幅景象，虽然在墓地划分、墓主姓氏两方面均趋向稳定，但这一时期，新增墓葬数量却成倍激增，据统计，解放后的58年间，诺邓平均每年墓葬数量竟达到了8.33座，这一数字远远高于之前的水平，容易造成诺邓人口大增的假象。这个看似矛盾的现象是由多个原因造成的，其中最主要原因是外迁至周围自然村的村民按惯例继续使用祖上传下来的家族墓地，甚至一些迁至县城或外县的诺邓人死后仍葬回诺邓。这就提醒我们：墓葬所代表的死人世界，与现实社会中聚落的联系是复杂和曲折的。换句话说，通过墓葬研究人类社会固然是考古学研究的重要方法，但这一方法也是有一定局限性的，死人的墓葬不一定是活人聚落的直接反映，在某些情况下，墓葬甚至会误导我们得出与真实情况南辕北辙的结论。

表4–1　诺邓各家支族谱一览表

族谱相关家支	族谱来源	原籍	落籍年代	入滇经过
银匠杨	黄文光 李圣全 李文清	南京应天府上元县槐树街	明成化年间入滇，嘉靖二年（1523）落籍诺邓	始祖蚤公、明公因避乱（黄文光本、李文清本）或游宦（李圣全本）先在大井寄居数年，后落籍诺邓
贡爷杨	杨家骝	南京瑞园府安山县	明代	始祖体忠公以孝廉任昆明县事，死后安葬云南，其子绍曾、昆玉落籍省城南门口，此后孙辈先游浪穹，次入云龙，后择居诺邓

续表

族谱相关家支	族谱来源	原籍	落籍年代	入滇经过
裁缝杨	杨伟如	南京		始祖杨立自南京迁浪□，后至诺邓
新寨杨	杨龙坤 杨丽梅	江西省抚州府临川县		
村边杨	杨荣槐	南京应天府上元县第二十五都大石板柳树村		始祖杨高出任云南迤西邓川巡检司，任职满后，落籍大理，几年后奉命调查五井盐务，见诺邓崇山秀水，故迁居于此
福寺门外杨	杨文娟	南京应天府上元县南门外大石板桥		始祖全应公因避荒游学到四川成都府，数年后入云南上邓川大邑居住，十余年，全应公子省忠公生恩元，后入云龙，居诺邓
黄姓	黄遐昌 黄文光	福建绍武府绍武县	明成化年间	始祖孟通公于明成化二年（1466）由孝廉任五井提举教授大夫，孟通公离任时，顺荡井盐课逋欠，长子景公之子倖公留住公署办课，后遂落籍诺邓井
徐姓	徐钰	江西抚州府临川县长临乡五都新□保	明万历年间	始祖仲三公教谕于云南大理府云龙州金泉井，后落籍金泉井，越八世，始迁居诺邓井
李山峰	黄金鼎	江南江宁府上元县	明	始祖山峰公成化间纪功授河南开封府同知，其后宦游滇南授五井提举司，卸任后，落籍诺邓
李太山	李文清	南京应天府上元县大石板杨柳树		始祖太山公乃翰林院学士道源公之孙，堂兄彭士任永昌府保山县知县，请太山公出任师爷，太山公见诺邓井旺人和，故卸任后定居于此
段姓	段阳森	大理	明初	洪武十四年（1381），明将傅友德等征云南，大理段氏子孙遂散居云南各处，段世一支入云龙
张相才	张义忠	原籍南京，祖居邓川大邑里九甲	清晚期	世荣公弟兄自邓川移籍云龙石门，子孙繁炽，四处迁居。……惟本支自相才公迁居于诺邓井，而人丁稀少，至今已六七代
张俊	黄金鼎抄录嘉靖二十八年墓志	叶榆	明嘉靖癸未（1523）	张俊高祖名禾，自叶榆徙居施浪。嘉靖癸未，俊自施浪徙诺邓

二、墓葬的变迁及所反映的社会问题

诺邓经历了一个火葬墓被土葬墓取而代之的过程。现存最早的土葬墓是东北区火室岭嘉靖二十八年（1549）张俊之墓。此后的400多年间，诺邓共兴建了2500多座土葬墓。由第三章分析可知，诺邓在行土葬之前流行的是火葬，南区杉树林墓地下方所谓“烧人箐”就是曾经的火葬墓地。诺邓明晚期之前流行火葬，明晚期之后开始土葬且仿木构件装饰日兴，这一变化反映了当地宗教信仰、政府控制、人群流动等方面的诸多社会问题。

自佛教传入中国后，民间开始有人使用火葬。宋元时期，火葬已非常盛行，在今东北、北京、山西、河南、福建、四川等地均发现有火葬墓①。从本质上看，火葬习俗与儒家“身体发肤，受之父母，不敢毁伤”的观点是相背的，故自唐代起，历代统治者均明令禁止火葬。滇西大理地区长期游离于中央政府统治之外，受佛教密宗等影响，从南诏中期到明清之际，上自王室贵族，下至平民百姓，普遍奉行火葬。据调查，滇西地区历史在300年以上的村寨均有火葬墓地，有些墓迄今还有后人祭祀香火。喜州弘圭山、剑川中科山、洱源凤羽狮子山、云龙顺荡莲花山是其中比较有代表性的四处墓地②。从村民收藏的两个火葬罐及笔者采集到的火葬罐残片看，诺邓已发现的火葬罐均为器形较小的素面器，有夹砂灰陶和釉陶两种，年代应集中在明代前后，不见宋元及更早的带器座及器盖、器身装饰有十二生肖、花卉、波浪形划纹、金刚杵、麦穗等的火葬罐③。“烧人菁”这个火葬地点名称能够流传下来，以及村民对于火葬墓地的记忆，说明诺邓现在使用土葬居民的祖上曾经与使用火葬的居民共存，明末清初的西南社会大动荡并没有导致诺邓社会的消失和中断。

通过改土归流，清代对边疆实行着有史以来最有效的统治，火葬习俗在云南的消失就是清政府介入云南民俗，强力推行汉文化的结果。木棺土葬的相关词汇，如棺材、含口、墓圹、碑心、帽券等，都没有白语称谓，故土葬应是仿照汉人的做法④。因诺邓有盐卤之利，外来移民比一般农业村落为多，相应的土葬墓始见年代较早，至迟在明中期起就出现了。由上，土葬在清政府推行前已由外来移民率先带入诺邓了。

诺邓土葬墓有两个突出特点，一是墓圹均用条石砌筑，二是墓上建筑用仿木构件装饰且比例日增。而这两点也正是长江上游川黔两省宋元墓葬的突出特征。仿木砖雕墓在北宋中晚期成为北方地区最为常见的墓葬形式，元代衰落，明代以后就很少见了。受其影响，长江上游宋元时期流行带仿木构建筑构件的石室墓。而同类墓葬在诺邓出现于明晚期，此后比例逐渐增加，中华人民共和国成立以来的60年间，近90%的墓葬做仿木石雕装饰。这一情况应该暗示了明代

① 徐苹芳：《宋元时代的火葬》，《文物参考资料》1956年第9期。

② 孙太初：《云南西部的火葬墓》，《考古通讯》1956年第4期；刘世旭：《西昌大理国火葬墓》，《中国文物报》1988年11月18日第1版；李东红、杨利美：《白族梵文火葬墓碑、幢考述》，《云南学术探索》1996年第4期。

③ 秦大树：《宋元明考古》，文物出版社2004年版。

④ 李家瑞：《滇西白族火葬墓概况》，《文物》1960年第6期。

以来长江上游地区对诺邓所在的滇西北地区的文化影响。据康熙年间成书的《云龙记往·段保世职传》：“（云龙）田亩日开，客商日众，夷不善算，利归客商，夷日困，或死或迁，客民众，而夷渐少矣。”[①]民国年间成书的《大理县志稿》卷六《社交部·社会》则记载：“近之则川、黔、桂、粤，远之则楚、赣、苏、杭，皆梯航而至。”据研究，因军事戍守、仕宦任职、谪迁流放、商人流寓等原因，明清时期云南吸纳了200万以上的外省移民[②]。这其中就应该包括了不少川黔两省向邻近的滇西北地区的移民。前引《云龙记往》为之立传的段保就是“少随父流寓云龙”的“四川邛州威远县人”。至于川黔移民入滇的具体路线、时间、原因等问题则需进一步研究。

三、政府·产业·环境

微“盐”大义，诺邓的兴衰和盐紧密联系在一起。而盐的生产及销售则直接受政府政策制约，政府在诺邓产业变迁的过程中起了决定性作用。另一方面，诺邓的产业模式又和周围环境有着深刻的互动关系。

清代民国的300年间，历代政府的盐政多有变更，但一个基本事实长期存在，即掌握卤水权的灶户占村民的四分之三以上，他们直接参与井盐生产的各个环节，没有卤水权的荒户则通过背卤水、砍卖柴等方式向灶户提供服务，可以说村内各户均“靠井吃井”“附井而生”。而其生活质量则与政府政策息息相关。据研究，云南清代民国的盐政可大体分为五个阶段：1. 康熙中叶以前，云南盐政较松散放任，具有商包商销的色彩，“滇盐不行部引，按井给票，商人操办完课”。2. 康熙中叶至嘉庆初年，政府全面控制了盐的产、运、销，确立了官运官销的盐政制度。3. 嘉庆改制，以灶煎灶卖、民运民销取代旧制。4. 清朝末年政府再次垄断盐政，并被民国政府所沿用。5. 1945年至1951年，政局更迭，监管弱化，盐政回归自煎自卖[③]。村内老人的追忆表明诺邓也经历了与之同步的盐政变迁[④]。可以说，现在诺邓在世村民经历的主要是政府垄断盐政的时期，至于解放前后的自由贸易期，则被认为是短暂的“黄金时代”。诺邓人很清楚，

---

① 董善庆：《云龙记往》，《云龙文史资料》第一辑第10页，云龙县政协文史资料研究委员会1986年编。

② 曹树基：《中国移民史》第五卷、第六卷，福建人民出版社1997年版。

③ 黄培林：《云南盐税琐谈》，《盐业史研究》1990年第4期；武晓芬：《清代及民国云南盐政变化与地方经济的关系》，《中国经济史研究》2004年第3期。

④ 被访人：黄金品，男，1926年生，1943年中学毕业后入国民党游击总部参谋处，4年后因病回村，曾任乡公所文书、国营盐厂经理等职，1954年起转而务农。访谈地点：黄金品家中。访谈时间：2008年4月29日。访谈人：干小莉。又参朱霞：《私盐、国家垄断与民间权力——以云南诺邓井的私盐问题为例》，《广西民族大学学报（哲学社会科学版）》第29卷第2期，2007年3月。

自煎自卖，自由贸易，则“日子好过”，故1925年诺邓灶户曾联名上书盐政机构要求包销所产井盐，但被驳回①。而政府发放的薪本费通常仅为盐价的三分之一，维持基本的煎煮成本尚有困难，故诺邓民间只能靠贩运私盐以维持正常运转。盐政的一收一放是政府与民间力量角逐的动态平衡的结果，这种微妙的变化在建筑和墓葬上很难得到直接的体现，即当建筑、墓葬等文化面貌保持稳定发展时，敏感的经济层面可能已经发生过不少次波动了。另一方面，经济产业方面的质的变化必然会反映在包括建筑、墓葬在内的文化现象上。解放后，卤权收归国有，国有盐厂取代了之前灶户各自的灶房，绝大多数灶户转而务农，完全脱离了之前的盐业经济。诺邓经济上的转变与衰败在民居建筑上得到了直接的体现。但在精神领域，盐业社会的不少信仰被今日的诺邓继承了下来，表现出强大的生命力，如1986年国有盐厂遭灾，一度停止的龙王祭祀重新被启用以应对这一危机。综上，即使在边疆地区，强大的国家机器仍对地方产业经济的走向发挥着决定性作用；而与经济层面的调整相比，考古学所能够观察到的文化及人们的精神信仰等领域则具有一定的滞后性。

深受国家政策影响的产业模式其实也和聚落周围的环境资源存在深刻的互动关系。诺邓的形成从根本上说就是因为诺邓盐井的存在，这是一个依赖特殊资源而发展起来的长期粮食不能自给自足的聚落。过去的诺邓人清楚，盐井是全村人赖以生存的根本，作为一个盐业社会，诺邓的一切活动都是围绕盐井展开的。因卤脉埋藏较深，至迟在康熙年间诺邓井就如今日般“深七丈”了②。这个深度远远低于附近诺河的水位，为防止河水入侵盐井，河堤修得高而坚固，每逢下雨，盐井管事会还有专人负责敲锣打鼓，召集众人清理河道。此外，在煎盐所用柴薪方面诺邓人也相当讲究，他们深刻地认识到“四山红，则诺邓穷”。换句话说，如果诺邓周围植被被破坏，红色土壤暴露在外（“四山红”），严重的水土流失将威胁盐井的正常生产，诺邓的产业经济将受到极大的挑战。故解放前，诺邓人对周围林地的保护卓有成效，那时候林地都是有主的，是祖上传下来的产业，不能随意砍伐，即使要砍，也只能“间”着砍，不能成片成片的砍。煎盐甚耗柴，除“倮彝背卖”或“（灶户）自雇夫采取”的“四山所生杂木”外，诺邓柴薪需大量求诸于河柴。河柴砍自检槽、永安等地，砍好扔入沘江，使柴顺流而下，至果郎用木栅将柴挡住，捞起后摆放岸边，用柴灶户到果郎处买柴，垒好后贴上自己的名字，再雇荒户赶牲口将柴运回村里③。通过这种异地砍伐柴薪的办法，诺邓较好地保护了聚落的水土，解决了盐业生产与环境的矛盾。解放后，因取缔工商业，河柴生意于1953年绝迹，而国有盐厂煎盐仍

① 1925年诺邓灶户联名致盐政机构的呈文，现藏云南省档案馆。

② 《康熙云龙州志》：“诺邓井，在州署东北，距石门井十五里，出东山下，名大井，介两溪之中。深七丈，方围二丈余。”

③ 被访人：黄金品。访谈地点：黄金品家中。访谈时间：2008年4月29日。访谈人：干小莉。

靠柴薪，为解燃眉之急，只好开始砍伐村落周边的树木了，并由此带来了一系列严重的环境问题，而这正是之前的诺邓人所努力避免的。可以说即使不是其他盐厂的冲击，诺邓盐厂生产在环境方面的失衡状态就注定了其最终将走向灭亡。

今日诺邓是一个盐业聚落的遗存，在聚落选址、布局等方面透露着昔日盐业经济的强烈气息，因此土地承包后，诺邓农户纷纷外迁至周围更适宜农业生产的自然村去了，那里提供了播种耕作、牧牛放羊、唤鸭呼鸡的广阔空间。

小结

上篇正文由三部分组成。第一部分（第二章）首先从单个民居单元及整个聚落分区两方面对诺邓自然村的历史与现状进行了概述，随后分析、总结了不同时期典型建筑的细部特征，从而将诺邓现存民居建筑区分为明、清早期、清中期、清末民国、解放后共五个时期，并以此为依据考察了诺邓聚落的宏观变迁状况及规律。第二部分（第三章）介绍了此次诺邓火葬墓地及土葬墓地的调查成果，随后在此基础上，考察了不同姓氏墓葬的时空分布特点及不同家族墓地的宏观变迁，最后结合历史事件、政治背景对诺邓土葬墓数量的起伏进行了解释。第三部分（第四章）则在前文对民居及墓葬研究的基础上，结合访谈、族谱、碑刻、史籍等资料探讨了诺邓人群的来源及演变、人为因素（如国家政策）及自然环境（如矿产资源）对诺邓发展的制约等相关问题。

中国西南复杂的地理条件决定了其文化的多样性及原生性，因而那里是我们从事民族考古学研究的理想场所。但长期以来，此类研究基本上处于简单类比的阶段，与史前聚落的系统类比研究还很缺乏。从某种意义上说，利用民族考古学方法系统诠释史前考古材料的缺乏，最终阻碍了中国民族考古走向深入。因此，以一个自然聚落为单位进行调查和记录，并将记录的重点放在可以与考古发现相联系的聚落形态、居住单元、墓地墓葬及其发展演变之上，再结合相关的血缘关系、社会关系、经济关系和习俗礼仪等方面的调研，可以为民族考古学的类比研究提供一个聚落的个案，改变目前中国缺乏这方面案例的局面。笔者正是从滇西北盐村诺邓的调查、研究入手，以期在这一领域进行一次有益的尝试。限于笔者精力及能力，这一研究仅具骨架，尚不丰满，如果能达到抛砖引玉的作用，那就是这次尝试的意义所在了。

附录　诺邓土葬碑文一览表

附表一：马崇山土葬墓碑文一览表

墓号	墓主	立碑日	公历	山向	男	妇
马崇山1155	黄氏	万历丙午年	1606		士弘 士毅	
马崇山1095	杨士□号绍亭	万历四十八年	1620	亥龙干山巽向	渐高 □高 □高	
马崇山1082		崇祯乙亥年	1635		天高 呈高 □高 霞高	
马崇山1086	杨太	崇祯八年	1635		渐高 临高	
马崇山1247	黄氏	崇祯十六年	1643			
马崇山1104	杨思亭	弘光元年	1645		杨攀高	
马崇山1253	杨□海 杨氏	康熙癸丑年	1673		杨□业	
马崇山1121	杨公 杨太	康熙癸酉年季冬吉旦	1693		蔚业 敬业	
马崇山1165	杨大□字富若号美全 黄氏	康熙癸酉年	1693		秉□ 秉澄	
马崇山1069	杨思聪	康熙四十六年	1707		杨凤书	黄
马崇山1151	王氏	乾隆六年	1741		苍峰 崇峰	
马崇山1079	杨士杰	乾隆丙午年重修	1786		斗高 天高 呈高 霞高	
马崇山1071	杨凤书 黄氏	嘉庆四年	1799		体仁 体义	周 段
马崇山1210	杨崇峰	嘉庆四年	1799		思锐	刘
马崇山1119	杨应中 杨氏	嘉庆九年	1804		思粹 思奋 思杰	杨
马崇山1200	杨公	嘉庆二十二年	1817			
马崇山1219	杨毓秀 杨氏	道光四年	1824		册书 诏书 简书	李 李 杨
马崇山1215	杨亮远 刘氏	道光五年	1825		名旭	马
马崇山1258	杨太李氏	道光七年	1827	内亥巳外壬丙	名泽 名□	马 段
马崇山1262	杨氏远代祖考妣杨公杨太神主	道光七年	1827		杨荫松–宗子	
马崇山1225	杨思粹 杨氏	道光九年	1829		汉书 敬书	徐 杨
马崇山1202	杨绳会字□宗号翼斋 王氏	道光二十七年	1847			
马崇山1206	杨楚字翘薪 徐坤顺	道光二十七年	1847		翠松 盘松 □松	李 杨 李
马崇山1221	杨声焕 李氏	道光二十七年	1847	内向亥巳兼壬丙 外向亥巳兼干巽	□清 □清 □清 □清	
马崇山1269	杨公 杨太段氏	同治六年	1867		全荣	李
马崇山1284		光绪元年	1875			
马崇山1127	杨承清字克□	光绪九年	1883	内亥巳兼壬丙	德炳	张

续表

墓号	墓主	立碑日	公历	山向	男	妇
马崇山1271	杨名山字声旦 马秀兰	光绪九年	1883	内向□巳兼壬丙 外向壬丙兼巳亥	宏清 □清 毓清	徐 李
马崇山1278	杨全盛 杨氏	光绪十一年	1885		杨接宗	
马崇山1129	杨太杨氏	光绪十三年	1887		永茂 永芳	杨 段
马崇山1147	杨全选 杨氏	光绪十八年	1892			
马崇山1196		光绪三十三年	1907			
马崇山1193	杨耀廷 李氏	宣统三年	1911	外壬丙兼子午	杨恩盛 绍先 毓华	杨 杨
马崇山1137	杨特□字裕川 杨玉枝	民国八年	1919		盛昌	杨 李
马崇山1142	杨特瑾字和璧 徐小姑	民国八年	1919		继昌 荫芳	
马崇山1175	杨毓松 杨氏	民国八年	1919	壬山丙向兼亥乙	桂枝 枝郁	杨 段
马崇山1290	杨耀曾 杨氏	民国八年	1919	壬山丙向兼亥巳	桂郁–承嗣男	段
马崇山1133	杨氏	民国十二年	1923	亥巳兼壬丙	特玉 特□ 特□ 特瑾 特琚	
马崇山1191	杨佩清 杨氏	民国十二年	1923			
马崇山1170	杨太段氏	民国十六年	1927	亥山巳向兼壬丙	杨绍梅	
马崇山1139	杨皓月	中华人民共和国辛卯年	1951		士贤	李 尹
马崇山1198	杨翠松字迎鹤 李延寿	一九五一年	1951	壬丙兼亥巳		黄 徐 杨 黄
马崇山1287	杨伟业字世勋	一九五一年	1951	壬丙兼亥巳		
马崇山1292	杨炳字光廷	一九五一年	1951	壬丙兼亥巳		
马崇山1149	杨公	一九八一年	1981		德贞	
马崇山1184	杨太杨领弟 杨太段堂桂	一九八三年	1983	亥巳兼壬丙	士贤 继芳 映芳 连芳	尹 王 杨杨
马崇山1236	杨学文 杨瑞珍	一九八七年	1987	壬山丙向兼亥巳	利□ 利□ 利权 增祥	红霞 和春 小波
马崇山1238	李纯德 杨进荣	一九八七年	1987	壬丙兼亥巳	成飞 松李 子明	
马崇山1297	杨云华字秀春 杨德明	一九八七年	1987	壬山丙向兼子午	式金 式玉 式宝	段 杨 余 徐
马崇山1172	杨承嗣 黄二姑	一九九九年重修	1999	亥山巳向兼壬丙	佩清 润清	
马崇山1188	杨来发 杨润清	一九九九年重修	1999	亥山巳向兼壬丙		
马崇山1227	蔚源 社珠	一九九九年	1999		杏昌 柳昌 吉章–赘	
马崇山1074	杨义珠	二零零四年重修	2004	壬山丙向兼亥巳	金镈□	

续表

墓号	墓主	立碑日	公历	山向	男	妇
马崇山1229	杨太杨梅瑞	二零零七年	2007	壬丙兼亥巳	绍文 绍章 绍先	段梅应
马崇山1153	杨南亭	万历二十四年 大清乾隆 五十四年重修	1596–1789		士□ 士毅	
马崇山1157	杨公 杨氏	康熙	1662–1722			
马崇山1276	杨公 张氏	光绪	1875–1908		峻起	
马崇山1244	杨文鹤 赵氏	民国三十二年 一九八七年重修	1943–1987		锦璧–故男	
马崇山1240	杨锦璧 杨太	一九六三年立 二零零三年重立	1963–2003	壬丙兼亥巳	杨学武 尹忠 施以茂–嗣	杨克勤 杨银梅
马崇山1232	杨作良 李银枝	一九八三年立 二零零三年重修	1983–2003		杨琦 杨璠	华妹 玉珠
马崇山1077	杨公 吴氏				锡□ 锡□ 锡□ 锡□ 锡□ 锡□	
马崇山1145	杨永茂 杨二姑				杨毓松	
马崇山1250	杨氏					
马崇山1274	杨公 李氏					
马崇山1282	杨升字卫乡	乙卯年				

附表二：老路坟岭土葬墓碑文一览表

墓号	墓主	立碑日	公历	山向	男	妇
老路坟岭1240		雍正乙卯年	1735			
老路坟岭1233	黄桂字月轩 徐氏	乾隆四十年	1775		黄绍香	马萃英
老路坟岭1232	黄绍香字传夏 马萃英	嘉庆十二年	1807		黄藻 马文周	杨 马
老路坟岭1226	黄云书	道光七年	1827		黄镇 黄璞	
老路坟岭1234	黄廷宾字国升	道光十五年	1835			杨
老路坟岭1231	黄绍福字欣逢	咸丰元年	1851			
老路坟岭1247	徐太杨氏	同治四年	1865			
老路坟岭1225	黄继元 接征	光绪十一年	1885		谷珍 谷瑞 谷岐 谷寳	杨 杨 杨 李
老路坟岭1238	黄位东字居首	光绪十五年	1889			徐 杨
老路坟岭1218	黄谷宝 杨显贵	光绪十九年	1893		黄贤 黄□	董 杨
老路坟岭1220	黄谷岐 杨氏	光绪十九年	1893	癸山丁向	黄？ 黄端	杨 杨
老路坟岭1237	黄鸿恩字为龙 李小姑	光绪十九年	1893			
老路坟岭1243	徐炳 杨氏	民国十八年	1929		学伊	杨

续表

墓号	墓主	立碑日	公历	山向	男	妇
老路坟岭1245	徐秀士	民国十八年	1929	子山午向	廷珍	黄
老路坟岭1215	黄合中 杨明魁	民国二十八年	1939	癸丁兼子午	荣林 荣甲	？ 董
老路坟岭1235	黄棐字辅勋	民国三十二年	1943			
老路坟岭1223	杨雍字执中	民国三十六年	1947	癸山丁向兼子午		
老路坟岭1242	徐公 杨氏	一九八零年	1980	子山午向		
老路坟岭1252	杨芹字彩楼	一九八六年重修	1986	癸丁兼子午		
老路坟岭1251	杨文光字双超 黄领弟	一九八九年	1989			
老路坟岭1212	黄老大人杨春华 梅珠	一九九一年	1991	癸山丁向兼子午	中韶	
老路坟岭1248	黄绍轩	一九九四年重修	1994		乃强 又强	姚 蔡
老路坟岭1246	徐吉清 杨树英	二零零零年	2000	子山午向兼癸丁	文福 文如	从珍 吉瑞
老路坟岭1253	杨太杨静美	二零零三年	2003	癸山丁向兼子午		
老路坟岭1241	徐志明 李元珠	二零零五年	2005	癸山丁向兼子午		
老路坟岭1244	徐润楼字玉华 杨宏妹	二零零六年	2006			
老路坟岭1228	黄太杨氏			癸山丁向	恩生	杨
老路坟岭1249	世程				辉先	茶凤英

附表三：六层山土葬墓碑文一览表

墓号	墓主	立碑日	公历	山向	男	妇
六层山1200	杨太杨吉成	万历庚戌年 乾隆四十三年重立	1610		杨士杰	
六层山1161	杨祝春字德明	乾隆五十五年	1790			
六层山1201	杨太黄氏	道光六年	1826		？	
六层山1108	杨名瑞 杨氏	咸丰六年	1856	内外艮坤兼寅申	遇昌 遇熙	杨 杨
六层山1192	杨？发 杨凤	同治十三年	1874	艮山坤向兼寅申	杨有龄	吴
六层山1107	杨见龙 杨太	光绪四年	1878		体中	
六层山1114	杨清臣 杨氏	光绪十四年	1888			
六层山1193	杨永龄 杨氏	光绪二十四年	1898	艮山坤向兼寅申	振先 绍先	李 李
六层山1205	杨瑞字锡五	宣统三年	1911		俊云 字成	杨 黄
六层山1125	杨作楧字立廷	民国九年	1920	内艮坤兼寅申 外寅申兼甲庚	存仁	
六层山1123	杨信道 徐氏	民国十五年	1926	寅山申向兼甲庚	作谋-故	
六层山1122	杨公 黄氏	民国三十五年	1946	甲庚兼……		

续表

墓号	墓主	立碑日	公历	山向	男	妇
六层山1128	杨执中字守道	民国三十五年	1946	内艮坤兼寅申 外寅申兼艮坤	作栋 作梁	杨 杨
六层山1156	杨用中字行道	民国三十五年	1946		作炳 作藩	李 何
六层山1178	杨猷廷	民国庚寅年	1950	甲山庚向兼卯酉	?	
六层山1179	杨太	民国庚寅年	1950	甲山庚向兼寅申	作栋 作梁	杨 杨
六层山1186	杨太杨凤	民国庚寅年	1950			
六层山1177	杨太杨兰珠	一九五一年	1951		?	?
六层山1132	杨作霖字畅廷 杨彰	一九八二年	1982		安民	
六层山1127	杨积善字恒泽	一九八三年	1983	寅山申向兼甲庚	鉴标	杨
六层山1126	杨作梁字任才	一九八四年	1984	艮山坤向兼寅申	正泽 伟泽	
六层山1105	杨遵道字致中 杨小子	一九八六年	1986			杨
六层山1135	杨永利	一九八六年	1986	甲山庚向兼寅申	旭东 树东 保东	
六层山1159	杨遇春	一九八六年重修	1986	甲山庚向兼卯酉	如连 如漳 如柏 如松	
六层山1172	杨太袁冬秀	一九八六年重修	1986	甲山庚向兼卯酉	如连 如璋 如柏 如松 已故	
六层山1119	杨作翰字？弼 杨奇珠	一九八九年	1989		杨□ 杨兴	杨
六层山1195	张铄字汉珍 李启香	一九九一年重修	1991	甲山庚向兼寅申	张德宗 张树宗 张义宗	苳 杨
六层山1198	杨益芳 杨菊清	一九……	19……		?	?

附表四：钢板山土葬墓碑文一览表

墓号	墓主	立碑日	公历	山向	男	妇
钢板山46	徐母李氏	大清乾隆三十二年 岁次丁亥仲冬	1767		徐子亮 徐子俊	董氏 段氏
钢板山38	徐子俊字立贤 董氏 施氏	乾隆四十九年仲冬月	1784	艮山坤向	生员名远 崇远 ？远	杨氏 李氏……
钢板山36	徐子亮字立工 段氏	乾隆己巳年季冬月	1785	……龙内向□□兼癸丁 外向？ 未兼□□	远－伯父 惠远 凌远 启远	李氏 姚氏 杨氏 李氏
钢板山34	徐远字宾实 李氏	大清嘉庆八年 岁在癸亥大……	1803		?	杨氏
钢板山48	徐四讳启远字 登瀛太学士 原配李太君	嘉庆十五年 岁次庚午大吕月	1810	?	瀚 浩 溶 洙 淇	杨氏 马氏 杨氏
钢板山70	徐母杨氏孺人	龙飞嘉庆二十三年	1818	内向丑山未向兼癸丁…… 外向艮山坤向兼因寅申三 分辛丑辛未分金	铨 钿	杨氏 杨氏

续表

墓号	墓主	立碑日	公历	山向	男	妇
钢板山44	徐 姚	龙飞道光二年仲秋月	1822	?	徐湛 徐□	杨氏 孙氏
钢板山53	徐浩字源长	嘉庆十六年季春月	1811		世德	杨氏
钢板山85	讳凌远 艾氏	龙飞道光十六年	1836		铨 鉴	黄氏
钢板山73	讳澍？字雨春 杨氏	道光二十三年 岁在癸卯仲春月	1843		世昌 世猷 世裔	马氏 黄氏 杨氏
钢板山79	徐母李氏	道光二十三年仲春月	1843			
钢板山75	徐瀚字永青 杨氏	道光二十八年 岁次戊申黄钟月	1848	艮坤兼寅申……	世文	杨氏
钢板山63	黄氏徐孺人	光绪八年 岁次壬午季冬月	1882		徐耀	杨氏
钢板山32	徐世猷字灿？ 杨二姑	大清光绪十年 岁次……春月	1884		徐耀男	杨氏
钢板山88		光绪戊子年拾壹月	1888			
钢板山83	近故姑母 徐氏润珍姑	民国三十五年	1946			
钢板山58	徐锦廷	1999清明节重修	1999	艮山坤向兼……	学仁 学孔	
钢板山56	徐公 黄氏	光绪…	1875- 1908		宗禄？	
钢板山81	杨氏保全姑	天运丙戌年	1946- 2006		学眉	
钢板山66	徐 杨氏	……光□□年			徐世恩	杨氏

附表五：箐干场土葬墓碑文一览表

墓号	墓主	立碑日	公历	山向	男	妇
箐干场200	杨士彬	乾隆三十四年 重修	1769	丑山未向	杨以文	杨氏
箐干场204	杨老孺人	乾隆三十九年仲 春月	1774		杨以正 杨□□	杨氏 黄氏
箐干场239	杨太杨氏	嘉庆十四年	1809		琬 玳 □ □	杨氏 杨氏 □氏 李氏
箐干场202	杨士秀 字子文	嘉庆二十一年季 春月重修	1816		杨以立 杨以□	李氏 杨氏
箐干场209	杨老太杨氏	嘉庆二十一年季 春月重修	1816		杨以立 杨以实	李氏 杨氏
箐干场230	杨以实 杨氏	嘉庆二十一年	1816		杨？	杨氏
箐干场219	杨辉山 杨氏	道光七年	1827		杨炽盛	
箐干场242	杨珽字麟瑞 杨氏	道光二十三年	1843	艮山坤向内兼寅 申外兼丑未	杨唐盛 杨□盛	杨氏 杨氏
箐干场236	杨老孺人 尹氏	咸丰一年	1851		杨世盛	杨氏

续表

墓号	墓主	立碑日	公历	山向	男	妇
箐干场226	杨？秀 杨氏	光绪十年	1884		国泰 启泰 开泰 裕泰 逢泰	李 杨 黄 杨
箐干场135	登科郎八品乡饮宾杨老先生	光绪二十八年	1902		时俊 时熙	杨氏 杨氏
箐干场174	杨孺人杨氏	大清光绪二十八年	1902		时俊 时熙	杨氏 杨氏
箐干场138	杨德盛字若愚	民国七年	1918			杨氏
箐干场155	杨灼字益华	民国七年	1918		时芳 时润 时若	杨氏 张氏 杨氏
箐干场168	杨太杨氏	民国七年	1918		杨铭 杨铸	李氏 张氏
箐干场172	杨大盛	民国七年	1918	甲山庚向	杨椿	杨氏
箐干场192	杨桂香 黄氏	民国七年	1918	甲山庚向兼卯酉	杨□ 杨仑	杨氏
箐干场194	杨老孺人	大中华岁在戊午菊月	1918	艮山坤向	斌 泽 灼 铣	杨 黄 杨 杨
箐干场223	杨椿 杨氏	民国七年	1918	艮山坤向兼寅申	上珍 席珍	杨氏
箐干场234	杨老孺人李氏	民国七年	1918	艮山坤向	杨椿	
箐干场104	杨坤 杨氏	民国十年	1921		宗荫 宗藩 宗蔚 宗藻	杨氏 李氏 杨氏
箐干场268	杨老孺人杨氏	民国二十九年	1940			
箐干场263	杨老孺人杨盛	民国三十一年	1942	甲山兼寅申	义震	
箐干场108	杨宗藻	一九五三年	1953			
箐干场116	杨老孺人张三妹	一九五三年	1953			
箐干场211	杨勋字建廷（妻杨四妹）	一九五四年	1954		国富	段氏
箐干场274	杨太李彰	一九六六年	1966			
箐干场282	杨荣极字镇阳杨小珠	一九六六年	1966		钦华	张氏 李氏
箐干场284	杨太张渭	一九六六年	1966		荣极	杨氏
箐干场288	杨太张壮占	一九六六年	1966		希文 希元	李桂英
箐干场221	杨太段茂芹	一九七四年	1974		正彬 文全	
箐干场101	杨太黄仙玉	公元一九七五年	1975		天佩	
箐干场247	杨太徐启瑞	一九八一年	1981		□□□□仑	黄 徐 徐 杨 黄 李
箐干场249	杨太黄小妹	一九八一年	1981	甲山庚向兼卯酉	绍光 庆光 庆国……	
箐干场123	杨廷荣杨太杨秀姑	一九八二年	1982	甲山庚向兼卯酉	良叶	杨氏

续表

墓号	墓主	立碑日	公历	山向	男	妇
箐干场125	杨泽麟字良叶 杨太杨淑言	一九八二年仲春月	1982	甲山庚向兼卯酉	李育 继军 文军 胜军	徐氏 陈氏
箐干场132	杨太杨静瑞	一九八二年仲春月	1982	甲山庚向兼卯酉	李育 继军 文军 胜军	陈氏 徐氏
箐干场179	杨时若字廷辉 杨廉桢	一九八二年重修	1982	酉卯兼庚甲	锡麟	
箐干场182	杨老孺人杨明香	一九八二年	1982		奇松 友松	杨氏 杨氏
箐干场189	杨圣麟字宗叶	一九八二年	1982		荣槐	
箐干场257	杨应麟字奕叶	一九八四年	1984		杨岺	黄彩云
箐干场286	杨太黄桂香	一九八四年	1984	山辛向兼卯酉	杨应宗	杨顺芝
箐干场185	杨祥麟字云叶 杨新瑞	一九八五年	1985	甲庚兼卯酉	肇芳 茂芳	
箐干场187	杨太杨润之	一九八五年	1985	甲庚兼卯酉		
箐干场229	杨义震字宜之 杨秀英	一九八五年	1985	甲庚兼卯酉	绍进	
箐干场259	杨时泰字廷安 李莲仙	一九八五年	1985	甲庚兼寅申	郑麟 孔麟 锡麟 祥麟	杨氏 杨氏
箐干场261	杨尚珍字如卜 杨荣	一九八五年重修	1985	甲山兼寅申	杨宜之	杨氏
箐干场253	杨章叶杨昭弟	一九八六年	1986	卯山酉向兼乙辛	伟如	黄氏
箐干场256	杨廷亮杨三姑	一九八六年重修	1986		□叶 光叶 文叶 高叶 超叶	杨 杨 □ □ 李
箐干场208	杨汝柏	一九九二年	1992	乙山□向兼卯酉	旭辉	杨金兰
箐干场251	杨崇	一九九二年	1992	卯酉兼甲庚?	庆元	黄月英
箐干场216	杨太杨先弟	一九九四年重修	1994	甲山庚向兼卯酉	天铎 天泽 天煌 天贵	徐 段 余 何
箐干场228	杨毓林李双妹	一九九六年	1996		俊立	
箐干场214	杨太李重开	一九九□年重立	199……	甲山庚向兼卯酉	续震（赘）	
箐干场176	曾祖妣杨太杨氏	二零零零年二月	2000		廷瑞 廷隆 廷辉	
箐干场110	杨逸先字廷秀号时清	二零零三年五月	2003		云龙 仲武	
箐干场120	杨太杨开嗣	二零零三年五月	2003		廷佐 廷鹤 廷荣	
箐干场129	杨太杨坤元	二零零三年五月（重立）	2003		云龙 仲武	
箐干场148	杨铣字品极	公元二零零三年五月	2003		廷佐 廷鹤 廷荣 廷秀	

续表

墓号	墓主	立碑日	公历	山向	男	妇
箐干场277	杨钦华 08-69 杨仲惠 01-75	二零零三年重修	2003		希文 希元	
箐干场115	杨廷鹤	二零零四年四月（重立）	2004			
箐干场275	杨张老字树元 杨保弟	二零零六年重修	2006		正才（赘）	
箐干场118	杨守先	夏历己酉年仲春月	?		天正	黄氏
箐干场141	杨□魁? 杨氏	光绪十□年（重立）	1884-1893			
箐干场177	杨廷隆	二零零四年（重立）一九九一年	1991-2004			
箐干场144	五世祖必升公					
箐干场146	显妣杨……					
箐干场157	杨孺人黄氏				堃 浓	杨氏
箐干场160	杨老大人					
箐干场165	吴名吉				杨锐	
箐干场191		民国……				
箐干场290	杨老孺人 杨伦香	?			杨黄德?	

附表六：坛梨树土葬墓碑文一览表

墓号	墓主	立碑日	公历	山向	男	妇
坛梨树中段2321	杨耀宗 杨太	雍正三年	1725		升 辉 □ □	杨 黄 杨 杨
坛梨树中段2325	杨公 杨太杨氏	乾隆十六年	1751			
坛梨树中段2310	杨氏孺人	乾隆己亥年	1779		杨大健 杨大美	李 杨
坛梨树中段2315	杨大粹 徐氏	乾隆五十七年	1792		杨森 杨彬	黄
坛梨树中段2317	杨方义 黄氏	嘉庆十七年	1812		远 遐 连畅	杨
坛梨树中段2366	杨母杨氏	道光八年	1828	?	杨位高	杨
坛梨树中段2364	杨振声 杨氏	道光二十六年	1846		杨德墙	杨
坛梨树中段2335	杨连畅	大清光绪庚寅年	1890			
坛梨树中段2337	杨遐畅	光绪十六年	1890			
坛梨树中段2368	杨德培 杨氏	光绪十八年	1892	内卯酉兼乙辛 外□庚兼卯酉	杨镇	
坛梨树中段2370	杨老孺人	光绪十八年	1892		杨锦	杨

续表

墓号	墓主	立碑日	公历	山向	男	妇
坛梨树中段2374	杨位高	光绪十八年	1892	内甲庚兼寅申三分丙寅丙申分金外甲庚兼卯酉三分庚□庚申分金正针定向分界三卯七乙	杨锦	杨
坛梨树中段2319	杨氏门中 历代神主	光绪二十四年	1898		世华 智 般 玉烛 根深	
坛梨树中段2352	杨公	光绪甲……	1875–1908			
坛梨树中段2329		宣统二年	1910			
坛梨树中段581	徐太杨氏	民国辛酉年	1921	巽坤兼巳亥	文柄 文模 文彬 文宏	施 杨 杨 杨
坛梨树中段2372	杨氏	民国十七年	1928			
坛梨树上段374	杨老大人	民国三十年	1941		故男–润昌 承嗣男–元吉	李
坛梨树中段2339	杨四美	一九五五年	1955			
坛梨树中段2307	杨公	一九五六年	1956	乙山辛向兼卯酉内外同		
坛梨树中段577	徐儒席 杨英	一九八一年	1981		杨敬业	陈锐祥
坛梨树中段579	徐文彬字光华 杨桂英	一九八一年重立	1981	巽山坤向兼巳亥	楚琳 楚珠	杨
坛梨树中段2362	杨作舟	一九八二年	1982		华清	
坛梨树中段2381	杨畅松字符中	一九八二年	1982		存后 映基 ？ 华	杨 杨 李
坛梨树中段2305	杨锡麟字？叶	一九八七年	1987	乙山辛向	奇松	友松
坛梨树中段2355	杨礼堂	一九八七年重修	1987	辰山戌向兼乙辛	文清 立中 润根	
坛梨树上段380	杨树堂	一九八八年	1988	丙山寅向	绍恒	
坛梨树中段2323	杨太杨二妹	公元戊辰年	1988	乙辛兼卯酉	李文清 杨立中 黄润根	
坛梨树中段575	徐楚珠字符席 杨嘉禄	一九八九年	1989	巽山坤向兼辰戌	绍平	
坛梨树上段376	杨建枝 杨太龙凤	一九九一年	1991	丙山壬向兼巳亥	学恒 少江	仙桃
坛梨树上段382	杨太李二姑	一九九一年	1991	壬山丙向兼亥巳		
坛梨树上段384	杨太杜二姑	一九九一年	1991	丙山壬向兼巳亥	元吉	
坛梨树上段386	杨太李鹤岭	一九九一年	1991	丙山壬向兼巳亥	建枝 树堂	李
坛梨树上段388	杨太车福	一九九一年	1991		建枝 树堂	
坛梨树中段589	徐太施三姑	一九九三年重修	1993	乙山辛向兼辰戌	徐辉席 徐良五	
坛梨树中段591	徐翠华 杨？长	一九九三年重修	1993	乙山辛向兼辰戌	辉席 良五	
坛梨树中段2357	杨时润 杨太	一九九四年	1994		作藩	罗

续表

墓号	墓主	立碑日	公历	山向	男	妇
坛梨树上段378	杨育松	一九九九年	1999	巳山亥向兼壬丙		
坛梨树中段2302	杨老孺人黄氏	光绪二十五年	1899		般 周 铭	杨 杨 杨
坛梨树中段2376	杨存厚 杨俊凤	一九九九年	1999	卯酉兼乙辛	荣安	徐金枝
坛梨树中段583	杨茂春 徐艳仙	二零零一年	2001		杨邓平 杨邓军	李艳 王丽红
坛梨树中段2359	杨太杨英枝	二零零二年重立	2002	辰山戌向兼乙辛		
坛梨树中段2378	杨应基 杨希弟	二零零八年	2008	乙山辛向兼辰戌	镒光 增光	王 段
坛梨树上段390	杨学恒 杨太秀莲			乙山辛向兼卯酉 丁卯丁酉分金	绍春 绍进 四发 正发	赵 杨 黄
坛梨树中段2346	杨二姑					
坛梨树中段2383	杨谒堂	公元……				

附表七：画虎眼场土葬墓碑文一览表

墓号	墓主	立碑日	公历	山向	男	妇
画虎眼场340	杨衍宗 杨联凤	康熙三十二年	1693		吉谦 鸣谦 亨谦	杨
画虎眼场338	杨隆宗 杨氏	康熙三十七年	1698		愈谦 ？谦 ？谦	杨 杨 杨
画虎眼场346	杨天资 杨太王氏	乾隆二十六年	1761		显嗣 会嗣 ？嗣	车 杨 杨
画虎眼场325	杨太杨氏	乾隆四十七年	1782		杨檀 杨柄	杨 杨
画虎眼场352	杨显嗣 杨氏	嘉庆三年	1798		杨檀 杨柄	杨 杨
画虎眼场350	杨孺人董氏	嘉庆十二年	1807			
画虎眼场329	杨柄前缀尊	道光九年	1829		杨凌松 杨美松	杨 杨
画虎眼场332	杨五姑	道光九年重修	1829		杨凌松 杨美松	杨 杨
画虎眼场327	杨凌露	同治五年重修	1866		杨根 杨贵	杨
画虎眼场348	杨相字楚枝	光绪二年	1876		杨凌盛	杨
画虎眼场365		光绪二十四年	1898			
画虎眼场358		民国				
画虎眼场322	杨德胜	一九八八年	1988	艮山坤向	荣章	
画虎眼场361	杨文坤 徐秀映	二零零六年	2006		利光 重光	徐
画虎眼场363	杨太杨立枝	二零零六年	2006		杨文宽	徐秀映

附表八：青砖坟土葬墓碑文一览表

墓号	墓主	立碑日	公历	山向	男	妇
青砖坟469	杨文健 杨氏	雍正二年	1724		奉祀男－泰峰 玉峰 岳峰	

续表

墓号	墓主	立碑日	公历	山向	男	妇
青砖坟471	杨玉峰 杨母黄氏	乾隆元年	1736		思?	李
青砖坟403	段太徐氏	乾隆五十四年	1789		段? 文	
青砖坟533	黄祚长字十年 元配徐氏	乾隆甲寅年重修	1794			
青砖坟401	段旦文 段太	嘉庆十一年	1806		段恒 超 章	? 张 徐
青砖坟570	杨母杨氏	嘉庆十三年	1808			
青砖坟420	杨视远 黄氏	嘉庆十五年	1810	乙山辛向	鹤书 麟书 天书	
青砖坟474	杨思智字临远	嘉庆十五年	1810		杨名翰	马秀川
青砖坟488	杨母马氏	嘉庆十五年	1810		杨名翰	马秀川
青砖坟513	徐绶字印累	嘉庆十五年	1810		黄廷宾 徐廷芳 徐廷泽	杨 杨 杨
青砖坟526	黄太黄氏	嘉庆十五年	1810		黄渊	
青砖坟568	杨母张氏	嘉庆十七年	1812		杨……	
青砖坟416	杨希远	道光二十二年	1842		名泽	马
青砖坟492	杨太李氏	道光二十六年重修	1846		名魁 名升	徐 黄
青砖坟486	杨名晟 董氏	道光二十七年	1847		怀清 溯清	杨 杨
青砖坟528	徐氏孺人	道光二十七年重修	1847		黄廷宾 徐廷芳 徐廷泽	
青砖坟407	黄孺人李氏	道光三十年	1850		黄□ 黄□ 黄淑	
青砖坟399	段学昌	光绪九年	1883			
青砖坟547	徐老孺人杨翠	光绪二十六年?	1900		仁?	李
青砖坟554		光绪二十六年	1900			
青砖坟508	黄母李氏	宣统二年	1910	艮山坤向兼寅申	雍 学孔	董 孙
青砖坟552	施氏	民国十五年	1926			
青砖坟411	黄如柏字灼珠 杨润元	民国二十一年	1932	乙辛兼辰戌卯酉	杨□ 杨□	
青砖坟497	杨太杨开	民国三十七年	1948	甲庚兼卯酉		
青砖坟428	杨太黄辉裔	一九七四年重建	1974	□山辛向兼卯酉	映垣	杨
青砖坟439	杨凤飞字? 岗 何重妹	一九七五年	1975	乙山辛向兼卯酉	杨生叶 杨文华	李
青砖坟476	杨江春字景明 杨永清	一九七五年	1975	寅山申向兼甲庚	绍恒	段
青砖坟500	杨光业字耀春 杨裳英	一九七七年重修	1977		玉楼 琼楼 桂楼	黄 段 杨
青砖坟435	杨金麟字生叶 杨莲香	一九八零年	1980	乙山辛向兼卯酉	绍贞	杨
青砖坟437	杨文华字笔显 李凤阳	一九八零年	1980	乙山辛向兼卯酉		

续表

墓号	墓主	立碑日	公历	山向	男	妇
青砖坟433	杨奇香	一九八一年	1981	乙山辛向兼卯酉	奇松 绍贞	
青砖坟451	杨太杨？香	一九八五年	1985		富俊	
青砖坟503	段公杨华阶 徐正九	一九八五年	1985	乙山辛向兼……	段伟臣	
青砖坟478	杨凤祥字□桐 刘贵凤	一九八六年重修	1986		富春 江春	黄 杨
青砖坟520	黄应德字士全 杨珍顺	一九八六年	1986	艮坤兼寅申	桂生 金明	徐 杨
青砖坟453	杨金羽字？举 杨翠兰	一九八七年	1987			
青砖坟455	杨荫椿	一九八七年重立	1987		？举 ？飞 ？来	杨 何 黄 段 杨
青砖坟457	杨爱至	一九八七年重立	1987		？举 ？飞 ？来	
青砖坟522	黄学孔字时中	一九八七年重修	1987	艮坤兼寅申	黄士全	杨
青砖坟426	杨尔昌 杨太	一九八九年	1989	卯山酉向兼甲庚	友方	
青砖坟394	段炳光字符阶 仁玉秀	一九九二年	1992	卯山辛向	杨映芳	
青砖坟396	孟？高 段太杨凤和	一九九三年	1993	卯山辛向	孟康民 孟健民 孟志民	马 黄 刘
青砖坟480	杨富俊	一九九四年	1994	乙辛兼卯酉	泽生	
青砖坟561	黄义芳	一九九七年	1997	辰山戌向兼 乙辛三分	黄金甲 荫甲 天甲	张 张 周
青砖坟430	杨宿明字映垣	二零零年重立	2000	乙山辛向	杨建兴	赵
青砖坟518	黄庐中	二零零零年重修	2000		禹轩	段二妹
青砖坟541	黄太杨育芝	二零零零年重修	2000		禹轩	段二妹
青砖坟543	黄禹轩 段二妹	二零零零年	2000			
青砖坟506	黄太段旬桂	二零零三年重修	2003		应甲 芳甲 畅甲	杨 杨
青砖坟441			2007			
青砖坟446	段公杨伟臣 段映兰	二零零七年	2007	辛乙兼卯酉	阳升 阳嵩	寿荷 秀梅
青砖坟467	杨锦若 王氏	康熙？	1662– 1722		杨秉干 杨秉贞	杨 马
青砖坟465	杨秉真字文 正元配马氏	康熙六十一年 嘉庆十六年重修	1722– 1811		杨苍？ 杨崇？	
青砖坟462	杨母马氏	乾隆□寅年	1736– 1795		杨思锐	赵 刘
青砖坟549	徐三升	光绪……	1875– 1908		徐行	杨
青砖坟410	黄氏远祖之墓					
青砖坟448	杨绍贞					
青砖坟459		民国				

续表

墓号	墓主	立碑日	公历	山向	男	妇
青砖坟531	黄公					
青砖坟536	黄烛远 杨氏				云佐	李
青砖坟539					镇均	

附表九：包袱地土葬墓碑文一览表

墓号	墓主	立碑日	公历	山向	男	妇
包袱地584	杨文？ 杨氏	康熙五十三年	1714		杨熙 杨□ 杨熊	杨
包袱地482	杨元嗣 杨太	康熙五十五年	1716		杨勋	杨 杨 杜
包袱地448	杨章？奇 杨氏	雍正二年	1724		杨永保	李
包袱地582	杨公 杨太	乾隆三年	1738		彬士 大士	
包袱地586	杨熙 杨太	乾隆三年	1738		？士	
包袱地484	杨点 元配杨太孺人 侧配杨太孺人	乾隆十一年	1746		杨相忠 相侯	张 杨
包袱地450	杨正士 杨氏	乾隆庚寅年	1770		杨瑶 杨瑾	车 李
包袱地443	杨怀英	嘉庆元年重修	1796		杨昭	
包袱地446	杨遇先 李氏	嘉庆元年重修	1796			
包袱地580	杨母杨氏	嘉庆元年重修	1796		杨如梅 杨如椿	
包袱地497	杨母李祥	道光元年	1821			
包袱地529	杨文宏字符然	道光四年重立	1824	乙山辛向		
包袱地444	杨昭	道光十三年	1833		先发 先芳	杨 李
包袱地490	杨俊章	道光十八年	1838			
包袱地578	杨老孺人	道光二十二年	1842		杨丰亭	李 杨
包袱地576	杨母杨氏	道光二十六年	1846		杨鈐	
包袱地549	杨科荣 杨母	道光二十七年	1847		继魁	余氏
包袱地452	杨氏	咸丰六年重修	1856		杨招	杨
包袱地524	杨德荣	咸丰六年重修	1856			
包袱地526	杨氏老孺人	咸丰六年重修	1856		杨继祥 赵超龙	赵
包袱地460		咸丰九年	1859			
包袱地545	杨母余氏	咸丰十年	1860		瑞 麟 开祥	杨 杨
包袱地537	杨□伍（妻杨氏）	光绪八年	1882		鹤皋 鹤龄	杨
包袱地504	杨连甲 段氏	光绪甲午年	1894			
包袱地491	杨相君–乾隆已亥年卒？李氏–石门	光绪？已亥年	1899		杨萃 荷 芹	杨 吏

续表

墓号	墓主	立碑日	公历	山向	男	妇
包袱地494	杨本清 杨氏	宣统二年	1910	甲山庚向兼卯酉	光治 臣治	李 黄
包袱地458		民国十一年	1922	乙山辛向		
包袱地532	杨老孺人徐接弟	民国三十六年	1947	卯山酉向	世□ 世□	杨 黄
包袱地467	杨重华 徐开	民国庚寅年	1950	寅申兼甲庚	杨纶（故男） 杨纪	李 杨
包袱地535	杨太许荷蓉	民国三十九年	1950		育芳	
包袱地531	杨鹤鸣字九皋 杨玉音	天运辛卯年	1951	卯山酉向兼乙辛	国树	
包袱地459	杨太杨祥	一九六二年	1962			
包袱地538	杨开祥 杨氏	一九七四年	1974			
包袱地571	杨德芝字润生 宜弟	一九八一年	1981	寅山申向	映辉	苳菊香
包袱地528	杨士荣字浩全权	一九八五年	1985	卯山酉向兼甲庚	义芳	
包袱地477	杨川培 杨石秀	一九八七年	1987	寅申兼甲庚	杰仁 义 礼	
包袱地469	杨太黄益顺	一九八八年重修	1988	寅申兼甲庚	杨纬	
包袱地475	杨臣治字重雍 杨元香	一九八八年重修	1988	寅申兼甲庚	杨纬	
包袱地519	杨太杨全	一九八九重修	1989		卓 超 立群	杨 徐 杨
包袱地539	杨逢春字叶芳 杨合秀	一九九一年重修	1991	卯山酉向	泽民 伦民	杨 李
包袱地500	杨太	一九九三年	1993			
包袱地502	杨学礼	一九九三年重修	1993			
包袱地567	孺人杨积芝	一九九三年	1993	寅山申向兼甲庚	继国 培 真 华	
包袱地465	杨名业	一九九五年	1995			
包袱地471	杨鸿朝	一九九五年	1995	甲庚兼寅申	杨绍宗 刘吉堂	字
包袱地461	杨太杨甲枝	二零零二年	2002	乙山辛向兼卯酉	锐贞	杨仙菊
包袱地521	杨应芳 莲芝	二零零二年	2002	乙山辛向兼辰戌	保杰（赘）	
包袱地508	杨明德 全香	二零零四年	2004	乙辛兼辰戌	寿春	杨利华
包袱地564	杨银祥卢公 杨菊仙	二零零五年重修	2005	寅山申向兼甲庚	玉树 良贵 社安 廷安	杨 王 杨 杨 黄
包袱地512	杨太梅珍	二零零六年	2006	乙山辛向	□君 贵君	吴
包袱地515	杨和松	二零零六年	2006	乙山辛向		
包袱地517	杨耀根字育芳 杨团圆	二零零六年	2006	乙山辛向	和松	
包袱地454	杨润芝	二零零七年	2007	乙山辛向兼卯酉		
包袱地456	杨太杨莲芝	二零零七年	2007	乙山辛向兼卯酉		
包袱地488	杜氏	乾隆三十一年 嘉庆十三年重修	1766- 1808			

续表

墓号	墓主	立碑日	公历	山向	男	妇
包袱地544	孺人	光绪	1875–1908	卯山酉向兼乙辛	鹤皋 鹤龄	杨 杨
包袱地573	杨文炳字续秀 杨华真	一九八六年 重孙二零零四年重修	1986–2004	乙山辛向	□□	尹 杨
包袱地479	杨动大 杨太					
包袱地505	杨相忠字良辅 女氏			卯龙寅山申向	杨蔚 杨莲	王 李
包袱地534				卯山酉向		
包袱地553	杨世光 尹氏				瑞 麟 开祥	杨 黄

附表十：官家坟土葬墓碑文一览表

墓号	墓主	立碑日	公历	山向	男	妇
官家坟200	黄本清字符□号谷峰 段氏	万历五年	1577		黄诏 黄诰 黄诵	
官家坟57	黄诰 □氏	崇祯七年	1634	内向甲庚	黄嘉选	
官家坟184	黄母姜氏	康熙？三十八年	1699		杨秉□ □ □	
官家坟360	黄在□ 杨氏	乾隆十五年	1750			
官家坟358	黄母杨氏	乾隆丙子年	1756		黄焕？	张
官家坟165	黄首唱	乾隆二十七年	1762		黄纪	
官家坟194	杨应弟	乾隆丙申年	1776			
官家坟50	黄绍魁字希桥 杨氏	乾隆四十七年	1782			
官家坟92	杨氏	乾隆五十年	1785		黄云卿 路	
官家坟58	黄绍清 李氏	乾隆五十七年	1792			
官家坟73	黄绍昌 杨氏	乾隆五十九年	1794			
官家坟71	李氏	嘉庆元年	1796		黄州 黄茂	杨 董
官家坟288	杨氏	嘉庆五年	1800		黄锦	杨氏
官家坟128	杨氏	嘉庆十五年	1810		黄云腾 从 梯 锦	
官家坟79	黄衮字？藻 杨氏	嘉庆十七年	1812		黄云瑞 书 叶	
官家坟135	黄老先生 李老孺人	嘉庆十九年	1814		黄□ 黄□	李氏
官家坟190	黄锦字彰秀 杨氏	嘉庆甲戌年	1814		黄秉智	
官家坟31	黄？字玉藻 元配杨氏	嘉庆甲戌十九年	1814		黄云盛 生 郁？	
官家坟62	黄□天字德聪 董氏	嘉庆二十三年	1818		黄昭	
官家坟167	黄□字郁芳	道光二年	1822		云龙	杨

续表

墓号	墓主	立碑日	公历	山向	男	妇
官家坟233	黄云瑞号祥轩 解氏	道光六年	1826		娘	
官家坟268	黄茂 董氏	道光八年	1828		云清 云祥	李 李
官家坟373	黄册字竹书 段氏	道光八年	1828		云□ 云程 云行	
官家坟387	黄云□	道光二十四年	1844			
官家坟188	黄云郁 杨氏	道光二十六年	1846		黄深	
官家坟368	黄云开字致光 杨氏	道光二十七年	1847		黄镆 黄锐	杨
官家坟231	黄云瑞 解氏	道光三十年	1850			
官家坟264	黄瓒	咸丰元年	1851		黄云□	杨氏
官家坟236	李氏	咸丰二年	1852			
官家坟87	黄云叶 杨氏	咸丰四年	1854	内乙辛兼卯酉 外乙辛兼辰戍		
官家坟46	黄云佐字四辅	咸丰十年	1860		黄浩 黄润 黄□	王 杨 杨
官家坟202	黄云纯 杨氏	咸丰十年	1860			
官家坟114	黄太李氏	同治三年 （重立？）	1864			
官家坟138	黄绍彦字用弼 黄庆	同治五年	1866		黄洲（故男）	李 杨
官家坟162	黄伦字秩伍	光绪六年	1880		黄钟声 钟泰	徐
官家坟383	黄大臣 杨氏	光绪七年吉旦	1881		冠英 会英	杨 杨
官家坟39	黄云章 杨氏	光绪七年	1881		黄仪	
官家坟133	黄母李氏	光绪八年	1882		云吉	李氏
官家坟238	黄云梯字诣远 杨凤	光绪八年	1882		黄？	杨氏
官家坟262	黄玉亮	光绪八年	1882		黄云吉	李氏
官家坟304	黄德贞 李氏	光绪八年	1882		黄玺	
官家坟266	黄贤耀 李氏	光绪十年	1884		黄庄	杨 徐
官家坟271	黄起封 李氏	光绪十年	1884		黄□ 黄□	杨 徐 □
官家坟284	黄太杨氏	光绪十年	1884		黄庄	杨
官家坟286	黄瑞鍗	光绪十年	1884		世基	
官家坟309	黄云生字现祥 杨鹤瑞	光绪十年	1884		黄□ □ □	杨 李
官家坟292	黄旋阳 徐氏	光绪十二年	1886		旭明	杨
官家坟85	黄璞字完人	光绪十四年	1888		行先	
官家坟126	显妣	光绪十四年	1888		黄续庭 钟声	李 杨
官家坟241	黄老宜人杨氏	光绪十四年	1888		德先 学先 志先 □先	

续表

墓号	墓主	立碑日	公历	山向	男	妇
官家坟44	际熙	光绪十八年	1892			
官家坟143	黄云升 杨氏	光绪二十年	1894		佑	李
官家坟306	黄铮字有声 李氏	光绪二十年	1894		□□□□盛	杨 杨 杨 杨
官家坟370	黄云程字连登 刘氏	光绪二十年	1894		黄銚 铮 潼 溶	李 杨 李 李
官家坟376	黄云乡字兆泰	光绪二十年	1894		俊	徐
官家坟127		光绪二十六年	1900			
官家坟145	黄允修 李氏	宣统二年	1910		河源	杨
官家坟186	黄公	民国元年	1912			
官家坟141	黄雅正	民国三年	1914		德盛	杨
官家坟336		民国五年	1916			
官家坟65	?	民国七年	1918		仁 义	
官家坟130	黄母刘氏	民国七年	1918		煌	杨
官家坟147	黄河清字海晏 徐氏	民国七年	1918		黄仁	杨
官家坟151	黄老孺人	民国七年	1918		嘉谟 河清 河源 河净 河浩	徐 杨 杨 李
官家坟381	黄谨	民国七年	1918		嘉谟 河清 河源 河净 河浩	徐 杨 杨李
官家坟67	黄云纪 杨炳	民国十一年	1922		黄保	
官家坟327	黄辉字 杨氏	民国十三年	1924	内外乙辛兼卯酉	黄延……	
官家坟385	黄会英 杨氏	民国十五年	1926		世盛	黄
官家坟76	黄嘉选字肖山 黄母	民国十七年	1928		黄翔鲸	
官家坟332	黄汇海	民国二十三年	1934		维贤	
官家坟158	黄锐字中正	民国二十七年	1938	乙辛兼辰戌	守成	
官家坟169	黄云龙字见田 李氏	民国庚寅年	1950	乙山辛向兼卯酉		
官家坟171	黄谐字用和 杨玉珍	民国庚寅年	1950	乙山辛向兼卯酉	嘉谟	
官家坟243	黄太黄氏	一九七四年	1974	乙山辛向兼辰戌	士俊	段氏
官家坟207	黄振□字锦华 黄静芝	一九七五年	1975	乙山辛向兼卯酉	四 泰 陈 复 重兴	杨 徐 杨 段
官家坟216	黄政德	一九七五年	1975	甲山庚向兼卯酉	永寿	
官家坟221	黄老孺人杨□秀	一九七六年	1976		黄忠（故）	
官家坟393	黄冠英 杨八盛	一九七七年	1977		鹤松（承嗣男）	
官家坟391	黄玉楼字鼎承 黄莲枝	一九七八年	1978		茂松 茂林 福光 世光	

续表

墓号	墓主	立碑日	公历	山向	男	妇
官家坟273	黄绪先	一九七九年	1979		黄如松 杨汝柏	黄 杨
官家坟212	黄太黄应福	一九八一年	1981	……兼卯酉		
官家坟215	黄太杨东汉	一九八二年	1982	甲庚兼卯酉（顺序）	永寿	杨
官家坟217	黄述之字霞昌 杨氏	一九八二年重修	1982	甲庚兼卯酉（顺序）	正德	杨氏
官家坟348	黄光远 杨玉	一九八二年重修	1982		耀？先	杨氏
官家坟349	黄耀？先 杨会莲	一九八二年	1982		月华	杨
官家坟389	黄太黄春香	一九八二年	1982		月华	杨氏
官家坟210	黄泰兴	一九八三年	1983	乙山辛向兼卯酉		
官家坟324	黄公李永清	一九八三年	1983		李华	
官家坟328	黄丰字建堂	一九八三年重修	1983	乙辛兼卯酉	黄龙 志远	黄
官家坟354	黄老孺人赵氏	一九八三年	1983	乙山辛向兼卯酉	杨黄德	杨
官家坟356	黄绍鹏	一九八三年	1983	乙山辛向兼卯酉	杨黄德	杨
官家坟177	黄□满字映峰	一九八七年重修	1987		绍辰 汝松	
官家坟338	黄太黄月香	一九八七年重修	1987		玉璧 利璧	杨 □
官家坟225	黄老大人杨汉民 黄老孺人徐淑？	一九八九年	1989	乙山辛向兼卯酉	伍松 根福 红松	
官家坟227	黄润琴	一九八九年	1989	乙山辛向兼卯酉		
官家坟248	黄太杨正珠	一九八九年	1989	乙山辛向兼卯酉	时雨	
官家坟250	黄时雨字万春	一九八九年	1989	乙山辛向兼卯酉	汉民	徐氏
官家坟123	黄太杨招弟	一九九一年	1991		绍奎	
官家坟294	黄书田字际龙 解亲爱	一九九一年	1991	乙山辛向兼卯酉	俊 锐 炳生	徐
官家坟315	黄月明 杨八贵	一九九一年重立	1991	乙山辛向兼卯酉	书田	杨 解
官家坟317	黄轮字月堂 李奇秀	一九九一年重立	1991	乙山辛向兼卯酉	书田	杨 解
官家坟319	黄太杨毓英	一九九一年重立	1991	乙山辛向兼卯酉	俊 锐 炳生	徐
官家坟331	黄？奎 杨盛玉	一九九一年重立	1991	乙山辛向兼卯酉	黄轩？ 轮？	杨 李
官家坟81	黄学先字习传	一九九二年	1992		锦堂 泽？	杨 田
官家坟117	黄太田三妹	一九九二年重修	1992		黄丽天	杨氏
官家坟120	黄？ 字杖之	一九九二年	1992		续琼 坚 春 熙	
官家坟174	黄如松	一九九二年	1992	乙山辛向兼卯酉	德军 德忠	张银瑞
官家坟213	黄太杨振弟	一九九二年	1992	乙山辛向兼卯酉（顺序）	黄义 茂 柏 松	杨 杨 □ 杨
官家坟245	黄忻字辉堂 李桂堂	一九九二年	1992	乙山辛向兼辰戌	德龙 中 虎 祥兴	严

续表

墓号	墓主	立碑日	公历	山向	男	妇
官家坟252	黄太黄月珍	一九九二年	1992	乙山辛向兼卯酉	学阳 桂阳	会珍
官家坟254	黄德虎字秀峰 李彩映	一九九二年	1992	乙山辛向兼卯酉	黄林 黄杨?	汉慈 银梅
官家坟277	黄有辉字畅枝 黄金弟	一九九二年	1992	乙山辛向兼卯酉	黄□ 黄□	□ 杨
官家坟278	黄景直 李云秀	一九九二年	1992	乙山辛向兼卯酉	弦之	
官家坟280	黄绍堂	一九九二年	1992	乙山辛向兼卯酉		
官家坟321	黄深字长川	一九九二年	1992	乙山辛向兼卯酉	锡满?	
官家坟395	黄太徐和瑞	一九九二年	1992		续琼 坚 春 熙	
官家坟340	黄玉壁字华清 杨玉芬	一九九三年	1993	乙辛兼卯酉	吉光 □光	
官家坟94	黄太黄慧仙	一九九八年	1998	乙山辛向兼辰戌	明光 永才	黄 杨
官家坟98	黄静安 段兰枝	一九九八年	1998	乙山辛向兼辰戌	桂芳 黄彦	
官家坟351	黄德 杨荷香	一九九八年	1998	乙山辛向兼卯酉	文光 宁光 伟光	黄 杨
官家坟101	黄思庆 黄启	一九九九年重立	1999		静庵	李 段
官家坟300	黄太杨七映	二零零二年	2002	乙山辛向兼卯酉	增明	
官家坟156	黄国争	二零零三年	2003	乙山辛向兼卯酉	成章	罗氏
官家坟154	黄绪琼	二零零四年	2004		金彪	杨家全
官家坟160	黄绪熙	二零零四年	2004		金彪 八□	杨家全
官家坟205	黄利碧字金寿 陈吉彩	二零零七年	2007	乙山辛向兼卯酉	黄小宝 黄吉松	
官家坟223	黄太孙秀枝	二零零七年重立	2007	乙山辛向兼卯酉	续轩	孙 杨
官家坟398	黄续轩 杨四妹	二零零七年	2007	甲山庚向兼卯酉		
官家坟400	黄澄静	二零零七年重立	2007	甲山庚向兼卯酉		
官家坟403	黄泽军字贵梁	二零零七年	2007	卯酉山向兼乙辛		
官家坟64	秉正	壬子年	?			
官家坟110	黄太尹小妹	一九七?九年	?	乙辛山兼向辰戌	绍城 汝松	
官家坟196	黄佑字启后 李氏	天运甲寅年	?		黄钟毓	杨氏
官家坟35	黄倴 杨氏	万历五年三月初十清明吉旦 道光二十七年重修	1577— 1847			
官家坟89	黄老太君李氏	?庆二十四年 咸丰四年	1819— 1854	内乙辛兼□□ 外乙辛兼辰戌		
官家坟283	黄太黄金秀	一九七?年	197?		如松 汝柏	黄 杨
官家坟60	李氏					
官家坟181	黄桃 李氏					
官家坟218	黄成章 罗兰秀	公元……		乙山辛向兼卯酉	庆元 黄升	黄

续表

墓号	墓主	立碑日	公历	山向	男	妇
官家坟220				乙山辛向兼辰戌		
官家坟257	黄煜字寅谷				世卿	杨氏
官家坟312	黄公					
官家坟322	黄公 杨氏					
官家坟323	黄森发 李氏				黄文先	
官家坟333	黄老孺人杨萃	民国			德盛	杨
官家坟363	黄眉字彩佩 杨氏	……五年				
官家坟366	黄典字延章					
官家坟379	黄母杨氏				谨	杨

附表十一：香山寺土葬墓碑文一览表

墓号	墓主	立碑日	公历	山向	男	妇
香山寺751	李尚实字从明	光绪十三年重建	1887		李萼	徐
香山寺756	李母杨孺人	民国三十六年	1947	丙山壬向	献忠 国安	杨 李
香山寺757	李义字子荣 黄氏	一九八零年	1980	丙山壬向兼午子	树先	
香山寺755	李献忠 杨吉真?	一九八五年重修	1985	丙山壬向兼午子	李子□ 李子荣 李子成	徐 黄 杨
香山寺759	李徐? 字盛华 李爱莲	一九九九年	1999	丙山壬向兼午子	剑新	
香山寺739	徐焕新号九如 杨烛明	二零零一年	2001	乙山辛向兼卯酉	红武 红文 红斌	荣仙 尹秦
香山寺753	李映莲	二零零一年	2001	丙山壬向兼午子		
香山寺748	李太徐鹤枝	二零零二年	2002		李树华	徐生香
香山寺754	李智字子正	二零零二年	2002	丙山壬向兼午子	李树华	徐生香
香山寺752	李太杨银弟	二零零四年	2004	丙山壬向兼午子	桂华 正华	杨锐枝 杨仙凤
香山寺758	李信字子成 杨菊香	二零零四年	2004	丙山壬向兼午子	桂华 正华	杨锐枝 杨仙凤
香山寺750	李翰字□然 杨氏	?		内向丁山癸 外向丙山壬	长男 尚实 尚廉	杨 杨 杨

附表十二：杉树林土葬墓碑文一览表

墓号	墓主	立碑日	公历	山向	男	妇
6月5日杉树林104	段起智 杨氏	康熙二十九年?	1690		段云……	
6月5日杉树林128	杨? 杨氏	康熙三十八年重修?	1699			

续表

墓号	墓主	立碑日	公历	山向	男	妇
6月3日杉树林813	李应宗 招弟	康熙肆拾壹年	1702		李王璧 李王□ 李王□	车 □ 段
6月4日杉树林3	李□辅	康熙四十一年	1702		李毓华 李应宗	段世 李氏
6月4日杉树林1	李毓华 段氏	康熙五十年	1711		登冠 登云 登名	杨 李 杨
6月4日杉树林78	李王□ 段金凤	雍正辛亥年	1731		李如棠 李如□	徐氏 李氏
6月5日杉树林100	段云新 杨氏	雍正十三年	1735		段彩凤 段似凤	王 杨
6月3日杉树林867	李先荣 段氏	乾隆四年	1739	坤山艮向	朝英	李
6月3日杉树林815	李王璧 李氏	乾隆六年	1741		李□ 李□ 李□	李 杨 □
6月3日杉树林858	李佳谟 杨氏	乾隆二十年	1755			
6月5日杉树林131	杨淳	乾隆三十九年重修	1774		杨引翼	杨氏
6月3日杉树林817	□干 李氏	乾隆四十二年	1777		李尚敬 李尚庄 李尚恭	杨 赵 李
6月3日杉树林854	…… 徐氏	乾隆四十四年	1779			
6月3日杉树林878	李超伦 杨氏	乾隆四十五年	1780		文英 世英	□ 杨
6月3日杉树林855	李首选 字氏	乾隆癸丑年	1793		李双庆	
6月5日杉树林71	段似凤 杨氏	乾隆五十九年	1794		段克进 段克俭	
6月4日杉树林17	李公 李太	嘉庆七年	1802			
6月5日杉树林124	杨锡宁	嘉庆九年	1804		杨亨	
6月3日杉树林862	李老君	嘉庆十七年	1812		名亮 名□ 名□	
6月5日杉树林110	杨公生于乾隆庚申年 李氏生于乾隆丁丑年	嘉庆二十一年	1816	丁山癸向	增翼 魁翼	
6月4日杉树林90	李老孺人杨氏	嘉庆二十二年	1817		李遇昌	杨
6月3日杉树林794	李从安 李二姑	道光七年重修	1827		李□	杨氏
6月4日杉树林88	李以敬 段氏	道光九年	1829		李根	杨 张
6月4日杉树林143	李母徐氏	道光十一年	1831			
6月3日杉树林807	李辉南 黄氏	道光十二年	1832		文□ 文彬 文光 文明	黄 杨 杨
6月3日杉树林829	李太山 杨氏	道光二十一年	1841			
6月4日杉树林32	李文盛 杨氏	道光二十一年	1841		李文□ 李文□	杨 杨
6月5日杉树林141	杨高 杨氏	道光二十一年重修	1841	丁山癸向兼未丑		
6月3日杉树林846	李老大人字辉	道光二十五年	1845	内午子外丁癸兼丁癸午子	正□	杨
6月5日杉树林139	杨老孺人杨氏	道光二十七年	1847			
6月5日杉树林69	段克进	咸丰元年	1851		段纲	杨
6月5日杉树林220	杨太	咸丰三年	1853	内丙壬兼巳亥外□干兼巳亥	秀枝	赵氏

续表

墓号	墓主	立碑日	公历	山向	男	妇
6月4日杉树林14	李公 李太	咸丰五年	1855			
6月4日杉树林146	李老孺人	咸丰十一年	1861			
6月4日杉树林86	李公 杨氏	同治六年	1867			
6月5日杉树林209	李长寿 张田	同治八年重修	1869			
6月5日杉树林211	李秀姑	同治己巳年重修	1869			
6月3日杉树林875	李太杨氏	光绪四年	1878			
6月5日杉树林224	元配杨科连	光绪十一年重修	1885		杨新	李氏
6月5日杉树林226	杨继祖	光绪十一年重修	1885			
6月5日杉树林230		大清光绪十一年仲春月	1885			
6月4日杉树林148	李仲臣 黄氏	光绪十三年	1887			
6月3日杉树林819	李正昌字现文 杨氏	光绪十五年	1889		李钤	杨氏
6月3日杉树林838	李老大人 杨氏	光绪十五年	1889	内丁山癸向 兼未丑 外坤 山艮向兼未 丑 午龙入首	文征 休征 □征 凤岐	杨 黄 杨
6月4日杉树林41	李接昌 杨氏	光绪十五年	1889		金钟 金镜	
6月4日杉树林48	李珊字树海 杨起姑	光绪十五年	1889		志仁 志忠	杨 杨
6月4日杉树林93	李品贵？ 杨氏	光绪十五年	1889		志纯 志清	杨 杨
6月4日杉树林97	李联昌 杨氏	光绪十五年	1889		李铸	杨
6月4日杉树林110	李笔照 杨氏	光绪十五年	1889		李珊 李琮	杨 杨
6月4日杉树林140	李俊 四姑	光绪十五年	1889			
6月4日杉树林141	李老孺人杨氏	光绪十五年	1889			
6月5日杉树林65	李琳	光绪十五年	1889			
6月4日杉树林124	李郁文 杨氏	光绪十七年	1891		李炳	黄氏
6月4日杉树林138	李母徐氏	光绪？十七年	1891		□炳	黄氏
6月4日杉树林153	李太杨定姑	光绪二十一年	1895			
6月3日杉树林909		光绪二十一年	1895			
6月3日杉树林797	李志纯字朴员 杨氏	光绪二十三年	1897	丁山癸向	李绍曾 李一曾	尹 段 杨
6月4日杉树林151	李孺人徐氏	光绪二十三年	1897			
6月5日杉树林58	李老府君	光绪二十四年	1898	坤山艮向兼未丑	学海 学圣 学元 学明	杨 段 杨 □ 刘 □
6月3日杉树林848	李孺人张氏	光绪二十五年	1899	坤艮兼丑未	李超林 李王培 李高林	杨 杨 杨
6月5日杉树林122	杨孺人杨氏	光绪二十九年	1903	未山丑向	兆清 柳清 镇清 笔清本清	杨 杨 杨

续表

墓号	墓主	立碑日	公历	山向	男	妇
6月4日杉树林135	李老孺人	光绪三十二年	1906		张奋志	黄氏 杨氏
6月3日杉树林860	李孺人杨氏	宣统二年	1910	坤山艮向兼寅申	春□ 春生	杨 杨 杨
6月5日杉树林24	李秀士 杨氏	宣统三年	1911	未山丑向兼 丁癸叁分	镇钧 秉钧	杨 杨 黄 杨
6月3日杉树林842	李老孺人 杨寿元	民国二年	1913	丁山癸向兼 丑未三分	志仁 志浓 凤楼	施 段 杨 杨
6月4日杉树林5	李老孺人 杨莲城	民国贰年	1913		李润	杨氏
6月4日杉树林113	李蔚华 杨氏	民国二年	1913	丁山癸向兼未丑	美中	
6月4日杉树林9	李太孺人杨氏	民国四年	1915		□山	
6月4日杉树林72	李 杨二姑	民国四年	1915		经□ 经纶 经甲	杨 杨
6月5日杉树林7	李绍曾字省三 段 尹	民国八年	1919	坤山艮向兼未丑	李埙 李篪	杨 杨
6月3日杉树林785	继母杨氏李太	民国二十四年	1935	艮坤兼丑未	李璠 李与	杨 徐 杨
6月3日杉树林894	黄名盛 杨氏	民国二十四年	1935	丁山癸向兼未丑	黄□ 黄□ 黄□ 黄□ 黄□	徐 李 杨 □
6月5日杉树林63	李琛字佩珍	民国二十四年	1935	丙山壬向兼巳亥		
6月5日杉树林61	李太杨畅枝	民国二十六年	1937	丙山壬向兼午子		
6月3日杉树林885	李彬华 张氏	民国二十七年	1938	坤艮兼申寅	达士	宋?
6月3日杉树林892	李太杨三奇	大中华民国 二十七年	1938	丁山癸向兼未丑	宋炽	
6月5日杉树林41	李太李乐善	一九八四年 （重修？）	1984		朝勋	
6月3日杉树林872	李寿海字希柏	一九八五年重修	1985	坤山艮向兼申寅	明安 ？先	黄
6月3日杉树林899	李济普	一九八五年重修	1985		□□ □□	黄 杨
6月3日杉树林903	黄太黄富利	一九八五年重修	1985	坤山艮向兼申寅	国栋 灿金	段
6月4日杉树林12	李泽字华兴 杨二妹	一九八五年重修	1985		□祖	
6月5日杉树林51	李太杨纯翠	一九八五年	1985		李凯 李元	李 黄
6月5日杉树林20	李训根	一九八六年	1986			
6月5日杉树林42	李浩鹏字武英	一九八六年	1986			
6月5日杉树林44	李寿彩	一九八六年	1986			
6月5日杉树林46	李桂芳	一九八六年	1986			
6月3日杉树林784	李森字连三 黄吉祥	一九八九年	1989		志道	杨竹映
6月3日杉树林827	李逢道字玉中	一九八九年	1989	坤山艮向兼未丑	李杰 李旭	月留 定瑞
6月3日杉树林828	李栋字才英 段桂枝	一九八九年重立	1989	坤山艮向兼未丑	逢道	黄 赵
6月3日杉树林844	李太赵？基	一九八九年	1989	坤山艮向兼未丑	李杰 李旭	月留 定瑞

续表

墓号	墓主	立碑日	公历	山向	男	妇
6月5日杉树林75	李太李乐枝	一九八九	1989		李玲 李石生	姚家坤 尹丽娟
6月5日杉树林83	李太黄小贞	一九八九重立	1989	坤山艮向兼未丑	李杰 李旭	月留 定瑞
6月3日杉树林874	李太杨金兆	一九九零年重修	1990	坤山艮向兼申寅		
6月4日杉树林129	李文英字子豪 孙奇英	一九九一年	1991	丁癸兼未丑	九文 恒昌	春莲
6月4日杉树林132	李菊枝	一九九一年	1991	丁癸兼未丑	承嗣九文	
6月5日杉树林36	李毓升字沛泽 李惠英	一九九一年	1991	幽未山丑向 兼丁癸叁分	永剑 永宝	何榕清 杨和秀
6月5日杉树林39	李钟英字丹桂	一九九一年	1991	丁癸兼未丑		
6月5日杉树林116	杨陈光字玉峰	一九九一年	1991		德培	定吉
6月5日杉树林56	李芳字会泽 杨明珠	一九九二年	1992	丁山癸向兼未丑	民 石宝 益民	嘉梅 梅开 小妹
6月5日杉树林160	杨暮桥 李玉秀	一九九二年重修	1992	吉山向		
6月5日杉树林162	杨太杨育英	一九九二年重修	1992	吉山向	念芳 念中	杨
6月4日杉树林11	李太李福庆	一九九四年	1994			杨 黄
6月5日杉树林5	李瑞彩 黄映春	一九九四年	1994	艮山坤向兼未丑	士杰 士廉 士贤 士俊	杨 魏 杨 段
6月5日杉树林49	李三妹	一九九四年	1994			
6月5日杉树林108	李太杨二妹	一九九四年	1994			
6月4日杉树林123	李谓字集堂	一九九六年	1996		跃根 训根 绳宗 树香	团元 畅和
6月5日杉树林18	李太杨莲枝	一九九六年重修	1996		跃根 训根 绳宗 树香	团元 畅和
6月3日杉树林869	李太杨月香	一九九七年	1997		世勋 赞勋	杨银兰 尹敬培 徐淑瑜
6月3日杉树林873	李太杨保全	一九九七年重修	1997		家农	杨月香
6月3日杉树林890	李家农字映安	一九九七年	1997		世勋 赞勋	杨银兰 尹敬培 徐淑瑜
6月5日杉树林112	杨国朱 杨兴	一九九八年	1998	未山丑向	应华 陈光	
6月5日杉树林118	杨太杨三妹	一九九八年	1998		德培（赘）	
6月5日杉树林73	杨太李金凤	一九九九年	1999	丁山癸向	沛地 光地 嘉地 发盛	字 杨
6月5日杉树林79	李太张月留	一九九九年	1999	未山丑向	李承先 李承刚 李承尧	徐 杨 杨
6月5日杉树林13	李烈恒 （刘文举）	二零零年	2000		李桂芳	
6月5日杉树林93	杨正先 杨太珍秀姑	二零零零年	2000	巳山亥向兼丙壬	建坤 建兴	李

续表

墓号	墓主	立碑日	公历	山向	男	妇
6月5日杉树林87	李老孺人杨占	二零零二年	2002		士达 士应 士选	黄 赵
6月5日杉树林91	李尚林字士应 赵习珍	二零零二年	2002	巳山亥向兼丙壬	利光 利松	李 徐
6月5日杉树林167	杨太宝芳	二零零二年重修	2002		正发 光 华 荣	杨 杨 杨 赵
6月3日杉树林783	李达字廷英 黄凤章	二零零三年	2003	艮坤兼丑未	□道 体道	黄月芝 杨慧贤
6月4日杉树林119	李先嗣	二零零三年	2003	丁山癸向兼未丑	艮坤	杨氏
6月5日杉树林89	李士选	二零零三年	2003	巳山亥向兼丙壬		
6月3日杉树林782	李□道字怀? 中	二零零四年	2004	坤山艮向 兼未丑?	李□ 李镒	徐荷开 杨益坤
6月3日杉树林868	李国桢 徐兰英	二零零四年	2004		武元 中元 林元	吉兰 会坤 秀娟
6月3日杉树林884	李太杨润枝	二零零四年重修	2004		李国桢	徐
6月5日杉树林9	李勤慎字荣然	二零零四年重修	2004		瑞彩 彦彩	黄 杨
6月5日杉树林11	李太杨续嗣	二零零四年重修	2004		瑞彩 彦彩	黄 杨
6月5日杉树林85	李太黄月枝	二零零四年	2004	坤山艮向兼未丑	李固 李镒	徐荷□ 杨益坤
6月3日杉树林780	李文茂字步卿 黄七映	二零零五年	2005	未山丑向兼丁癸	泽光 泽忠 泽兴	银珠 郁坤 润桃
6月3日杉树林786	李志道字德中 李太竹映 字汝卿	二零零五年	2005		李玲 李石生	姚家坤
6月3日杉树林789	李石生	二零零五年	2005		伟斌 伟文	
6月5日杉树林151	李士贤 杨锦绣	二零零五年重立	2005	丙山壬向	李斌（嗣男）	
6月5日杉树林153	李学斌	二零零五年	2005	丙山壬向		
6月5日杉树林164	杨万之 黄元瑞	二零零六年重修	2006	坤山艮向兼未丑	杨永茂	李映兰
6月5日杉树林16	李老孺人	二零零七年	2007	□山艮向兼 未丑	才坤 良坤 子坤	李 杨 苳
6月5日杉树林114	杨德培 杨老孺人定吉	二零零七年	2007		志刚 军 勇 雄 宏	泽珠 立信 黄芳 立梅
6月5日杉树林155	李氏孺人雪梅	二零零八年	2008	丙山壬向		
6月3日杉树林803	国亨 杨氏	明	1368–1661		?	
6月3日杉树林864	李朝英 李氏	乾隆二十七年 乾隆六? 十年重修	1762–1795	坤山艮向	李汝宽 李汝?	
6月4日杉树林51	李腾云字俊士 黄闲静	光绪二十□年	1895+			杨 杨 杨
6月5日杉树林204	岳母杨氏	天运乙卯年?	1974?			
6月5日杉树林14	李太段润枝	二零零年	200?		文举（赘）	

续表

墓号	墓主	立碑日	公历	山向	男	妇
6月3日杉树林795	李正茂字炳文 杨氏	……十一年			李灼	杨氏
6月3日杉树林818	李□海 杨氏	乾隆			李□ 李岺	杨氏？
6月3日杉树林835	李芬 杨氏	？			□昌 正昌 世昌	杨 杨 徐
6月3日杉树林851						
6月3日杉树林852	李天泽字润民 段金枝	□零零□				
6月3日杉树林883	李文虎 杨银兰	一九九年		□□□□兼坤艮	义德 义春 义华	沈桂园 杨美秀
6月3日杉树林907	树声远黄公 王氏				黄□达 李名卓	
6月3日杉树林910	李倬					
6月3日杉树林912	黄□					
6月3日杉树林914	黄公 杨氏	光绪			黄	
6月3日杉树林918	李公					
6月3日杉树林919	李太杨苹美				家炽	
6月4日杉树林15	李公 李太					
6月4日杉树林19	李公 徐氏					
6月4日杉树林22	李囿亭 杨氏				李遇昌	杨氏
6月4日杉树林28	遇昌字□文 杨氏				李凤翔 李凤□	杨 张
6月4日杉树林44	李志□字佩锦 段登寿	甲午年			李润	杨氏
6月4日杉树林55	李成美 杨氏					段氏
6月4日杉树林62	李休征字五美 黄鹤寿				森 □ 达 茂	黄 杨 黄 杨
6月4日杉树林71	李景□ 施氏					
6月4日杉树林75	李彰显 黄氏					
6月4日杉树林103					李□茂	杨
6月4日杉树林105	李其华				李国安 李国□	
6月4日杉树林107	李凤翥字慎言 张招				李腾云	黄 张
6月4日杉树林117	李 杨氏					
6月4日杉树林122	李叶宜					
6月4日杉树林156	李公	二零零二年重修		艮山坤向兼未丑	士选 士□ 士达	赵 黄
6月4日杉树林158	李瑞彩 黄映春				士杰 士廉 士贤 士俊	杨 魏 杨 段
6月5日杉树林136	杨献侯	重修				
6月5日杉树林168	杨公					

续表

墓号	墓主	立碑日	公历	山向	男	妇
6月5日杉树林199	李太段氏 李公					
6月5日杉树林214	杨早春？ 女息					
6月5日杉树林237	杨公				杨文明	

附表十三：水桥坪土葬墓碑文一览表

墓号	墓主	立碑日	公历	山向	男	妇
水桥坪1802	徐太余氏	天启六年	1626			
水桥坪1804	徐公号济宇	天启六年	1626		徐光前	
水桥坪1806	徐太杨氏	康熙十二年	1673			
水桥坪1811	徐联科 字氏	康熙壬午年	1702		徐元□	
水桥坪上9排1777	徐思九 徐太	乾隆庚申年	1740			杨 杨 杨
水桥坪1808	徐文华 徐太	乾隆二十五年	1760		徐源清 徐时敏 徐源？	
水桥坪1826	徐远望 杨氏	乾隆四十六年	1781		徐廷□	杨
水桥坪1816	徐达 杜氏	乾隆五十二年	1787	干山巽向		
水桥坪1827	徐子宏 段氏	乾隆五十四年	1789	壬山丙向……	徐谟远 徐兴远	
水桥坪上9排1781	徐公 徐太	乾隆五十七年	1792		徐绶	徐
水桥坪1821	徐源清 张氏	嘉庆二十二年	1817		荣曾 辉曾	杨 李
水桥坪1822	徐源□ 李氏	道光十五年	1835			
水桥坪上9排1790	徐太杨氏	道光二十九年重建	1849		森荣	杨
水桥坪1820	徐辉会 王氏	咸丰元年	1851		乘龙	杨
水桥坪上9排1778	徐缙 杨氏	咸丰五年	1855		廷华	李
水桥坪上9排1780	徐子芹 徐太	咸丰五年	1855		徐□ 徐□ 徐缙	何
水桥坪上9排1787	徐太杨氏	咸丰五年	1855		徐廷华	李
水桥坪1825	徐光会 黄氏	咸丰六年	1856		梧凤 仪凤	段 黄
水桥坪1799	徐来庆	光绪九年	1883			
水桥坪1800	徐太元字琼会	光绪九年	1883		安仁 精仁	杨 刘
水桥坪1812	徐绍昌字文周 李氏	光绪九年	1883	壬山丙向	安仁 全任	杨 杨
水桥坪1823	徐秉义 李氏	光绪九年	1883	壬山丙向	绍 树	李 黄
水桥坪1824	徐太	光绪九年重立	1883	壬山丙向	绍 树	李 黄
水桥坪1801	徐鱼盛	光绪二十五年	1899			
水桥坪1797	徐太杨氏	光绪三十一年	1905		峻德 尚德 耀德	黄 杨
水桥坪1810	徐湛字润青 黄雨润	民国二年	1912			

续表

墓号	墓主	立碑日	公历	山向	男	妇
水桥坪上9排1788		民国二十年	1931			
水桥坪上9排1789	徐太	民国二十年	1931			
水桥坪1815	徐太杨氏	民国二十五年重修	1936			
水桥坪上9排1786	徐德贞	一九八二年	1982	壬丙兼亥巳		
水桥坪1813	徐太黄银姑	一九八七年重修	1987		现祥 现彩 □□ □□	刘 杨 李 杨
水桥坪1798	徐自新字启民 尹恒泰	一九九一年	1991	亥山兼壬向	世珍 世藩 世□	罗 陈 字
水桥坪上9排1782	历代祖考妣	一九九二年重立	1992			
水桥坪上9排1782	历代祖考妣	一九九二年重立	1992			
水桥坪上9排1793	徐竹轩	一九九七年	1997		徐源芳	李 杨
水桥坪上9排1794	徐太杨启弟	一九九七年	1997		徐竹轩	尹海秀
水桥坪上9排1795	徐太尹海秀	一九九七年重修	1997		徐源芳	李 杨
水桥坪1817	徐业新字建勋	一九九七年重修	1997	壬山丙向兼子午	国材	杨娟丽
水桥坪1818	徐太杨氏	一九九七年重修	1997	壬山丙向兼子午	蔚新 业新	邓 杨
水桥坪1809	徐显宗	一九九八年重修	1998	丙山壬向	益三 永杰	杨
水桥坪1829	徐鸿新字克家 杨纯静	二零零一年	2001	壬山丙向兼亥已		
水桥坪上9排1791	徐母杨丽珍	二零零三年	2003		徐成兴	赵社美
水桥坪1828	徐太刘元祥	二零零七年	2007		名显 名扬	李枝春
水桥坪上9排1784	徐太黄启瑞	二零零八年重立	2008	亥山巳向兼干巽	徐兆良	黄章弟
水桥坪上9排1785	徐兆良 黄章弟	二零零八年	2008	亥山巳向兼干巽	徐辉明	罗吉瑞
水桥坪1807	徐燕皇 黄氏	康熙五十四年 乾隆二十五年重修	1715–1760		徐衍礼	
水桥坪1814	徐思明 杨太	乾隆	1736–1795		子亮	段
水桥坪上9排1792	徐君明	一九八三年–胞弟 二零零三年–妻杨氏	1983–2003		徐成兴	赵社美
水桥坪上9排1776	徐公					
水桥坪上9排1779	徐贞干					

附表十四：阁坪土葬墓碑文一览表

墓号	墓主	立碑日	公历	山向	男	妇
阁坪1841	徐镇席	民国三十六年	1947		开留 开华 开林	
阁坪1856	杨应之 杨秀枝	一九七四年	1974		荣槐	槐清
阁坪1855	李彩章 杨美金	一九七九年	1979	壬山丙向兼亥已	增明	黄 黄 杨
阁坪1861	钱兆莲字希白	一九八二年	1982		钱和龄	

续表

墓号	墓主	立碑日	公历	山向	男	妇
阁坪1864	钱太张月芬	一九八二年	1982			
阁坪1835	徐太黄明珍	一九八三年重修	1983	干山巽向兼亥已		
阁坪1850	杨发森字竹斋	天运丁丑年	1985	亥山已向	荣槐	槐清
阁坪1834	徐吉建	一九八五年	1985	干巽兼亥已		
阁坪1840	徐润枝	一九八七年	1987	干巽兼亥已	红□ 红□ 红□	
阁坪1843	徐太杨秀枝	一九八七年重修	1987			
阁坪1857	杨太杨玉兴	一九八九年	1989			
阁坪1858	杨富先	一九八九年	1989	壬山丙向兼亥已	双林 双成 双荣 双四	徐 黄
阁坪1852	黄炳荣	一九九一年重立	1991		定元	雷树珍
阁坪1836	徐太尹会珍	一九九五年重修	1995			
阁坪1849	杨太杨富英	一九九七年	1997	壬山丙	治彬 治和 贞明	字 段 黄
阁坪1851	杨太黄启嗣	一九九七年	1997	壬山丙向兼亥已	应枝 有光 有辉	杨 杨 黄
阁坪1860	徐友杰	二零零零年	2000	干巽兼亥已		
阁坪1837	徐太贵荷	二零零零年	2000			
阁坪1853	杨福寿 杨起妹	二零零三年	2003		应枝 有光 有辉	杨 杨 黄
阁坪1862	徐太杨兆弟	二零零三年重立	2003	干巽兼亥已		
阁坪1839	徐太杨美元	二零零四年	2004	干巽兼亥已	才盛	赵
阁坪1833	徐显	二零零七年	2007	壬山丙向兼亥已	德宣 直宣 泽宣	严 杨
阁坪1842	黄金印字文坚	二零零七年	2007			
阁坪1844	黄金桂	民国二十六年 二零零六年重修	1937–2006			
阁坪1845	黄金莲	民国二十六年 二零零六年重修	1937–2006			
阁坪1863	钱和龄					
阁坪1838	徐泽宣				徐益？ 徐明兴	引弟 阿焕

附表十五：玄坤庵土葬墓碑文一览表

墓号	墓主	立碑日	公历	山向	男	妇
玄坤庵1911	王瑞 段氏	雍正六年	1728			杨庚生 杨二妹
玄坤庵1910	王母杨氏	乾隆五十四年	1789		王本盛	段氏
玄坤庵1908	黄母李氏	嘉庆十七年	1812		黄绍英	
玄坤庵1913	杨富先 杨奇和	道光七年重建	1827	酉山卯向兼辛乙		
玄坤庵1919	黄太黄崇菊	咸丰元年	1851		黄□□ 黄永江	
玄坤庵1924	黄润生字满堂	咸丰七年	1857			

续表

墓号	墓主	立碑日	公历	山向	男	妇
玄坤庵1914	杨如璋字焕廷 杨月香	同治七年	1868	辛山乙向兼卯酉	?	
玄坤庵1939	徐达	光绪九年	1883			
玄坤庵1940	施太吴氏	光绪二十四年	1898		施旺德	杨兆妹
玄坤庵1925	黄?	民国二十四年	1935			
玄坤庵1926	黄太杨氏	一九七四年	1974			
玄坤庵1928	黄太杨明珠	一九七七年	1977	壬丙兼子午	黄瑜 黄璞……	杨 杨 杨
玄坤庵1929	黄太黄映?	一九七八年	1978	壬丙兼子午	黄绍先 黄绍鹏	黄 杨
玄坤庵1915	杨太杨长命	公元壬戌年	1982	辛山乙向兼卯酉	如璋 如莲 如柏 如松	杨 黄
玄坤庵1916	杨太黄海	一九八八年重修	1988	壬丙兼子午	绍卿	
玄坤庵1920	杨喜桃	一九八八年重修	1988	子山午向兼丙壬		
玄坤庵1930	黄太张映慈	一九八八年重修	1988	寅申兼甲庚	全彪	杨家全
玄坤庵1931	黄清何	一九八九年重修	1989	寅申兼甲庚		
玄坤庵1932	黄太二妹	一九九四年	1994			
玄坤庵1933	黄梅珍	二零零二年	2002			
玄坤庵1934	黄德昌	二零零二年重修	2002			
玄坤庵1935	黄太	二零零零年重修	2002			
玄坤庵1936	黄焕章	二零零二年	2002		德恒	杨
玄坤庵1937	杨定发	二零零三年重立	2003	酉山卯向兼乙辛	杨二美 杨三美	杨 杨
玄坤庵1938	杨三 李氏	二零零四年	2004		杨魁保	杨盈妹
玄坤庵1905	徐绍英 黄玉恒					
玄坤庵1942	黄云合					
玄坤庵1943	黄太吴正					

附表十六：古宗坪土葬墓碑文一览表

墓号	墓主	立碑日	公历	山向	男	妇
古宗坪1868	徐太杨氏	嘉庆二十五年重修	1820	干山巽向		
古宗坪1869	徐公字寿永	道光十四年	1834			
古宗坪1876	徐杰 段氏	道光二十四年	1844			
古宗坪1895		道光二十六年	1846			
古宗坪1896	张子绳	道光二十六年	1846			
古宗坪1870		光绪十七年	1891		徐进	
古宗坪1867	杨氏	民国辛未年	1931			

续表

墓号	墓主	立碑日	公历	山向	男	妇
古宗坪1872	黄广字鸿儒 杨凤章	民国二十六年	1937		？先 荣先	黄 杨
古宗坪1873	黄春元字复华 杨向	民国二十六年	1937	干巽兼亥已	春元	杨 杨
古宗坪1890	徐公字时和 徐太李合	民国三十二年	1943	酉山卯向兼庚甲	剑飞 剑峰剑雄 剑刚	杨世芬 李智群 段芳梅
古宗坪1898	王太杨二妹	一九八七年重修	1987			
古宗坪1897	杨如？字焕中	一九八九年重修	1989	？	建国–赘	
古宗坪1871	李太李二姑	一九九三年	1993			
古宗坪1881	徐乐山	一九九三年	1993	酉山卯向兼庚甲	锦坤 锦峰	
古宗坪1882	徐太黄蟠桃	一九九三年重修	1993	干巽兼亥巳	芹峰 时峰	杨 黄
古宗坪1892	徐太黄显弟	一九九六年	1996		中峰 来峰	黄
古宗坪1875	徐剑英	二零零零年	2000	干山巽向兼亥已	李鹏程 张德明 杨义刚	黄
古宗坪1884	徐宗濂字绍溪 杨祯祥	二零零零年	2000			
古宗坪1885	徐云峰字现彩	二零零零年	2000	酉山卯向兼庚甲	瀛峰 云峰 松峰	杨 李 黄
古宗坪1886	徐太李兆亨	二零零零年	2000	酉山卯向兼庚甲	徐钰 徐鏕	杨玉琼 李爱莲
古宗坪1888	徐中丰	二零零零年重修	2000		徐钰 徐鏕	杨玉琼 李爱莲
古宗坪1889	徐钰 杨玉琼	二零零零年	2000	干山坤向兼亥巳	建国	
古宗坪1874	李国栋 黄梅秀	二零零一年	2001	干山巽向兼亥已	泽 藻	
古宗坪1878	徐太杨焕章	二零零二年	2002			
古宗坪1891	徐公杨识斋 徐太应弟	二零零七年	2007	干山巽向兼亥巳	志清	
古宗坪1879	徐直勋 杨新莲	二零零八年	2008	酉山卯向兼庚甲	德宣 直宣 泽宣	严 杨
古宗坪1877					元和 太和	杨 杨
古宗坪1883	徐瀛峰字芝田 杨珍珠			干巽兼亥巳	学仁 学孔	黄 杨

附表十七：村西土葬墓碑文一览表

墓号	墓主	立碑日	公历	山向	男	妇
村西B区628	杨全元 杨氏	乾隆二十年	1755		杨林士 杨雄士	
村西A区596	严起凤 字氏	乾隆三十五年	1770			
村西A区623	杨林保 杨氏	乾隆五十六年	1791		杨荣	杨
村西A区621	杨荣 杨名发	道光三年	1823		杨祖发 杨谊高	徐 张
村西B区630	杨林士 杨氏	道光九年	1829		金甲 全甲	
村西B区633	杨全甲 段氏	道光十六年	1836		若庆？	杨
村西B区631	杨公 杨太	道光二十二年	1842		杨若玉	李

续表

墓号	墓主	立碑日	公历	山向	男	妇
村西B区642	杨若兰 段氏	道光二十二年	1842	艮山坤向内□□□外兼丑未	杨发贵 杨发春 杨发秀	杨 芳 杨 李
村西A区618	杨公 杨太	道光二十八年	1848		富 廷……	李 段 徐 段
村西B区635	杨太张氏	咸丰五年	1855		杨金甲 杨全甲	
村西B区644	杨若玉 李四姑	同治癸亥年	1863		杨庆元	徐
村西A区602	杨太段氏	光绪四年	1878	艮坤兼寅申		
村西A区604	元配杨太冯招	光绪四年	1878		合祥	赵
村西A区606		光绪四年	1878			
村西A区600	杨枝畅	光绪二十六年	1900			
村西A区610	杨合祥	光绪三十二年	1906		承嗣男-永庆	
村西A区613	杨起元 段氏	民国七年	1918		宗福 德章 三弟 宗林	杨
村西A区616	杨太段氏	民国戊午年	1918		占云 贵云 贵寿	姚 施 黄 杨
村西B区626	杨发秀 张氏	民国十五年重立	1926		昌炽	
村西B区638	杨发贵 杨氏	民国十五年重立	1926		七德	
村西B区640	杨发春 芳氏	民国十五年重立	1926	内丑未外寅申兼艮坤	昌裔 昌树	吴 黄
村西A区608	杨公					
村西A区612						

附表十八：新庄坪土葬墓碑文一览表

墓号	墓主	立碑日	公历	山向	男	妇
新庄坪A区662	黄太杨氏	天启贰年	1622		黄廷彦	
新庄坪A区677	黄太杨氏	隆武元年	1645		黄廷彦	
新庄坪A区658	黄树珍 黄太	咸丰五年	1855		黄云？ 云锦 云茂 云霞	徐
新庄坪A区660	黄云锦字耀章 杨引嗣	光绪八年	1882	艮山坤向兼寅申	黄彬	杨
新庄坪A区686	黄铭字文录 李吉玉	民国三十五年	1946	寅山申向兼艮坤	良彦 良辰	杨
新庄坪A区688		一九七五年重立	1975			
新庄坪A区656		一九八六年	1986	寅山申向兼艮坤	丽生	杨七英
新庄坪A区694	黄世乡字秀枝 杨速弟	一九九四年重修	1994		佩之 仗之	孙 徐
新庄坪A区696	黄学净字佩之	一九九四年	1994		续轩	孙 杨
新庄坪A区684	黄太黄八寿	二零零三年重立	2003	申山寅向兼艮坤	其昌	
新庄坪A区653	黄玉南				树三 树芳	黄 杨
新庄坪A区691	黄？ 字泽润			寅山申向	子寿	
新庄坪A区699	黄太孙荟香	甲子年			□□ 寿康	

续表

墓号	墓主	立碑日	公历	山向	男	妇
新庄坪B区724	王梦说字良臣 杨氏	乾隆四十二年	1777	卯龙 乙山辛向	汝楫 汝舟 汝衡	杨 杨 杨
新庄坪B区721	王用? 杨氏	嘉庆二十五年	1820		王宣	杨
新庄坪B区728	王经字枝华 张氏	道光二十四年	1844	乙山辛向	宗泽 续宗	
新庄坪B区716	王宣 杨氏	道光二十五年	1845	艮山坤向 内兼寅申 外兼丑未 天地分金	□昌 □贵 □富 □孚	李 段 杨 徐
新庄坪B区714	王者相 杨氏	光绪二十三年	1897		新茂 兴隆	
新庄坪B区739	王公	民国十九年	1927	卯山辛向		
新庄坪B区737	徐太杨氏	民国壬午年	1942	寅山申向兼艮坤		
新庄坪B区731	段世昌 王太	一九八七年	1987	寅申兼艮坤	段泽琪 段富春 王泽民 段明春 段茂春	
新庄坪B区741	王廷选 杨小妹	一九九零年立	1990	卯山酉向兼乙辛	新发	杨
新庄坪B区709	王新?	一九九一年重立	1991		世昌	王
新庄坪B区726	王公 王太			卯龙 乙山辛向	经 纶	张
新庄坪C区775	黄太杨氏	咸丰十一年	1861		黄伟	杨
新庄坪C区790	黄之□ 沈氏	康熙辛卯年	1711			
新庄坪C区793	黄母	康熙辛卯年	1711		黄俊	
新庄坪C区786	黄太杨氏	雍正七年	1729		黄眉	
新庄坪C区796	黄? 黄太李氏	乾隆四十五年	1780		黄眉 黄□	
新庄坪C区782	黄太马氏	道光十七年	1837		黄眉 黄□	
新庄坪C区784	黄道开 黄氏	雍正……	1723–1735		黄淳	
新庄坪C区788	黄□正	雍正……	1723–1735		黄道开	
新庄坪C区777	黄太杨氏	光绪	1875–1908		黄绍文	
新庄坪D区800	黄太苏氏之墓	万历四十二年	1614		文魁	
新庄坪D区806	黄太尹氏	嘉庆元年	1796		黄川 黄茂	杨 董
新庄坪D区814		民国十一年	1922			
新庄坪D区816	黄公□珠	民国三十一年	1942	甲山庚向兼寅申	续章	
新庄坪D区812	黄太杨金弟	一九五三年	1953		续章	
新庄坪D区807	黄绍先 赵信	二零零四年重修	2004	甲山庚向兼寅申	永丰 永嘉 显荣	杨 赵 杨
新庄坪D区809	黄永嘉 赵善花	二零零四年	2004	甲山庚向兼寅申	续亮 续明 晓东	彭 杨 叶

续表

墓号	墓主	立碑日	公历	山向	男	妇
新庄坪E区844	徐学贵 徐太杨氏	光绪二十二年	1896	寅山申向兼艮坤	徐兴 徐建	杨 黄
新庄坪E区847	徐灿儒 徐太杨氏	民国十七年	1928	寅山申向	炳礼 炳义	杨 罗
新庄坪E区849	徐兴？ 杨紫	民国十七年	1928	寅山申向兼艮坤	席儒	杨
新庄坪E区829	徐国珍自席儒 杨氏	民国十九年	1930	寅山申向	炳志 炳光 炳文	杨 黄 杨
新庄坪E区823		民国二十五年	1936			
新庄坪E区838	徐公 徐太	民国二十七年	1938	艮山坤向兼寅申	秉龙	李
新庄坪E区832	徐耀星 杨玉妹	一九六四年	1964	艮坤兼寅申	文勋 明勋 荣勋	徐 赵 杨
新庄坪E区834	徐太杨富	一九七六年	1976	艮山坤向兼寅申	明宣 荣宣	赵 杨
新庄坪E区821	徐罗会字文寅 徐顺林	二零零二年	2002	寅山申向兼艮坤	圣君 圣岗 贵兵	利开 连芝 春梅
新庄坪E区825	徐明宣 赵恩妹	二零零二年	2002	寅山申向兼艮坤	正雄 雄彪	施
新庄坪E区840	徐太李？开	二零零二年	2002	寅山申向兼艮坤	畅勋 绩勋 文清 华清 立清	杨 黄
新庄坪E区842	徐秉龙	二零零二年	2002	寅山申向兼艮坤	畅勋 绩勋 文清 华清 立清	杨 黄
新庄坪E区851	徐协生 徐太竹英	二零零二年	2002	寅山申向兼艮坤	路军 续军	
新庄坪E区855	徐公段志和字积宣 徐瑞珍	二零零二年	2002	寅山申向兼艮坤		
新庄坪E区853				寅山申向兼艮坤		

附表十九：鹊城土葬墓碑文一览表

墓号	墓主	立碑日	公历	山向	男	妇
鹊城A区879	严庆寿	道光八年	1828			
鹊城A区877	严太李氏	民国十七年	1928	艮山坤向	严文焕 焕德	杨 李
鹊城A区872	闫文焕 杨氏	民国十九年	1930	寅山申向	长福 □□ □□ □□	李 杨 杨 杨
鹊城A区875	严祯祥 杨二妹	一九五二年	1952	寅山申向	严七珍 严阿顺	
鹊城A区868	严春芳 杨琪秀	一九九八年	1998	寅山申向	树根 佑明 富贵	杨 杨 杨
鹊城A区870	严长福	一九九八年重修	1998	艮坤兼寅申	严春芳	杨
鹊城B区913	杨老大人	乾隆十四年	1749			
鹊城B区895	杨魁甲 杨太	乾隆十八年	1753		如霞 晟 星 云 汉	
鹊城B区899	杨氏	乾隆三十九年	1774		杨国瑛 杨国翰	张
鹊城B区893	杨如？ 杨太李氏	乾隆己亥年	1779		杨国柱 杨国松	张 杨
鹊城B区897	杨如星 黄开姑	乾隆四十五年	1780		国瑞 国彩	

续表

墓号	墓主	立碑日	公历	山向	男	妇
鹊城B区940	杨公 杨太	咸丰元年	1851		□秀 □彦 林照	徐 何 李
鹊城B区944	杨晓山 李氏	光绪十年	1884		文□ 文□	杨 徐
鹊城B区917	杨太何氏	光绪二十四年	1898		荣枝 灿枝 盛枝	黄
鹊城B区933	杨原秀 徐氏	光绪二十四年	1898		文纯 文山 文炳	黄 李 何
鹊城B区949	杨鸣凤 李氏	光绪二十四年	1898		荣枝 灿枝 盛枝	黄
鹊城B区947	杨太黄氏	民国四年	1915		荣枝 荣彬	
鹊城B区926	杨现南 黄氏	民国七年	1918		□华 □华 □华 □华	黄 杨 李 杨
鹊城B区930	杨太何氏	民国七年	1918	艮坤兼寅申	文彩	黄
鹊城B区887	杨景华	一九九四年	1994	艮坤兼寅申	怀德 毓德	杨 黄
鹊城B区901	杨乐和	二零零零年	2000	甲山庚向兼寅申		
鹊城B区903	杨老大人李圣祥 杨畅和	二零零零年	2000		建民 军民 邦法	杨 杨
鹊城B区906	杨灿枝字茂本 黄详瑞	二零零零年重修	2000	艮坤兼寅申	显烈	黄 徐
鹊城B区909	杨泽雄字子云	二零零零年	2000	甲山庚向兼寅申	赘男－圣祥	
鹊城B区935	杨太黄约弟	二零零零年重修	2000	艮坤兼寅申	□□ 正邦	杨
鹊城B区922	杨崇江字森	二零零二年重立	2002	艮山坤向兼寅申	玖龙 彩廷	徐
鹊城B区891	杨太黄金珍	二零零七年	2007	寅山申向兼艮坤	杨玖龙	徐淑玲
鹊城B区924	杨式宝	一九九？年	199?		杨寿江 杨云江	周 杨
鹊城B区938	杨太徐氏				杨寿江 杨云江	周 杨
鹊城C区1009	杨太李氏	道光十五年	1835			
鹊城C区1016	杨榆	道光十五年	1835			
鹊城C区974	杨公 杨氏	道光十九年	1839		呈祥 增贵 增□ 合□	
鹊城C区984	杨贻？	道光二十六年	1846	艮龙艮山坤向	祥发	杨 徐
鹊城C区997	杨必兴 张氏	道光二十八年	1848		杨欣？	徐
鹊城C区986	杨母严氏	光绪二年	1876		发寿 发生 发元	徐 段
鹊城C区990	杨祥发 杨氏	光绪二年	1876		发寿 发生 发元	徐 段
鹊城C区982	杨欣？	光绪四年	1878		杨绍祖	徐
鹊城C区976	杨□祥 李氏	光绪五年	1879	艮坤兼寅申	德新 德重	王
鹊城C区988	杨呈祥 王氏	光绪五年	1879	艮坤兼寅申	杨馨	
鹊城C区1018		光绪五年	1879			
鹊城C区971	杨其标字一新 杨母姚氏	光绪二十四年	1898		合寿	
鹊城C区979	杨□之 杨氏	光绪二十四年	1898		杨其？	
鹊城C区992	杨太张氏	光绪二十四年	1898		合寿	杨
鹊城C区995	杨正茂字美玉	民国七年	1918	艮山坤向兼寅申	□□ □□	吴

续表

墓号	墓主	立碑日	公历	山向	男	妇
鹊城C区964	杨德辉	民国十一年	1922			
鹊城C区962	杨公 杨太	民国二十九年	1940	艮山坤向兼寅申		
鹊城C区959	杨月中 徐氏	民国三十七年	1948	寅山申向兼艮坤	正清	乐
鹊城C区1029	杨子华	二零零二年	2002	艮山坤向兼寅申		
鹊城C区1011	杨太杨秀兰	二零零四年重修	2004	……兼寅申	□□ □□ □□	
鹊城C区1025	杨应斋	二零零四年重修	2004	艮山坤向兼寅申		
鹊城C区1027	杨增贵 罗润莲	二零零四年	2004	艮山坤向兼寅申	正兴	杨
鹊城C区966	杨南山 杨氏				玉林	
鹊城C区1001	杨太李氏				德魁 德厚 德正	杨
鹊城C区1005	杨翰柱 李？？					
鹊城C区1013	杨尧臣 杨二姐	？			杨国士 杨国勋	

下篇

引言

云南省云龙县的诺邓村以其盐井而出名，过去一般称“诺邓井”或者“诺井”。诺邓井最早记载于樊绰公元863年所著《蛮书》中“剑川有细诺邓井”。历经唐、宋、元、明、清各代王朝1150多年的风风雨雨，诺邓这个名字一直沿用至今。诺邓村历史上处于滇西盐业经济要地，在明朝洪武年间就设立了“五井盐课提举司”管辖诺邓井、山井、师井、大井、顺荡井之盐课。解放后，由于国家盐业政策的变化和海盐的价格优势，诺邓村的盐业经济逐渐衰退，加之地处偏远，和外界联系也越来越少，其古老的民居建筑群和习俗得以完整保持至今。

由于其完整保留了明、清两代古朴的山地白族建筑风貌，诺邓村于2002年成为首批云南省省级历史文化名村，并于2007年成为中国历史文化名村。随着地方经济的发展和旅游的开展，原来由大理白族自治州城乡规划设计研究院编制的《云南省诺邓历史文化名村保护规划》已经不能够有效指导诺邓村的保护与发展工作。因此，当地地方政府在2008年决定重新委托大理白族自治州城乡规划设计研究院编制诺邓村的保护规划，同时委托上海同济城市规划设计研究院编制与保护规划相配套的“重点项目修建性详细规划”，包括了盐井地段整治规划设计、龙王庙地段整治规划设计、大青树地段规划整治设计等八个具体项目。2009年，由云南省住房和城乡建设厅组织的专家评审会提出，希望同济规划院能够在这个“重点项目修建性详细规划”的基础上，结合2008年1月1日开始实施的《云南省历史文化名城名镇名村名街保护条例》的相关规定，编制符合地方规范的“诺邓村保护性详细规划”，与保护规划相协调，更好地指导诺邓村的保护与发展工作。

根据云南省住房和城乡建设厅的这一要求，上海同济城市规划设计研究院项目组在深入研究云南省有关保护规划编制政策的基础上，重新对诺邓村进行了全面细致的现场调查，并走访了大量的村民和干部，力求编制一个能在规划的严肃性和管理的弹性之间取得一个较好平衡的切实可行的保护性详细规划，为云南省这一独创的保护规划摸索经验。在地方政府和群众的支持下，该项目获得了一定的成功，分别获得2013年度上海市优秀城乡规划设计二等奖和2013年度全国优秀城乡规划设计二等奖。

后期，同济大学在校学生组织的“美丽乡愁公益团队”参加共青团中央学校部组织的“中国大学生社会实践知行促进计划”，分别以“儿童主导的古村镇市集复兴新尝试——以云南诺邓古村为例”“‘家园宝藏’乡土文化创变营”获得第三届（2019年）、第四届（2020年）“立邦‘为爱上色’中国大学生农村支教奖”金奖。

第一章

诺邓村历史发展概览

一、村情现状概览

诺邓村现隶属于滇西大理白族自治州云龙县诺邓镇（2005年乡镇体制改革前属果郎乡）,全村人口200多户、1000人左右。自20世纪50代井盐产业衰落之后，该村改以务农为主，兼营火腿加工等一定副业。

诺邓村海拔高度1800–2500米[①]，属低纬度高原季风气候，四季温差小，干湿季分明且气候垂直差异较为显著。沘江支流——诺河自北向南贯村而过，将全村分为西大、东小的两片。村内现存近200处明清时期为主的建筑（院落），主体呈典型的大理白族风格，以组团形式依山就势布局，其中，盐井、火腿厂、龙王庙等历史上与盐业生产相关的建筑聚集于东片村口处的低地，儒释道“三位一体”的玉皇阁建筑群则高踞于西片山坡平台上的全村顶端，各类民居则沿山势分布于二者之间。

“诺邓”为白族语，意为“有老虎的山坡”，该名称现知最早见诸唐代樊绰所著《蛮书》，因村名延用千年至今未变，诺邓村被称为“滇西最古老的千年白族村”。又因其井盐产业历史悠久，明代曾设 “五井盐课提举司”，是滇西盐马古道的重要一环，在滇西地区盐业经济和政治、文化史上具有突出的重要地位。且现状村落格局、建筑形制和民风习俗均保存良好。

① 海拔数据来自《云龙县诺邓镇诺邓村历史文化名村保护规划》（2007）。因“村落”考察范围和重点对象的不同，各文献的高程数据略有差异，如林文勋（2004）称诺邓村最高海拔2040米，最低海拔1750米；刘翠林（2009）称诺邓村落建筑最低标高为盐井井房1874米，最高建筑标高为玉皇阁建筑群2025米–2050米。

图1-1　诺邓村区位

图1-2　依山就势而建的诺邓村

二、历史发展简况

目前较为普遍的观点是，诺邓村始于汉代[①]，是因盐卤发现和盐业生产而由当地少数民族聚居所建。盐井是诺邓村建设的源点，村落形成初期，村民即为生产生活便利而围绕盐井营建和居住。至唐代，盐井生产逐步发展，但仍多用于地方自食，政府管理松散，“蛮法煮盐，咸有法令”（唐代樊绰《蛮书》）。村落建设也结合生产生活相关需求逐步完善，至元代，与盐业密切相关的盐局、龙王庙、万寿宫[②]等公共建筑陆续建成。

明初洪武十六年（1383），设五井盐课提举司，下辖顺荡、诺邓、师井、大井、山井等盐课司[③]。诺邓依托盐业上的政治地位进而成为“东通大理、昆明，南至保山、腾冲，西接六库、片马，北连兰坪、丽江”的滇西各地盐马古道的交汇点以及当时的地区商业中心之一[④]。随着经济发展以及外省人口和中原文化的入迁与本土融合（见本书上篇），诺邓的村落建设和文化教

---

① 云龙一带多盐井，现盐业生产可据文献追溯至汉代。西汉元封二年（前109）益州郡下设比苏县，据考证“比苏”二字有“出盐地”或“有盐的地方”之意（林文勋〔2004〕、周文化〔2013〕等，另有人解释为“盐人”），而“沘江”亦即“盐江”。刘翠林（2009）据《万历云南通志·盐务考》和《新纂云南通志》分析，汉代云南已有云龙井，且汉云龙井即诺邓井。

② 三者年代为保护详细规划编制时地方文物保护主管部门提供资料登录。

③ 史籍对“五井”有不同说法，据有关研究文献转录，如《滇云历年传》卷八载洪武十六年（1383）设五井盐课提举司，诺邓井盐课司、山井盐课司、师井盐课司、大井盐课司、顺荡井盐课司；《明会典》卷三十三载，五井盐课提举司辖诺邓井、山井、师井、大井、顺荡井、鹤庆军民府剑川弥沙井、丽江军民府兰州井七个盐课司（吉成名，2010）。
提举司治所是否为诺邓尚有争议。目前主要有三种说法：
一为浪穹说，是根据古籍记载直接提出的最基本的判断，认为提举司初始治所为明代浪穹县，后于万历四十二年（1614）被裁革。其文献依据较多，如《景泰云南图经志书》卷五记载“五井盐课提举司，在浪穹县西北三百里，洪武十六年建置”；又《明史》卷四十六《地理七》载，大理府邓州浪穹县“又有五盐井提举司，洪武十六年置，万历四十二年废”，云龙州“西北有诺邓等盐井，……旧俱辖于五井提举司，后改属州”。由于浪穹县史上行政区划多有变革，且各文献记载提举司在浪穹县的方位不同，所以导致多种不同的说法。如吉成名（2010）综合各类材料，判断五井盐课提举司实际在浪穹县西南。
二是诺邓说，亦为官方说法，本文按照上位规划，采用此观点。因《雍正云龙州志》载，万历四十八年，箭杆场、师井、诺邓井、上五井、十二关、顺荡井由浪穹县划归云龙州，因此，在提举司被裁撤前，诺邓也属于浪穹县，基于其盐业发展程度，极有可能是提举司治所。《云龙县诺邓镇诺邓村历史文化名村保护规划》（2007）即采用了诺邓说，认为“提举司衙门旧址”就是其中之一的“五井盐课提举司”衙门所在地，后因衙门外迁，演变为诺邓黄氏家族私宅地，并改造有“题名坊”。朱霞（2005）也持此观点，认为明代诺邓是五井盐课提举司的治所。大理政府网站“大理旅游”《宝丰古镇》进一步佐证，明嘉靖年间，因雒马井盐业经济不断发展，政府将提举司治所迁至雒马井。
三是雒马井说，认为提举司设于浪穹县雒马井（今宝丰），此说法的史籍依据是《大清一统志》，其卷三百七十八载“雒马五盐井，在浪穹县南三百里、云龙州东翼里，明洪武十六年建五井盐课提举司于此”。

④ 舒瑜：《从清末到民国云南诺邓盐的交换圈》，《西南民族大学学报（人文社科版）》2010年第7期。根据距离远近、交往族群及交换物品的不同分为三个交换圈。最外圈即“诺邓食盐自明清以来逐渐固定下来的销案——永昌、腾越一带，以及怒江的泸水地区……大致位于晚期帝国的边陲地带，领土与缅甸错壤”。诺邓马帮以盐至腾冲市场易物，往返日程约20天，最大宗物品为棉花、布匹、红糖、饵丝、玉器、药材、鸦片及煤油、火柴等各种洋货。同时，大理境内云龙县及附近的永平、洱源、剑川和鹤庆等地形成了第二个交换圈，是诺邓米粮和烟、糖、纸张、日用百货的重要交换地。

育飞速发展，并在明清时期达到了顶峰。村落空间逐渐从盐井向两岸山腰扩展，以盐课提举司衙门为新的中心，聚集了大量住宅建筑，奠定了现状的村落格局。明清时期，村内人口基本依靠盐井为生，拥有卤水的灶户为富有阶层，荒户主要依附灶户生存，为之提供砍柴、赶马、烧盐等劳力。伴随生活水平的提高和经济交往的增加，村落小手工业也有一定发展，目前河西仍留存有建于明代的银匠家。

步入近代后，在沿海地区工业大发展的大环境下，海盐的生产和运输较之偏远山区的井盐具有明显优势，井盐产业随之衰落。抗战时期因海盐产地受日寇占据，诺邓等地的井盐业伴随滇盐移卤就煤生产技术改革一度复兴。解放后，井盐运销收归国有，传统灶户部分成为盐厂工人，部分转变为农户。受制于土地资源条件，务农者因田少地瘠而渐入贫困，而盐厂生产也因生产工艺、生产体制和经济社会大环境等多重因素影响于20世纪90年代[①]关停，全村产业全面由工商业转为农业，经济衰败加剧，村落营建长期休眠，建筑维护严重缺失，村庄人口大量外流，最终诺邓村成为云龙县支端区位上的一个相对封闭的山村。

表1-1 诺邓村历史发展概览

时期	时期标志	时期内主要大事
形成期（汉唐）	村落雏形与盐卤的发现	（1）随畜迁徙的生活方式改变，并定居 （2）选定村落位置 （3）发现盐井并开始小规模生产 （4）首次见诸史册，即唐樊绰《蛮书》
发展期（宋元）	井盐生产旺盛，外籍入迁	（1）生产规模扩大 （2）商贾云集，成为以盐业为主的一方商贸中心 （3）兴建万寿宫等公共建筑 （4）人口逐步迁入
鼎盛期（明清）	井盐生产发展，设五井提举司	（1）开设五井提举司，设提举司衙门、建提举司府（明洪武年间） （2）井盐远销缅甸北部，并带动各行各业发展，经济繁荣，成为滇西盐马古道上商业中心之一 （3）人口进一步发展，至清康、乾年间达到顶峰（明代12姓氏入迁，鼎盛时期全村共400户，2600多人[①]） （4）文风鼎盛，人才辈出 （5）兴建大量公共建筑（明嘉靖年间玉皇阁等建筑已成规模，康熙至乾隆年间，文庙等建筑相继建成），村落形态基本完成

① 林文勋（2004）记录为1996年，刘翠林（2009）认为是1995年。

续表

时期	时期标志	时期内主要大事
衰落期 （民国至2000年）	井盐生产优势消失直至停产，诺邓转为务农山村	（1）海水制盐和铁路运输的发展夺走传统井盐优势 （2）解放后井盐生产运销国营化导致生产效率降低、生态环境破坏等一系列问题，20世纪90年代政府下令停产，盐井荒废 （3）支柱产业由井盐生产转为以农耕生产为主，经济优势消失，村落营建长期休眠，建筑维护严重缺失 （4）人口大量外流，数量锐减（解放初期至2000年共减少871人、99户）

注：在刘翠林（2009）“古村历史沿革与盐井生产变迁”一节文字内容基础上结合相关文献资料重新整理。

三、现存历史文化要素特征

1. 村落整体格局

（1）村落总体格局

诺河自东向西而流，由盐井而上分为主次两支，斜卧的“Y”型水系将整个河谷分为东、西、南三片，诺邓村建筑多择址于朝向更好、山形较缓的河东和河西片（图1–4）。其中：

河东片为两水夹击的滩地，地势低，可用地狭少，是诺邓村因盐井而发源的早期建设区，现存的主要建筑，如盐井、龙王庙、万寿宫、盐局[①]，多与盐业生产、经营相关。竖向分布上，盐井井房为全片乃至全村建筑标高最低处，海拔高程1874米，自井房起向东北逐渐依地形缓缓升起，最高至于1920米处。

河西片为一大片南向和东南向为主、较少纵沟的山坡，是村落生产力提高后的规模扩张方向，依山就势又细分为四个组团。顶部组团均为公共建筑，起自约2025米海拔高程的玉皇阁宗教建筑群占据了河西片的至高点，并与其下的居住建筑群拉开了55米的高差[②]，其东侧向下依次为诺邓小学和黄氏宗祠，整个组团均在2000米以上；中部最大的居住建筑群落可能受自历史形成阶段的影响，微妙地以1925米海拔高程为界，分为上下两个组团，两条小道园头路和老街子

① 据《云龙县诺邓镇诺邓历史文化名村保护规划》及相关文献，较为普遍的认识是，龙王庙所祭祀的为主管盐井的卤脉龙王，万寿宫最早为元朝时期外省客商会馆（即江西会馆，明初改为“祝寿寺”，清初改为“万寿宫”），盐局为缴盐分销的管理场所。

② 玉皇阁建筑群的入口棂星门大致起始高程为2025米，而下部的居住建筑群基本均在1970米以下。

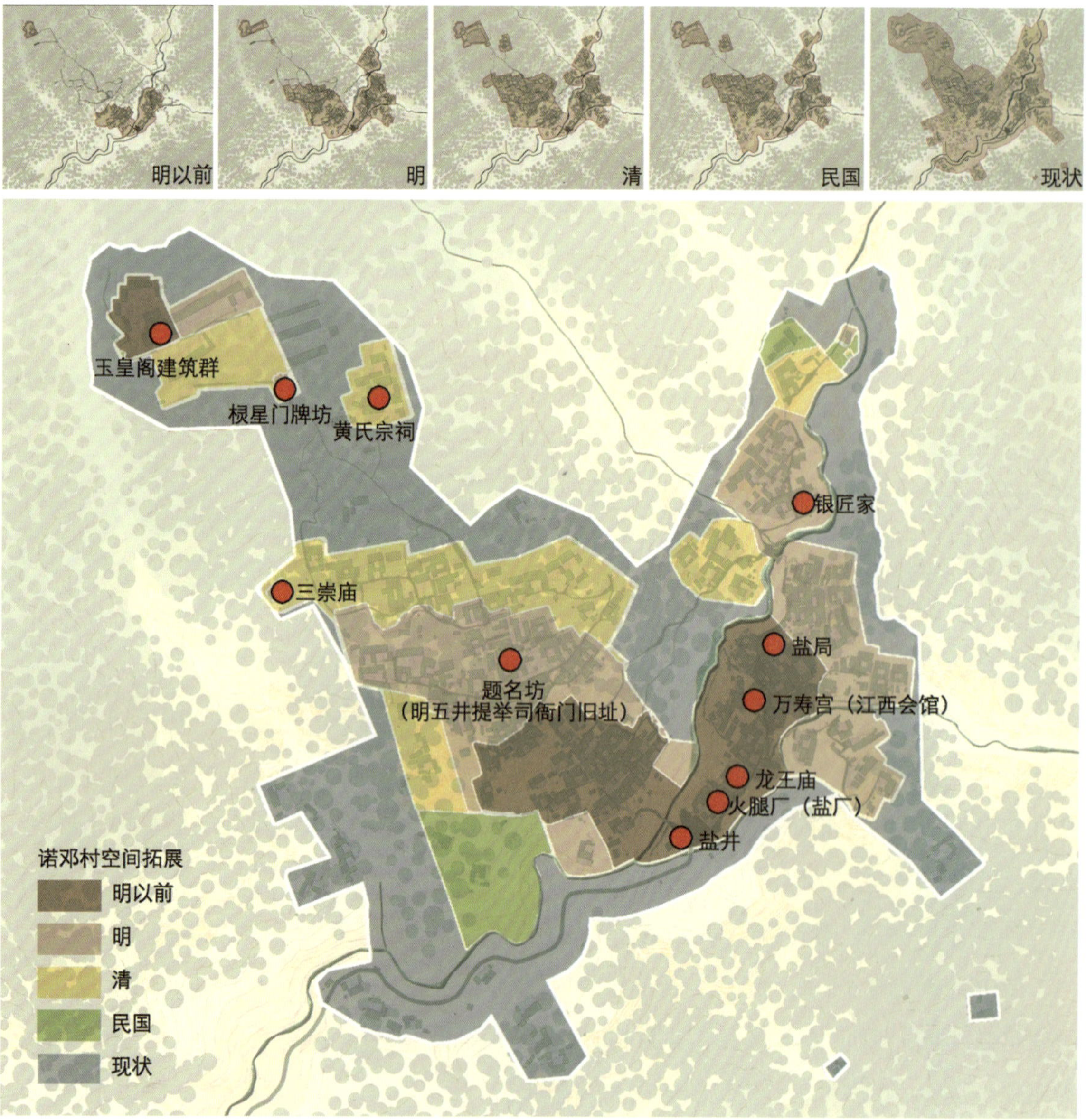

图1-3　诺邓村空间拓展历程

注：根据《云龙县诺邓镇诺邓村历史文化名村保护规划》（2007）“历史格局演变分析图”重新绘制

自侧翼将之连接；东部沿腌鸭蛋箐[①]又形成了一个隔箐相对、与河东片联系更为紧密的小组团，其海拔高程大致与中部下组团齐平，最高处未超过1930米。

河南片仅在两端各有少量的居住建筑（多为1949年以后形成），其中东端建筑组群紧依河西片，海拔不超过1930米，西端组群沿诺河岸边而上，海拔不超过1920米。

（2）村落建造逻辑

从诺邓建筑的择址大致可以看出其两大主要建造逻辑：

一是以盐业生产经营活动的便利性为本，村落起始就选址于盐井附近，相对较早的主要盐业公共建筑也沿盐井一字排开，形成序列，当然这并不排除诺河水源和河谷进出通道（古驿道）的作用影响（图1-5）[②]。

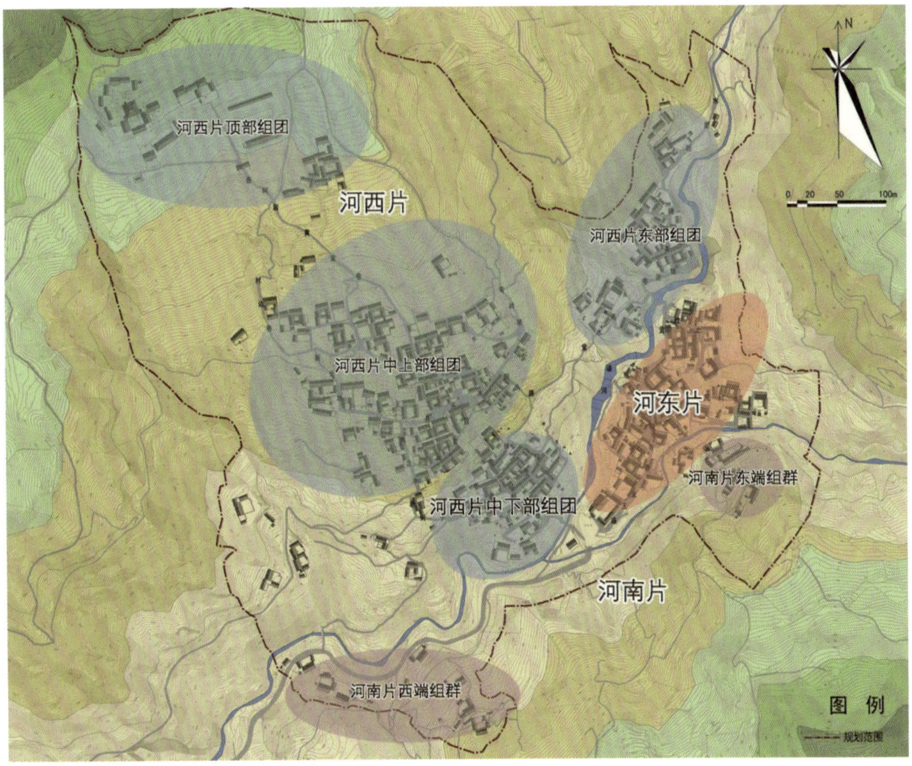

图1-4 诺邓村村落整体格局

① 河东片山形大体似一斜板，少起伏，在道长家与银匠家之间有一处相对较大的箐沟——腌鸭蛋箐（其东侧有一小巷称腌鸭箐）。

② 图中建筑始建年代为保护详细规划编制时期，云龙县文体局提供资料。当时龙王庙、万寿宫、盐局均为县级文物保护单位，始建年代判定为元代，盐井和火腿厂（盐厂）为保护详细规划根据《历史文化名城保护规划规范》（GB50357—2005）划定的保护建筑，其中，盐井的初始开采年代县文体局判定为汉代，这也是目前较为普遍的论断，火腿厂（盐厂）现存建筑主要为解放以后建造（国营盐厂，停产后改为村民腌制火腿场所），但其前身始建年代不详。

图1-5 诺邓村早期盐业公共建筑选址与盐井、诺河、古驿道的关系

二是以高程、坡向、坡度等自然地形地貌为据，强调择址的“地利”。

居住建筑的海拔高程分区鲜明。如前所述，除河西片外，民居鲜有高于海拔1930米，即使是规模最大的河西片，民居也隐隐分为1925米以下和以上两个组团。且据空间拓展历程分析，上组团应晚于下组团形成，可见高程实乃诺邓村建筑的主要择址因素之一（图1-6）。

朝向显然也是另一择址要素。从建筑分布与坡向的关系图上（图1-7）可以清晰看出，大部分建筑（无论是民居还是宗教建筑）基本都位于东南至西南的坡地，即使在河东片用地极为狭窄有限的河夹地上，大部分建筑仍然尽可能顺坡脊线集聚在南向一侧，河南片的极少量面北坡地上的建筑均为解放后建造。

进一步考察建筑与坡度的关系（图1-8）。作为山地村落，诺邓村坡度10%以内的缓坡地极少，大部分建筑选址于坡度10%-25%的中坡地上，少量选址于坡度25%-50%的陡坡地上。有意思的是，虽然河西片上部组团区域的坡度更缓，但在村落形成早期，村民拥有更多择址空间时，却优先选择了近乎一半用地在坡度大于50%的下部组团，可能从侧面印证了盐井和水源在诺邓村建筑择址中影响更大①。

① 如《云龙县诺邓镇诺邓村历史文化名村保护规划》（2007）“历史格局演变分析图”无误，则明以前已经在玉皇阁一带形成了小规模建筑，高程应该不是限制居民上迁的主要因素。

图1-6　诺邓村建筑分布与高程的关系

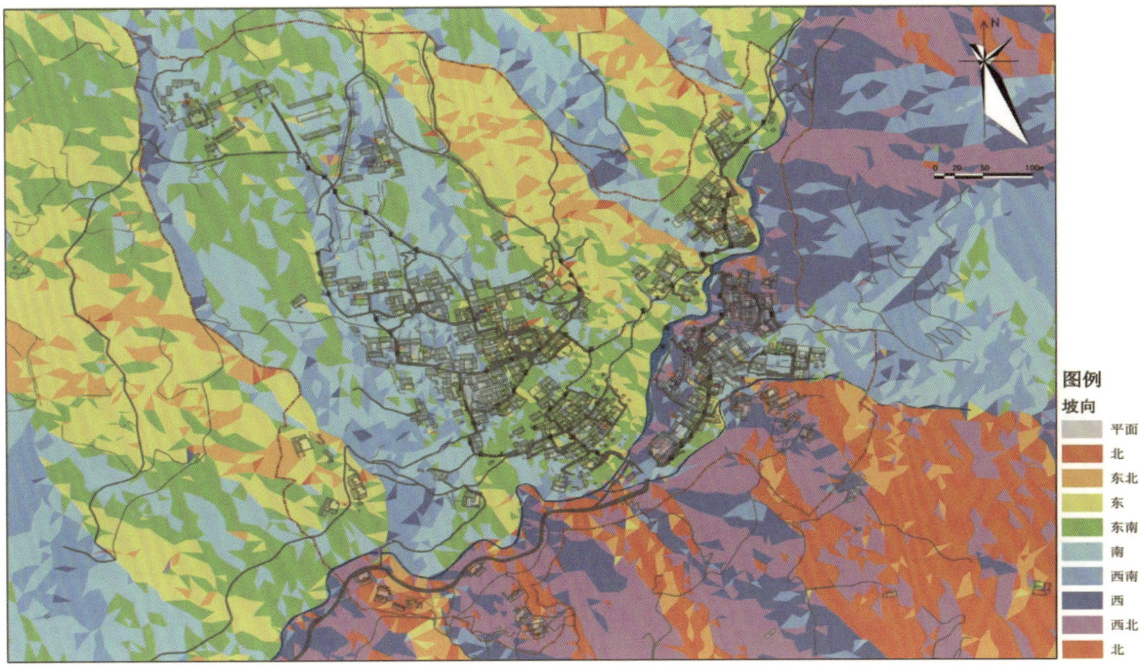

图1-7　诺邓村建筑分布与坡向的关系

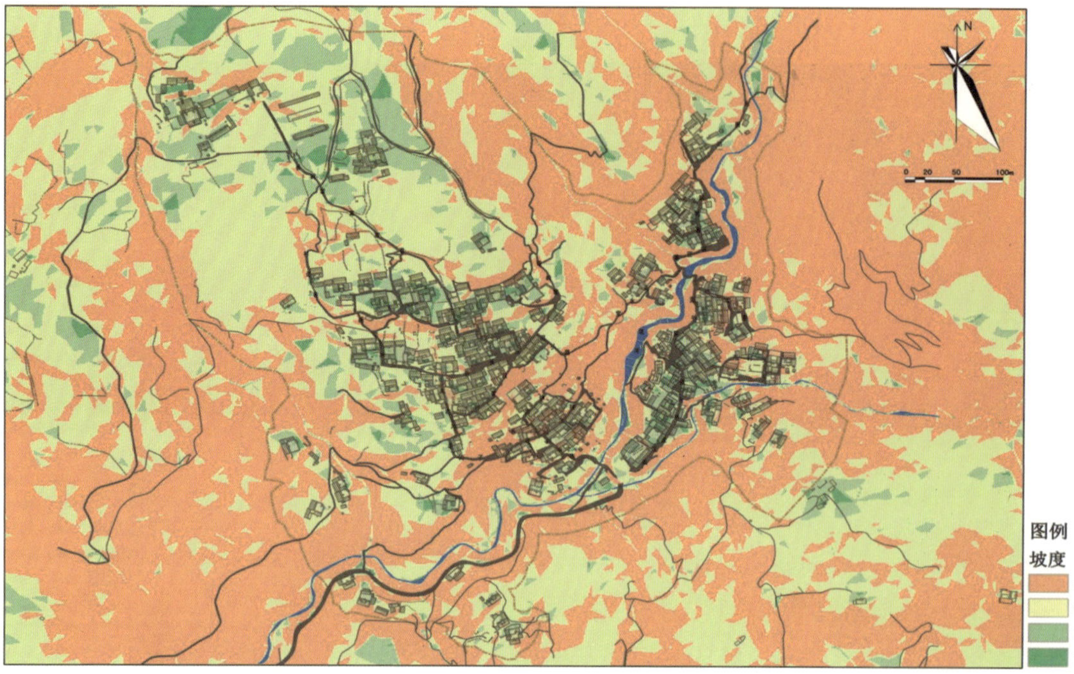

图1-8 诺邓村建筑分布与坡度的关系

（3）村落布局特征

总体而言，诺邓村的整体格局保存较为完整。根据现存村落建筑分布和相关考证研究成果可将诺邓村村落布局总结概括出三大特征。

特征一，注重因形就势。如前所述，诺邓村依山就势，顺水向阳，建筑群成片成组，层叠有序，整体格局疏密有致（图1-9）。

图1-9 诺邓村现状实景（摄于2009年，自诺河河谷东向西拍摄）

特征二，以盐井为中心扩展。据相关研究推断，诺邓村的空间拓展大致为以盐井为中心向外扩展（参见本章第二部分“历史发展简况”）[1]。现存建筑的年代分布总体也基本印证了这一推断——明清及以前的建筑占据了盐井和诺河周边的主要可用地；民国直至1978年间的建筑数量相对较少，也多就近诺河补建插建；1979年后的现代建筑实无地可建，而更多地布置在河西山腰上部及西南侧村庄外缘（图1-10）。

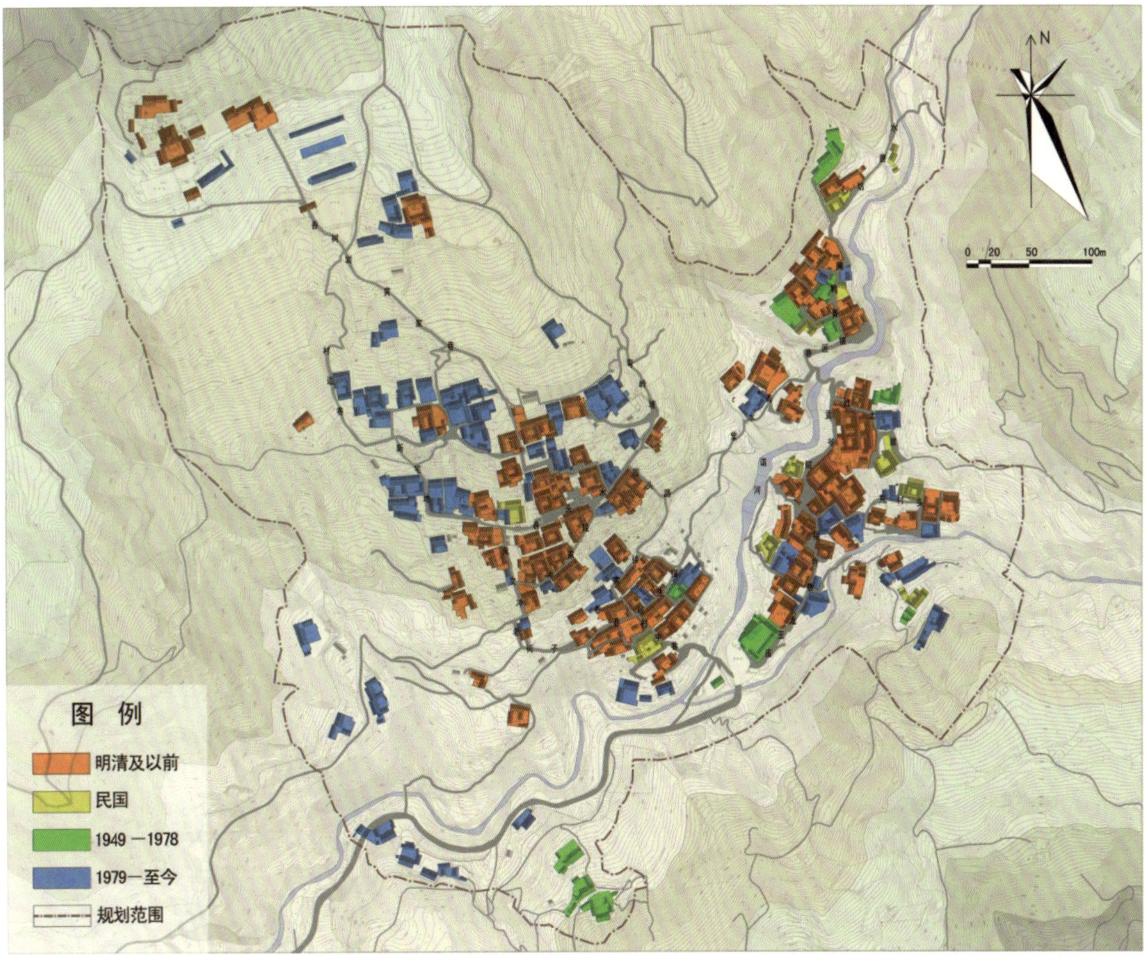

图1-10　诺邓村现存建筑年代分布

特征三，大功能分区明确。诺邓村的功能分区是将村落建筑聚集区及其周边大环境整体考虑划分组织的。除村落建筑聚集区内较为明显的生产区（盐业生产及相关管理服务）、生活区和宗教区外，其外部还有相对独立的丧葬区（包括若干家族墓地）和耕作区。从历史发展的角度看，生产区的功能、规模已经发生了较大的转变和退化，其中的管理功能和区位核心更是发

① 刘翠林（2009）认为，诺邓村是源自“盐井”的发现而发生、发展的聚落，同时受风水学及传统村落选址观念等诸多因素影响，整个村落以盐井为中心，向周边放射状发展布局，既有血缘聚落聚居特点，又有外迁者散居的特征。

生了明显转移，由诺邓村工商业文明时期的以行业管理为组织核心（盐局、万寿宫一带等）转为盐业衰退后农业文明的以村委会为组织核心（河东片东侧组团的道长家）；宗教区也有部分变为教学场所；而生活区是其中相对最为稳定的区域。

2. 建筑特征

建筑是诺邓村最受大众关注的历史要素之一。2013年，诺邓白族乡土建筑群正式入选为全国第七批重点文物保护单位[①]。

（1）总体特征

196栋建筑（院落），其中，文物保护单位26处、30栋，保护建筑9栋。

年代：明清及之前建筑（院落）合计100栋，占比51.0%，包括汉1栋（盐井）、元3栋（龙王庙、万寿宫、盐局）、明清96栋，近30年所建建筑（以调查年2009年为基准，即1979年以后）73栋，占比37.2%。

表1-2　诺邓建筑年代分布特征

位置		数量（栋）	建筑年代					
区块	地块	院落/建筑	汉	元	明清	民国	1949-1978	1979至今
A	4	12	0	0	9	0	0	3
B	3	8	0	0	1	0	0	7
C	4	26	0	0	9	0	0	17
D	6	41	0	0	26	1	0	14
E	4	29	0	0	19	1	1	8
F	3	6	0	0	2	0	0	4
G	3	7	0	0	0	0	3	4
H	7	43	1	3	18	5	3	13
I	5	24	0	0	12	4	5	3
小计	39	196	1	3	96	11	12	73
合计	39	196	100			11	12	73
比例	——	100%	51.0%			5.6%	6.1%	37.2%

① 国务院《关于核定并公布第七批全国重点文物保护单位的通知》。

表1-3 诺邓文保建筑分布表

文物保护单位名称	建成年代	建筑样式	建筑编号
玉皇阁道教建筑群	明代		A—1、3、6、8、9
棂星门	明代	牌坊	A—12
黄家祠堂	清代	四合院	B—6
李世俊院	清代	四合院	D—10
黄必英院	清代	四合院	C—15
杨汉民等三户院	明清	三坊一照壁	D—12
题名坊	清代	石牌坊	D—14
黄占前院	清代	一颗印	D—13
杨艳芳院	清代	四合院	D—31
杨梅枝院	清代	三坊一照壁	D—37
杨叶香院	清代	一颗印	D—26
李鹏程院	清代	四合院	D—25
黄建国院	清代	四合院	D—35
杨汝杰院	清代	台阶式四合院	E—2
杨丽梅院	清代	四合院	E—13
黄生院	清代	四合院	C—11
龙王庙	元代		H—2
徐树、杨文江院	清代	四合院	H—6
徐发胜院	清代	四合院	H—36
杨斌全院	清代	四合院	H—10
万寿宫	元代		H—14
黄家瑞院	清代	四合五天井	H—19
盐局	元代	四合院	H—20
贡爷院	清代	四合院	H—42
杨德清院	清代	三坊一照壁	F—5
银匠家	清代	四合院	I—9

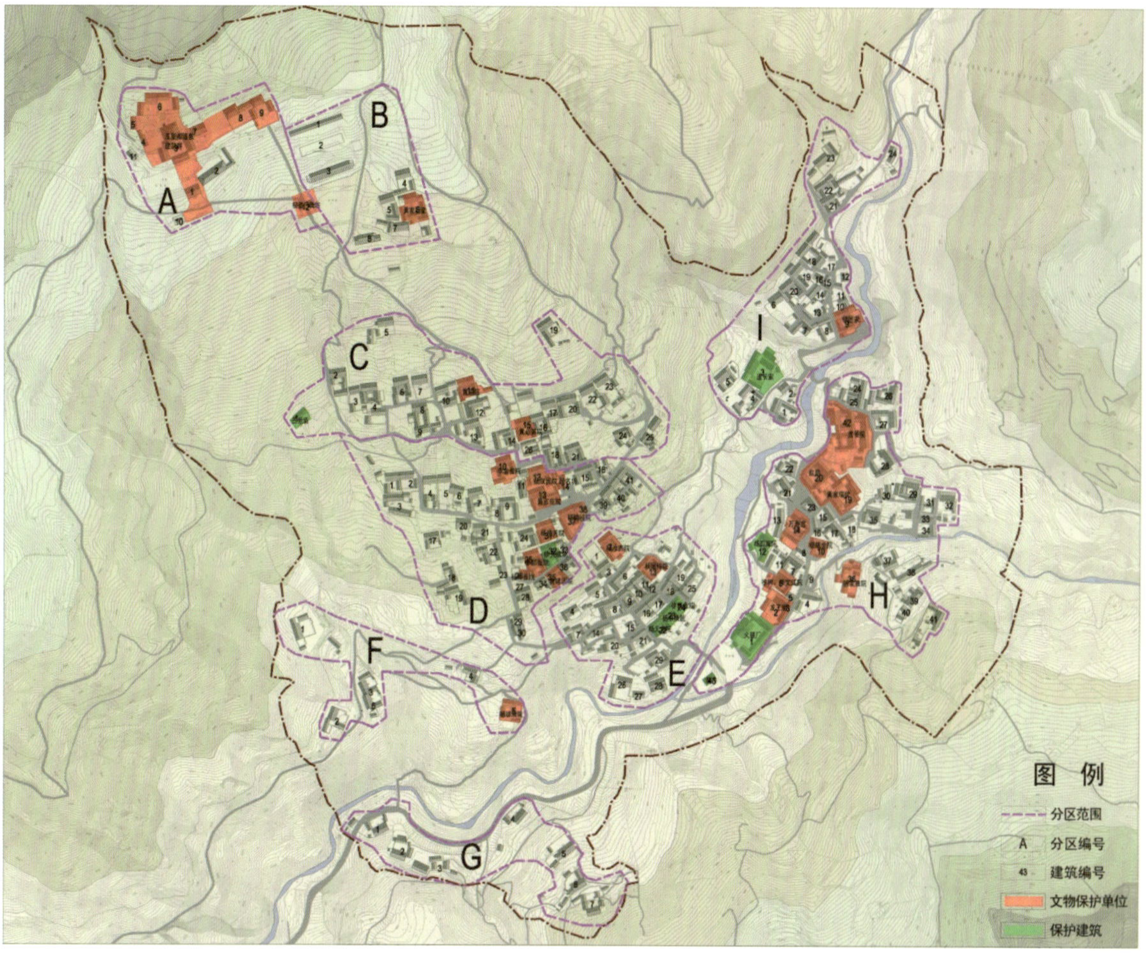

图1-11 诺邓村现存建筑年代分布

产权与使用性质：建筑产权私有为主且私有的建筑（院落）多保持了其住宅功能。196栋建筑（院落）中，私有产权172处，占比87.8%；住宅类（含商住）占主导，小计167处，占比85.2%，饭店1处，宗教类11处，盐业生产类2处（盐井与火腿厂），学校、医疗、社区服务等公共服务类6处，其他（如独立牲口棚、库房、辅助用房等）9处。

外观特征：建筑两层为主（占88.8%），最高仅有玉皇阁一处，为局部三层建筑，少量一层建筑多为宗教建筑和辅助用房。土木建筑居绝对主导，全村仅村小学3栋建筑为砖混结构。土木建筑基本为灰瓦坡屋顶，红色土外墙（当地土制的土坯砖墙或夯土墙），外墙上半部多以白色石灰抹面，底部以石块砌基（多为地方盛产的红砂岩），建筑内部以木结构为主，多保留木质原色，近檐处重装饰，门窗细部多雕饰。

建筑风貌：按照建筑的历史风貌特色，可分为四个等级。一类风貌建筑，占总建筑量的21%，具有典型地方特色，木结构保留较好或按风貌要求重新修复过的传统民居，主要是文物保护单位和保护建筑。二类风貌建筑，占总建筑量的27%，基本构架保留较好，原有建筑风貌基本保留，是建于解放前的传统民居。三类风貌建筑，占总建筑量的48%，解放后按传统形制建造、与整体历史风貌相协调的民居，对整体风貌影响不大的民居建筑，以及解放前建造的年久失修的传统建筑。四类风貌建筑，占总建筑量的4%，严重破坏村落整体风貌的新建民居，违章搭建的新建筑，以及危房简屋。总体而言诺邓的建筑历史风貌保存较好。

（2）公共建筑

诺邓的公共建筑多与盐业相关，分别为和盐业管理相关的、和盐业生产交易相关的以及和本地信仰和宗教相关的，简述如下：

“五井盐课提举司”衙门旧址：明政府在全国置七个“盐课提举司”，云南就有四个，“五井盐课提举司”为其中之一。后来提举司衙门外迁，这里就演变成了诺邓黄氏家族私宅区，衙门主体建筑已毁，尚存三进大门——题名坊（提举司大门）、二进大门和提举司衙门。

盐局旧址：位于河东盐地街。古代由煮盐的灶户将制成的食盐交到盐局，盐官再把盐分发

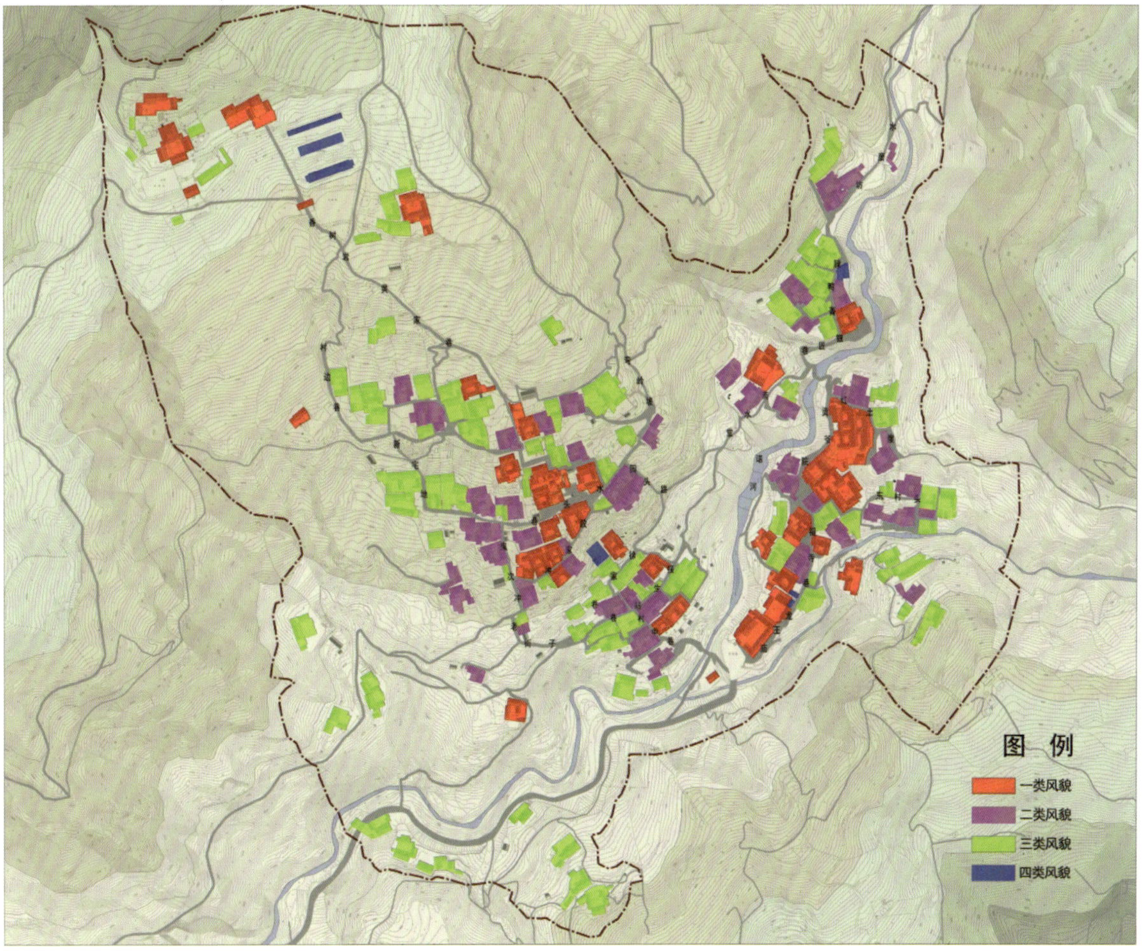

图1-12 诺邓村现存建筑风貌分布

到各地行销。

古盐井：位于诺邓河和村东支流交汇处。为一口21米深的直井，盐井自汉朝开采至今已历两千余年。古代用人工汲水的方法从井下取卤后再分给各家“灶户”煮盐。

玉皇阁道教建筑群：位于诺邓村河西山腰中部2020等高线处，始建年代不详，第一次大规模建设于明朝时期。建筑群包括大照壁、玉皇阁、弥勒殿、文庙院落，武庙殿院落、静室院落。其中静室院、文昌宫院和武庙院部分建筑被毁，其余院落保存相对完整。

龙王庙：位于河东村火腿厂以北，现存建筑3栋。始建年代不详，现为清朝时期建筑。

三崇庙：位于河西村西沿，为一层歇山顶式建筑。大殿内供奉三崇本主老爷及其娘娘坐像、行身，坐像两边供有三崇的部将大老爷、二老爷及其夫人和三老爷的行身，是白族本主的祭祀场所。

万寿宫：位于河东村，龙王庙以北60米处。最早为元朝时期外省客商会馆，后改作庙宇，原称“祝寿寺”，清初改名“万寿宫”，现古建筑犹存部分木架结构，前楼基本完好。

（3）民居建筑

诺邓村的民居主要以传统的白族民居为主，基本类型为以天井为核心的三坊一照壁、一颗印、四合院。其中三坊一照壁和一颗印是大理地区白族典型民居。

一颗印为三间四耳一倒座，因实际经济状况会有所增减，正房和耳房均为二层楼房，倒座多为平房，少数为楼房。正房较高，耳房矮一些，这样正房采光就比较好。天井被围在中央，住宅外面都用高墙，很少开窗，整个外观方方整整，如一颗印章。

经济较富裕、人口多的家庭建三坊及一照壁组成院落，主院侧有杂用院。住房以三间两层，底层带“厦廊”的建筑为一建造单元，称为一坊。三坊每坊皆三间两层，正房一坊面对照壁，主要供老人居住，两侧二坊由下辈居住。照壁白色的反射光还可增加院子周围住房的亮度，一般会在墙上进行美化或写诗词。在此基础上，三坊一照壁因功能需要或地势所限而灵活布局，衍生有一向两坊、一坊一廊、两向多坊等变体形制，规模大者更横向组合为重院。

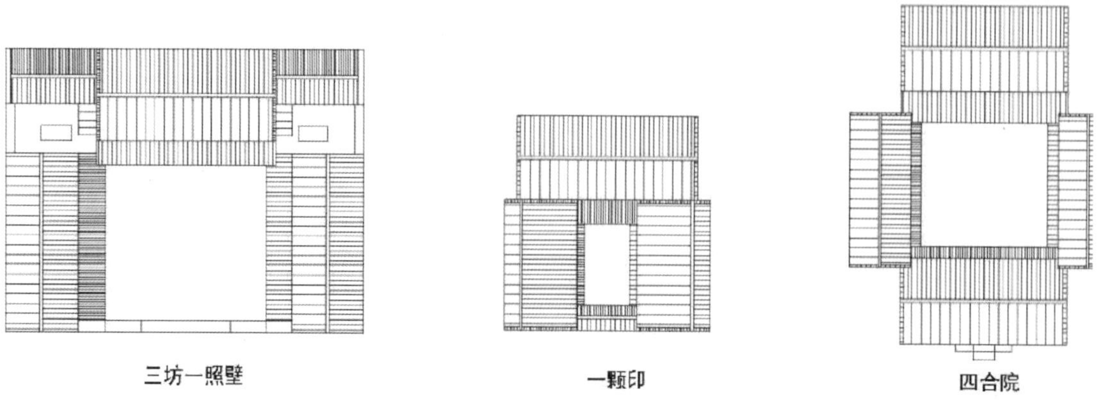

图1-13 诺邓村现存建筑风貌分布

3. 街巷与场所特征

（1）街巷系统

除去对外联系的公路以外，根据历史形成原因以及功能，诺邓村的街巷系统可以分为古驿道、主要巷道、次要巷道、支巷等。街巷名称多有历史传统或地方特色，如佛寺巷、红土崖、斋水塘、银匠巷、腌鸭蛋箐、园头路、水头巷、黄家巷、香树岩、村中巷、接生站巷、徐家巷、老街子、鬼次冲、段家冲、新宅地、村边巷。

古驿道，自东向西，沿盐井和诺河分为河东、河西两道：河东段包括红土崖—贡爷院—福寺巷—龙王庙，进而向南；河西段包括斋水塘—接生站巷，继而向西。古驿道穿过村落，绕过山梁，在村落的高处可以眺望南部远山的古驿道，与自然山峦融为一体，景色独特。

主要巷道，分布于河西，总体走向垂直于等高线向上蜿蜒攀升，直至玉皇阁建筑群，低端以人马驿道桥与河东片相连，包括村中巷、徐家巷、园头路、水头巷、鬼次冲、老街子、新宅

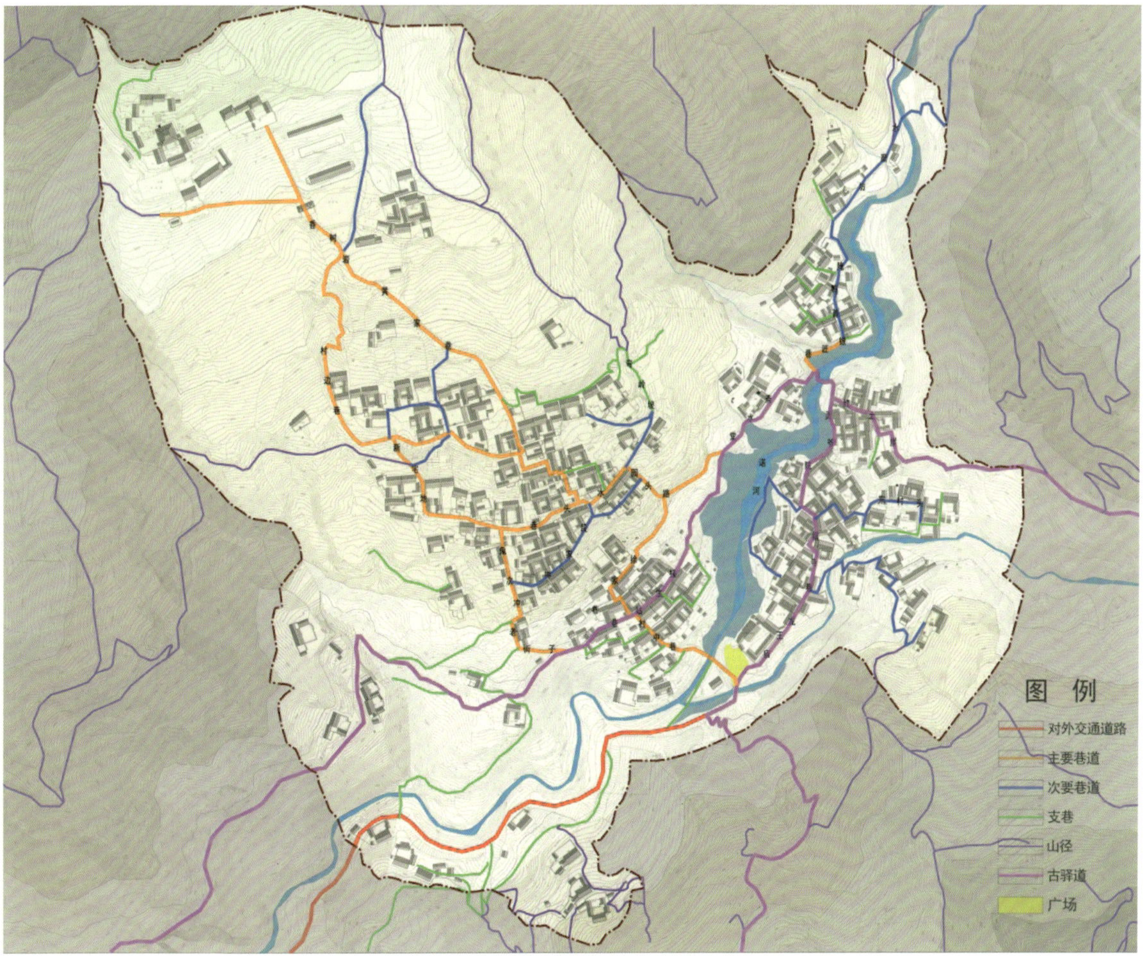

图1–14　诺邓村街巷系统

地、村边巷、黄家巷、香树岩及银匠巷。次要巷道，为古驿道及主要巷道的分支联系信道，形式曲折不一。支巷，是院落间的小通道及院落至耕作区的小径。

（2）场所

诺邓的场所主要在村口、桥头、山腰阶地平台、巷道交叉口或重要建筑前，是村民平时聚会、活动的重要场所，也是承载村落集体记忆的重要空间。

村口广场，是连接进村道路、村落主次入口和盐井历史地段的四个方向公共开放空间，是观看村落地形地势特征和村落建筑群落的主要场所，是村民集聚的主要场所之一。广场一侧的火腿厂曾经是戏台的位置。

大叶树—题名坊场地，位于北片区的中心位置，是村民集聚的重要场所之一。场地周边保留有题名坊、一颗印、下马石遗址和大叶树等重要的村落历史建筑物、构筑物和环境要素。大叶树为全村重要的识别要素和环境特征要素，从此处可眺望远山和中片区以及村落入口景观。

盐局前场地，是历史上盐务局所在地，盐局建筑物是该处空间的主体建筑物，曾做过小学，现为老年协会使用。盐局前小广场是村落的定期集市空间，同时也是中片主要街道中部的重要开放空间，在该场所周边，除盐局外，还保留有历史上的江西会馆。

此外还有位于村委会前的道长家前场地、玉皇阁前广场及场地等。

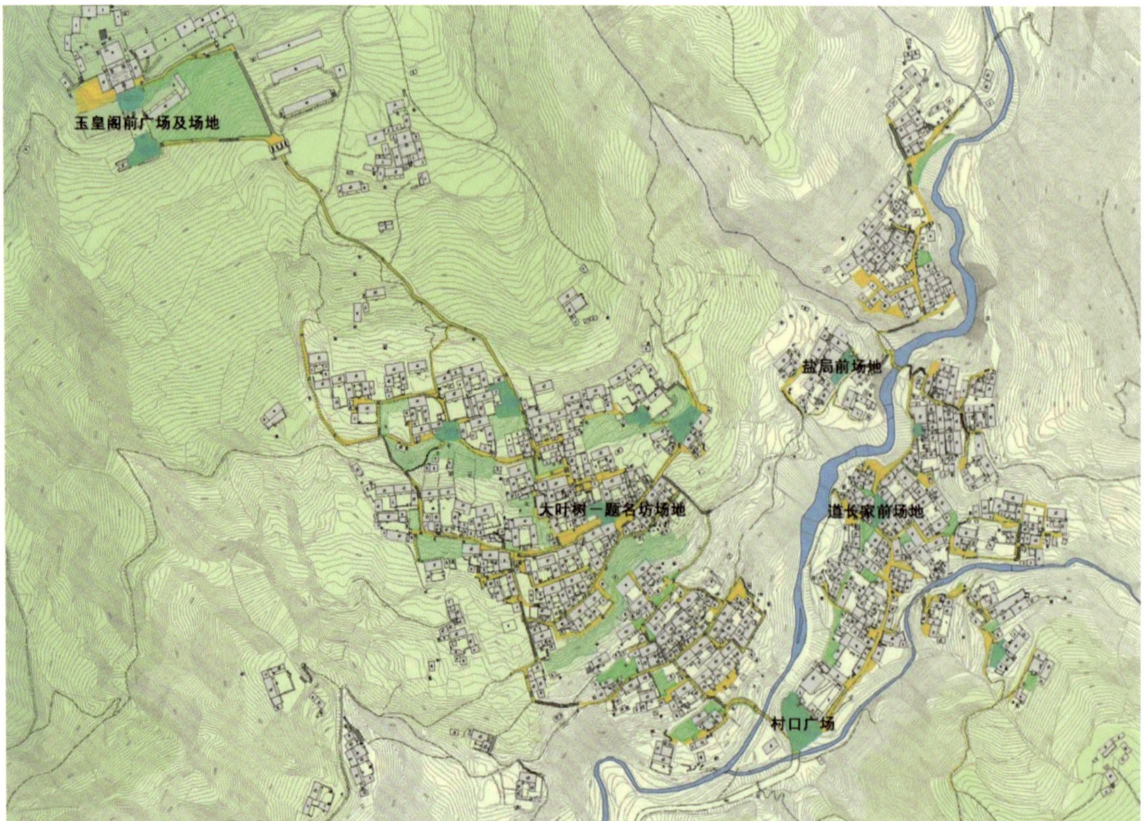

图1-15 诺邓村重要场所位置

4. 古树名木特征

诺邓村共有200余株百年以上古树名木，多分布于村落边缘山林。村落建筑聚集区共有30年以上树木68棵，涉及19个树种，其中100年以上古树名木16棵（含500年以上6棵、300年以上2棵），含黄梨木7棵、福建树3棵、槐树3棵、杏树1棵、大青树1棵、构皮树1棵共六个树种。

表1-4　诺邓30年以上树木统计表

树种	数量	树龄（年）						胸径（厘米）			
		30-49	50-99	100-299	300-399	400-499	500以上	20-40	41-60	61-80	80以上
黄梨木	7				1		6			2	5
松树	1		1					1			
福建树	9		6	3				4	5		
大青树	2		1			1		1			1
槐树	7		4	3				7			
核桃树	2	1	1					2			
合欢树	6		6					3	3		
白蜡树	4	4						4			
柿子树	2	1	1					2			
桑树	3	1	2					3			
柳树	2		2					1	1		
榕树	2	2						2			
皂荚树	6		6					5	1		
白蜡树	1		1					1			
黄连木	2		2						2		
杏树	4	2	1	1				3	1		
枇杷树	3	2	1					3			
柏树	4		4					4			
构皮树	1			1				1			

第二章
诺邓村保护利用的已有探索

一、村落文化遗产保护的时代要求

传统村落文化遗产的保护是社会各界都普遍关心的问题。如何保护村落文化遗产？总体而言，可以归结为两大思路：一是从人类与自然环境互动的角度将村落作为文化景观的一种；二是从居民参加社区发展和区域发展的角度将传统村落作为生态博物馆的一种。这两种思路都强调了村民在村落文化遗产保护和后续利用发展中的主体地位，这也和传统的乡规民约以及当下《宪法》强调的村民自治是相符合的。

1. 对“贵阳建议”的解读

（1）“贵阳建议”的提出

1992年，在美国圣菲（Santa Fe）召开的联合国教科文组织（UNESCO）世界遗产委员会第16届大会上，与会专家提出，将具有“突出普遍价值”的文化景观纳入《世界遗产名录》。文化景观从此作为世界遗产的重要类型，受到世界许多国家和地区的普遍关注。按照世界遗产委员会的解释，文化景观类型遗产体现了“人类与自然环境互动的情况”，包括了“能持续使用土地的特殊手段”，这就是指以农业经济为基础、以村落为中心的遗产类型——村落文化景观。这种曾经广布于世界许多地区的农业社会文化遗产，自工业革命以后，一直受到工业化和城市化的冲击，在当今全球化的浪潮中，更面临着传统中断和特征丧失的威胁。在中国快速城镇化和新农村建设的狂潮中，这一威胁更显突出。鉴于此，在国家文物局、联合国教科文组织中国全委会、联合国教科文组织的支持下，2008年10月，联合国教科文组织世界遗产中心北京办事处、国家文物局、北京大学、同济大学和贵州省文物局在贵阳联合召开了“中国·贵州——村落文化景观保护与可持续利用国际学术研讨会”，与会的专家、学者讨论并一致通过了《关于“村落文化景观保护与发展”的建议》（简称“贵阳建议”）。

“贵阳建议”认为：村落文化景观是自然与人类长期相互作用的共同作品，是人类活动创造的并包括人类活动在内的文化景观的重要类型，体现了乡村社会及族群所拥有的多样的生存智慧，折射了人类和自然之间的内在联系，区别于人类有意设计的人工景观和鲜有人类改造印记的自然景观，是农业文明的结晶和见证。村落文化景观展现了人类与自然和谐相处的生活方式，记录着丰富的历史文化信息，保存着民间传统文化精髓，是人类社会文明进程中宝贵的文化遗产。村落文化景观所蕴含的自然和文化多样性是未来理想生活的活力源泉，具有重要的文化象征意义。

“贵阳建议”提出：首先，鉴于村落文化景观的性质和特征，我们倡导保护村落文化景观，应当注重保护村落赖以生存的田地、山林、川泽及其生态环境，保护村落的居住环境，保护村落文化记忆，保持村落发展的基础和动力，实现自然和文化、物质和非物质、历史和现时的整体保护。其次，鉴于村落文化景观是长期历史发展过程中形成的，并仍然在继续发展和不断变化，我们倡导尊重村落文化景观的演变特性，延续村落的文化脉络，维护现代社会文化多样性。最后，鉴于村落文化景观保护和发展的复杂性，我们倡导政府在政策导向、法律体系构建、技术保障与资金筹措、资源整合等方面给予支持和引导。村民是村落文化景观的重要组成部分和保护的主要力量，应重视村落发展诉求，维护村落文化景观发展途径的多样性。

（2）对“贵阳建议”的解读

对“贵阳建议”的解读应该分为两个层面。第一个层面是其对于村落文化景观的认识。在这个层面上，要看到文化景观遗产是介于物质和非物质遗产之间的类型，是最为复杂的文化遗产。而村落文化景观是不同于人类有意设计的城镇等人工景观，也不同于鲜有人类改造印记的原始森林等自然景观，是师从自然、融于自然的人工景观，其兼顾自然与人工的特征使其成为最为复杂的文化遗产类型中最难把握的部分。村落文化景观具有以下特点：一是空间范围的复杂性。村落文化景观的范围不仅包括村寨，还包括村寨周边的农田、河流、森林、甚至是高山和海洋这些村民日常生产生活的范围，也就是所谓人和自然互动的范围。二是文化结构的复杂性。除了村寨和周边的自然环境外，村寨内既有物质性的公共建筑和私宅，也有其精神信仰的本主/土地坛庙和供奉祖先的宗祠，还有各种节庆、祭祀等非物质文化的事项，反映着本村、外来、本族、外族等各种人与人之间的互动因素。三是时间上的延续性导致矛盾的复杂性。由于村落是当下的，但其形成是过去自然和人类长期相互作用的结果，这一时间的延续性决定其记录的丰富的历史文化信息，是过程性的而不是已终止发展的，静与动、旧与新、传统与现代、地方与外来、保护与发展之间的多重矛盾始终是无法回避的。四是自然与人类互动关系变化的复杂性。自然气候的变化会对农业生产产生巨大的影响，同时农业生产技术的改变和生产产业的选择也会影响村落周边的自然景观，这种自然与人类的互动可能是正面的也可能是负面的，具有非常大的不确定性。

第二个层面是其对村落文化景观保护和发展的实践建议。具体而言，就是要在村落的保护和发展工作中注意对其真实性、完整性和延续性的把握，注重村民是村落文化景观保护和发展的主体。首先是真实性的问题。遗产的真实性问题是伴随着人的行为产生的，是人们对文化遗产价值的基本判断。在村落文化景观中，真实性至少涵盖了物质空间的真实性、文化传统背景的真实性、历史的真实性和生产方式的真实性四个方面的问题。在实践中，对于物质遗产的真实性的把握相对成熟，比如在《历史文化名城名镇名村保护条例》和《住房城乡建设部关于印发传统村落保护发展规划编制基本要求（试行）的通知》中都有详细的规定和说明。但是其他三个真实性的把握是经常被忽视的，往往在实践过程中为了“丰富”地方文化和历史或是因为某种固有判断模式，将很多原本不属于当地的节庆活动、历史人物编凑到地方文化和历史中，这不但带来了信息的混乱和误读，还大大降低了遗产的价值，削弱了文化的多样性。因此在“建议”中特别提出要保护村落的文化记忆、保持村落发展的基础和动力、尊重村落文化景观的演变特性、维护现代社会文化的多样性。其次是完整性的问题。完整性和真实性一样，是人们对遗产属性和状况的判断，这种判断不以人的主观愿望为转移。由于村落文化景观的复杂性，其完整性不仅包括了村落的空间格局、历史建筑、重要的景观节点，还包括了和村落构成互动关系的田地山川、传统文化结构和形成时间过程等内容。更为重要的是完整性指的是村落文化景观本身现状的完整性，而不是指“修复”以后的完整性。将村落中原本由于各种原因所缺失的部分再做修复或复原，不但有违真实性的原则，且修复或复原部分不具有遗产的年代价值，从而又会产生遗产的真实性问题。从完整性出发，“建议”特别强调要注重保护村落赖以生存的田地、山林、川泽及其生态系统、保护村落的居住环境、保护村落的文化记忆，实现自然和文化、物质和非物质、历史和现实的整体保护。再次要强调延续性的问题。一方面是过去的延续性，也就是时间过程的完整性。尤其是对于村落文化景观这种经过长时间不断增减而形成的遗产，其不同历史时期对遗产的贡献，构成了遗产价值的整体性，只强调保护某一时间段的遗产而忽略其余时间段的遗产，是对遗产价值的破坏。但“建议”更强调的是对未来的延续，强调对过去的保护是为了未来的发展和延续，强调“鉴于村落文化景观是长期历史发展过程中形成的，并仍然在继续发展和不断变化，我们倡导尊重村落文化景观的演变特性，延续村落的文化脉络，维护现代社会文化多样性”。最后，在实践路径上，“建议”明确指出村民是村落文化景观的重要组成部分和保护的主要力量，只有在保护和发展工作中充分重视村民的发展诉求，才能够维护村落文化景观发展途径的多样性。也就是说只有村民才是村落文化景观的核心，是地方传统文化的决定因素，所有的保护和发展工作都必须以村民的实际为出发点。

（3）“贵阳建议”实践的法理基础

作为村落文化景观保护和发展的纲领性文件，“贵阳建议”对村落文化景观的定义、内涵做出了明确的界定，为实践指明了方向。具体的方法多种多样，可以借鉴优势视角下的社区组织方式、可以借鉴生态博物馆的建设方法、可以借鉴晏阳初平民教育的方式，但是在实践中，不论何种方式必须要依靠两个法理基础，即村民自治的宪法基础和村规民约的制定方式。

村民自治是广大农民群众直接行使民主权利，依法办理自己的事情，实行自我管理、自我教育、自我服务的一项基本社会政治制度[①]。《宪法》的第一百一十一条规定：“城市和农村按居民居住地区设立的居民委员会或者村民委员会是基层群众性自治组织。居民委员会、村民委员会的主任、副主任和委员由居民选举。居民委员会、村民委员会同基层政权的相互关系由法律规定。居民委员会、村民委员会设人民调解、治安保卫、公共卫生等委员会，办理本居住地区的公共事务和公益事业，调解民间纠纷，协助维护社会治安，并且向人民政府反映群众的意见、要求和提出建议。”《村民委员会组织法》第二条规定：“村民委员会是村民自我管理、自我教育、自我服务的基层群众性自治组织，实行民主选举、民主决策、民主管理、民主监督。村民委员会办理本村的公共事务和公益事业，调解民间纠纷，协助维护社会治安，向人民政府反映村民的意见、要求和提出建议。村民委员会向村民会议、村民代表会议负责并报告工作。”第五条规定：“乡、民族乡、镇的人民政府对村民委员会的工作给予指导、支持和帮助，但是不得干预依法属于村民自治范围内的事项。村民委员会协助乡、民族乡、镇的人民政府开展工作”。第八条规定：“村民委员会依照法律规定，管理本村属于村农民集体所有的土地和其他财产，引导村民合理利用自然资源，保护和改善生态环境。”村民自治权是通过一定形式组织起来的区域性群众组织依据国家立法对一定范围内的公共事务进行管理的权力。这种权力来源于国家的授权，是国家通过立法，将一些可以由群众自己办好的事情交由群众自己去办理。这些事务不需要国家强制力的介入，它可以通过群众性的公共契约解决[②]。因此，任何村落文化景观保护和发展的实践，不论是规划还是实施都必须以当地村民自治为基础，任何人都不能够越俎代庖。也只有以村民自治为基础，才能够最大限度地维持地方文化结构的完整性、维护村落文化景观发展途径的多样性。

在村民自治的法理基础下，村民自治章程是村落文化景观保护和发展实践的主要议事规

① 于建嵘：《村民自治：价值和困境——兼论〈中华人民共和国村民委员会组织法〉的修改》，《学习与探索》2010年第4期。

② 周贤日、潘嘉玮：《论村民自治权与国家行政权》，《华南师范大学学报（社会科学版）》2003年第1期。

则，是一种平等的公共契约，也就是我们通常所说的村规民约（乡约）。在中国历史上，第一部成文的村规民约是北宋中期程颐的弟子吕大钧兄弟创立的《吕氏乡约》，而乡约的大规模推广则归功于朱熹。作为地方团体自治的基本"宪章"，乡约的"约"字表达了这个制度的自发合作理想。它指的是一种契约，由团体中的会员签订以相互保护。这种契约带有强调个人人格平等的特征，这一点特别值得注意，因为它强烈地强调对于人的需求及欲望的相互尊重，远超过重视产权或物质交换中斤斤计较的利害关系。朱熹希望在这种基础上可以防止中央政府干预地方事务，让地方单位享有自主的地位，分享政府的权威，并依赖民众教育及礼仪的实践来代替实行刑罚的法律。虽然在历史长河中，乡约的发展经历了种种变化，但是后代的改革家，像明朝的王阳明，都认为乡约是促成地方自治的关键①。直至今日，从村民自治内涵来看，村民自治的内在联系，既不是传统的血缘亲情关系，也不是指令性的行政垂直关系，而是内生于社会主义市场经济基础上的平等自愿的契约性关系。这种契约性关系是一种互惠互利的行为，参与契约的双方都可能从中获益。但是，这种契约性关系必须以不损害社会公共利益为前提②。当代的村规民约具有非常强烈的地域特征，是村民依据法律，在广泛民主协商的基础上制定的行为规范，它的存在类似于民间法、习惯法，在农村社会发挥着自我管理、自我服务的内部调节功用，构成了村民行使自治权的直接依据③，是国家法规的有效补充，既尊重国家法律的基本原则和精神，又充分发扬村民自治自我管理、自我教育、自我服务的内在功能，能够满足村民群众的实际需求，起到有效调节农村社会自治秩序的作用。

因此在村落文化景观保护和发展的实践中，必须以村民自治为所有实践的基础，并及时将各种相关措施转化为村规民约。也唯有如此才能够落实"贵阳建议"，才能够保证"村民是村落文化景观的重要组成部分和保护的主要力量，应重视村落发展诉求，维护村落文化景观发展途径的多样性"，如此才能"延续村落的文化脉络，维护现代社会文化多样性"，才能"实现自然和文化、物质和非物质、历史和现时的整体保护"。

2. 生态博物馆

（1）生态博物馆中国实践的简要回顾

1971年，国际博物馆协会第九次大会在巴黎召开期间，乔治·亨利·里维埃（Georges Henri

---

① 〔美〕狄培理（William Theodore de Bary）著，李弘祺译：《中国的自由传统》，台北：联经出版事业股份有限公司2016年版，第62-64页.

② 潘丽萍：《我国村民自治的法伦理变革研究》，《东南学术》2006年第6期。

③ 韦少雄、肖军飞：《村民自治章程的法治功用及其当代价值——基于合寨村村民自治章程的分析》，《福建农林大学学报（哲学社会科学版）》2013年第6期。

Rivèire）和雨果·德·瓦兰（Hugues de Varine）就博物馆发展的新趋势向当时的法国环境部部长罗伯特-伯基德（Robert Poujade）作汇报时，第一次提出了生态博物馆（Ecomuseum）的概念[①]。1972年国际博协和联合国教科文组织在智利首都圣地亚哥联合召开的圆桌会议上讨论认可了生态博物馆的确切定义，即最初的“里维埃拉定义”。

按照里维埃拉的思想，这一概念具有三个基本特点：学科交融，与所反映的社区的有机连结，社区居民参与构建和运行生态博物馆。具体解释是：每一个生态博物馆均具有地域性，区域内有祖传文化，关系到居民和教育意向。而瓦兰更进一步发展了生态博物馆理论，认为生态博物馆应当建立合作发展的组织，并不断评估和校正，提出“生态博物馆是居民参加社区发展和区域发展计划的一种工具”[②]。

中国对于生态博物馆的尝试源于中国和挪威的文化交流项目，两国于1997年10月23日正式签订了《关于中国贵州省梭嘎生态博物馆的协议》，并于同年开始建设梭嘎生态博物馆资料信息中心。1998年10月31日，中国的第一座生态博物馆——梭嘎生态博物馆正式开馆，并对外开放。有学者将我国的生态博物馆的发展分为四个阶段：第一代生态博物馆为中挪合作项目资助的贵州生态博物馆群，遵照生态博物馆对文化遗产整体、动态、当地保护的理念创办，但村民并未“成为主人”，而是在建设初期由政府机构作为“文化代理”接管；第二代生态博物馆如内蒙古的敖伦苏木蒙古族生态博物馆加强了社区居民、学者和政府之间的沟通和多方合作，以科研力量指导村民的本土管理，同时加强了社区的文化展示功能；第三代生态博物馆如云南西定布朗族生态博物馆，将管理权交到村民手中，实现村民自治的理念；第四代如浙江安吉生态博物馆呈现多维度发展，范围从农村走向城市，从西部到东部[③]。

（2）生态博物馆在中国的实践及反思

从国内学者的研究来看，无论是贵州的梭嘎生态博物馆还是云南的巴卡小寨生态博物馆，国内的生态博物馆基本都经历了从兴旺到衰败的过程，到目前为止很少有能够一直延续发展成为经典案例的项目出现。很多的生态博物馆慢慢与村民的生活和发展诉求脱节，村民很少参与到生态博物馆的运作中，并且因经济活动的影响，当地的原住民文化有退化和汉化的倾向。

国家文物局原局长单霁翔就指出：目前在政府、专家和民众三个方面的积极性中，当地政府和专家是主导力量，当地民众则往往是被指导的，因为他们并不知道什么是生态博物馆的正确理念，也不知道生态博物馆建设的前景如何，他们仍然把精力放在各自家庭的现实生计问题

---

① 余压芳、刘建浩：《生态博物馆研究进展及其对文化遗产保护理念的影响》，《建筑学报》2006年第8期。
② ［法］阿兰·茹贝尔（Alain Joubert）著，张晋平译：《法国的生态博物馆》，《中国博物馆》2005年第3期。
③ 金露：《生态博物馆理念、功能转向及中国实践》，《贵州社会科学》2016年第6期。

上，而在文化发展与文化遗产保护的问题上保持沉默，任由“有知识”的外来人把握和决策[①]。

美国的心理学家马斯洛提出人类需要的五层次论，即生理需要、安全需要、归属和爱的需要、尊重的需要和自我实现的需要。不可忽视的是，原住民对于地方传统文化的保持和传承正是一种自我实现的行为。而这种自我实现的行为一定是建立于一定的经济基础之上和对所属文化的归属感上的。随着生态博物馆的建立和运行，原住民接触到越来越多的现代社会信息，当他们发现自己的生活方式和生产方式远远落后于现代社会，当他们发现自己在城市中能够挣到更多的工资，当他们发现自己原有的民居并不是那么舒适，这时候往往对于自己所属的文化产生的是一种自卑感而不是自豪感。这在中国历史上，是很多少数民族汉化的非常重要的原因，是对先进文化的一种向往。

原住民对于自己文化的认同，对于自己文化的自信，对于自己文化的主动传承都是建立在良好的经济基础之上的。这也是瓦兰提出“生态博物馆是居民参加社区发展和区域发展的一种工具”原则的主要原因。

（3）生态博物馆实践对村庄规划建设的借鉴

苏东海就明确指出：“在中国建立一个生态博物馆并不难，而巩固它比建立它就难多了。因为建立它是政府和专家的行为，而巩固它只有文化主导权回归到村民手中，村民从名义上的主人回归到事实上的主人时，生态博物馆才得以巩固。”[②]这恰恰说明原住民社区在生态博物馆语境下的组织建设是生态博物馆能够得以良好运行的社会基础，而这也是这些年来我们比较忽视的问题。

国内村庄建设发展的思路其实面临着和生态博物馆建设类似的困境。从最早民国时期晏阳初倡导的乡村建设运动开始，基本采用的是以“缺陷和不足”为关注点，以“问题—需求”取向为路径的建设发展模式。农村工作主要关注农村人口素质低下、自然资源匮乏、地理位置偏僻、农业技术落后等问题，总认为农村是一个充满问题的空间，而问题的解决则特别需要外来人员或专业人士的帮助。救济式、开发式等自上而下的帮扶模式是当前村庄建设的首选方案，各级政府官员和各类专家成为村庄建设的主导力量，其所制定的农村发展建议、规划、政策等都是围绕着村庄外部环境的改善、村庄资金的增加以及人力资源配置的优化等方面展开的，而作为村庄建设主体和直接利益相关者的村民却在此过程中却成为配角。“在这一社区建设进程中，作为社区建设主体的社区居民被客体化，他们的主体性、优势和能力等也就随之被忽视了。一旦国家或外来的配置减少、短缺或取消，将会导致社区建设面临一系列难题，而这也是

---

① 单霁翔：《论生态博物馆的原生态环境保护》，《中国名城》2011年第4期。

② 苏东海：《建立与巩固:中国生态博物馆发展的思考》，《中国博物馆》2005年第3期。

中国的社区建设长期以来效果并不理想的重要原因之一。”①

因此，从生态博物馆这种实现村落文化景观保护与发展的实践方法来看，村庄规划建设所面临的核心问题一样是社区发展和区域发展，是如何让村民自觉成为地方文化发展的主导，成为村庄规划建设的主体，从而以自信的心态来继承发扬地方传统文化。

二、诺邓村保护发展的既有研究焦点

保护规划和保护详细规划依次于2007、2008年正式启动编制，此前国内对诺邓白族古村落的公开可查研究文献共有11篇②，均为期刊论文。研究内容大致包括三个方向：一是历史文化角度，如对诺邓盐井文化和盐业史的研究（朱霞，2004、2005、2007；林文勋，2004）及对诺邓儒文化的研究（刘弘浍，2005）；二是建筑学角度，如对诺邓山地型古村落建筑的审美展开研究（陶少华，2006）；三是保护与发展角度，如对村落保护建设项目和措施的研究（杨国才，2002）及对村落旅游开发项目的研究（马米，2007）。前两个方向是诺邓村保护利用的理论基础，后者是对保护利用的直接探索。

在2007年及之前，对诺邓村的保护利用主要侧重于旅游开发。从2002年诺邓村获授云南省历史文化名村称号起，尤其是2005年诺邓村先后被评为“云南省开发建设型旅游小镇”和“中国最具旅游价值古村落”后，对诺邓村旅游开发的关注持续增长。马米（2007）通过对诺邓村1999年以来的官方调研、咨询、研讨活动以及国内旅行社的市场考察行为总结，判断出，在当时的情况和条件下，诺邓村旅游活动事实已经形成，旅游开发势在必行。在这样以旅游开发为导向的时代背景下，诺邓村的保护与发展所面临的问题可以用时任云龙县旅游局局长的杨希元的“七问”（杨希元，2006）加以概括，即：“保护什么？开发什么？怎样保护？怎样开发？政府部门做哪些？诺邓群众做哪些？什么问题需注意？”

对此，杨希元的回答要点（基本代表了地方政府主管部门的意见）如下：

保护什么

保护内容主要包括诺邓村的整体风貌格局，传统民居院落和历史公共建筑的建筑格局、风格和工艺、材质，传统街巷空间及其铺装，古树名木，民间藏品，非物质文化遗产。

开发什么

---

① 黄锐、文军：《走出社区的迷思：当前中国社区建设的两难选择》，《社会科学》2013年第2期。

② 中国知网（CNKI）数据库2015年5月11日检索结果，检索主题词为“诺邓”。检索结果经内容过滤，去除了报道和介绍性的非研究类文章。

开发项目包括以诺邓火腿为代表的工业开发和观光、休闲、文化三个主题的旅游开发。

怎样保护

包括修缮历史建筑、禁止建设新式建筑物、严格审批新建筑物、风貌整治、街巷修补和保护、供排水和消防规划、挂牌保护古树名木和优化绿化景观、综合治理地质灾害、保护民间藏品、保持建筑和环境清洁、保护非物质文化遗产传承人。

怎样开发

包括修路、开发诺邓盐井、开发火腿等特色手工业、推销旅游品牌、开展农家乐、开办历史文化展览、完善公益设施和整治市政管线、加强旅游服务、恢复具有旅游价值的文化传统活动及其历史上的物质载体，开展“盐马古道”旅游。

政府部门做哪些

包括积极申报、加大宣传、加强规划编制和实施管理、设立保护管理机构、发动和组织群众全面开展保护与开发工作、招商引资、基础设施建设。

诺邓群众做哪些

包括增强保护与开发意识、依法按照政府要求做好保护工作、服从规划的统一安排、在政府职能部门指导下进行保护与开发的具体工作、自觉参与全村公益活动、加强后代教育。

什么问题需注意

包括七个关系的处理：保护与开发的关系、历史文化遗产与农业农村工作的关系、眼前与长远的关系、政府行为与群众实际的关系、公众利益与个人利益的关系、全局与局部的关系、总体工作统一协调与部门职能具体责任的关系。

从这七个方面的问答可看出，在保护规划与保护详细规划编制前期，诺邓村的保护与发展实质上面临着两个最关键的问题：一是旅游开发和村落保护怎么协调双赢，二是地方政府和诺邓村民在保护和开发中怎么权责分配。从后续规划编制的结果看，保护规划着重解决了前一个问题，在相对宏观的层面明确了保护和开发的方向和要点，保护详细规划侧重解决后一个问题，在实施操作层面明确政府和村民的权责分工以及各自贯彻执行规划的方式和方向。

三、《云龙县诺邓镇诺邓村历史文化名村保护规划》要点

1. 保护规划与保护详细规划的关系

2002年云南省人民政府授予诺邓村云南省历史文化名村称号（云政发〔2002〕11号），要求严格按照有关法律、法规认真做好名村保护规划和详细规划，并按程序报批实施。而后，云

龙县诺邓镇人民政府委托大理州城乡规划设计研究院编制《云龙县诺邓镇诺邓村历史文化名村保护规划》①。

《云龙县诺邓镇诺邓村历史文化名村保护规划》（简称“保护规划”，后同）按照《云南省历史文化名城名镇名村名街保护条例》②（简称“云南省保护条例”，后同）的相关规定编制，是《云南省云龙县诺邓国家级历史文化名村保护详细规划》的上位规划。依据云南省保护条例规定，保护规划和保护详细规划同为诺邓村的名村保护范围内的土地利用和各项建设的规划管理依据③。

2. 保护规划的主要目标、内容框架和规划思路

保护规划是在《诺邓镇集镇总体规划》（1998）的基础上编制的，包含了四个主要目标：“使诺邓镇诺邓历史文化名村能持续发展；保护诺邓历史文化名村的文物古迹和其他历史文化遗产；确保修复后诺邓历史文化名村的古驿道与周边村子形成有机整体；为历史文化遗迹丰富的地区树立一个可持续发展的榜样。”

保护规划要求“保护诺邓镇诺邓村的空间形态、山体水系、建筑群体环境、地方历史建筑以及具有民俗特色的人文景观和非物质文化遗产”，并将保护内容分解为历史环境痕迹、历史文化体系、历史空间环境肌理、历史文物价值、传统技艺、优秀的传统道德文化和民族精神、传统民俗风情等七大方面。其核心部分可以解读为三大板块：

（1）保护规划与保护措施

是保护规划最为核心的板块。包括整体保护的目标设想、保护区划、用地与建筑功能调整、建筑保护与更新、高度控制和视廊保护、文物古迹保护规划、绿地建设规划、非物质文化保护。

① 该规划起始于2003年，正式编制启动于2007年5月，参见该规划“规划背景”和“规划期限”。

② 《云南省历史文化名城名镇名村名街保护条例》于2007年11月29日云南省第十届人民代表大会常务委员会第三十二次会议通过，自2008年1月1日起施行。《云龙县诺邓镇诺邓村历史文化名村保护规划》正式启动编制于2007年5月，此时条例尚未施行。

③ 云南省保护条例第三十条：“历史文化名城、名镇、名村、名街保护范围内的土地利用和各项建设，应当符合经批准的保护规划和保护详细规划。”第三十三和三十四条规定，名村保护范围内的建设用地许可证办理时规划（建设）行政主管部门应当依据保护规划和保护详细规划要求核定建设项目的具体位置、界限，提供规划设计条件，建设工程规划许可证办理时应当依据保护规划和保护详细规划规定提出建设项目规划设计要求，作为工程设计依据。
诺邓村保护规划文本第二条明确，该规划适用于诺邓村各类用地建设规划管理工作，并作为下一层次规划设计的依据，但不能作为工程项目施工依据。

（2）可持续发展规划（即村落发展利用规划）

是按照云南省保护条例，对村落发展利用提出的控制要求[①]。包括商业布局、旅游发展规划、社会生活设施规划、安全及防灾规划、环境保护规划、环境卫生规划，市政设施规划虽独立成章，但从内容属性上也归入此板块。

（3）重点地段与重点项目规划设想

是对重点地段和重点项目的非强制性的规划引导。包括核心保护区内的玉皇阁及周边区域、盐局、黄家瑞院、万寿宫院、贡爷院、村委会院、题名坊、棂星门、龙王庙、三崇庙、黄家祠堂、黄占前院、其他历史建筑院落以及巷道等重点地段的修复整治和功能调整设想，以及核心保护区外的入村标志、停车场、入村广场、中心小广场等重点项目的规划设想。

保护规划的内容框架实际体现了当时规划编制的三方面主要思路：

一是在保护上，突出强调完整性，将村落本体和环境、物质和非物质文化遗产置于整体框架下开展系统性保护；

二是在发展利用上，重点贯彻村镇可持续发展战略，统筹保护与发展的空间布局，发挥历史文化环境对社会、环境、经济综合发展的积极作用；

三是在具体建设上，着重引导历史建筑在修复整治基础上的功能调整和利用。

3. 保护规划的要点

诺邓村保护规划的要点如下：

（1）保护区划

保护规划明确了历史文化名村核心保护区、建设控制地带和环境协调区的保护目的和管理规定（表2-1、图2-1）。

---

① 云南省保护条例在国家《历史文化名城名镇名村保护条例》基础上，在保护规划内容中，着重增加了对“发展利用的控制要求”，对于云南省保护条例的分析，详见“第四章 云南省保护规划体系规定”。

表2-1　诺邓村保护规划的保护区划

保护区划层次	保护目的	管理规定
历史文化名村核心保护区	维持村落现有的原住民生活状态，着重展示民居村落居住形态的历史价值及典型的地方特征	不得实施任何新建、改建、扩建工程，不得破坏原有历史遗存、改变原有风貌。未经县级建设（规划）行政主管部门同意，不得擅自拆除、修缮。
历史文化名村建设控制地带	保护历史文化名村整体风貌和历史聚落形态	保留历史文化名村主要的传统历史特色，街巷、街坊空间尺度须保持不变，按规划拆除建筑的用地主要以绿地、市政环境卫生设施、活动场地为主，其建筑在与传统历史民居建筑风格相协调的基础上，允许在空间和比例上进行小改变和调整，核心保护区范围外沿50米范围内的建筑及环境尺度氛围必须保持原有风貌，不得因翻建、改建而发生“建设性破坏”，街巷路面不得采用水泥面层，应以青石板、块石铺砌。该区域不得进行与保护无关的建设、拆迁等活动，应当保护平面和空间格局，保持街区、建筑原有风貌特色。
历史文化名村环境协调区	历史文化名村周边的村落、山脉、水系、等形成交相辉映的整体格局特色	诺邓河两岸严格控制建设，保持诺邓河两岸的自然风貌，保持现有的农田及农田景观，保持现有的农田耕作方式。环境协调区范围内的新建建筑或改建建筑，必须服从“风格与原建筑及周围建筑统一协调、外观形式与原建筑及周围建筑一致、体量适度不宜过大、高度不超过8.6米、容积率不超过1.2、建筑密度不超过40%、绿地率不低于30%、多留生态田园”的原则。该区域不得从事破坏原有建筑风格、景观、视廊、环境整体性的活动，应当维护建筑风格、景观和环境的整体性。

注：根据《云龙县诺邓镇诺邓村历史文化名村保护规划》文本第42条-第44条（第五章“二、保护区划”）整理。

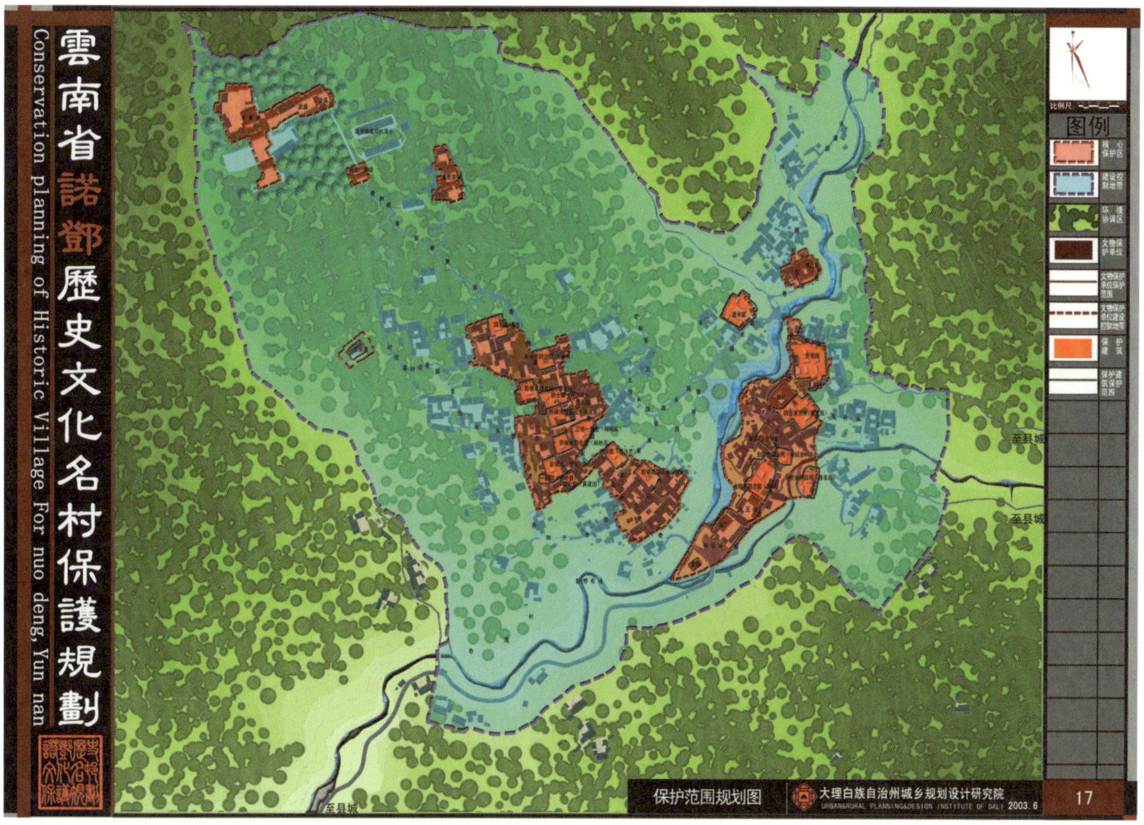

图2-1　《云龙县诺邓镇诺邓村历史文化名村保护规划》保护范围规划图

（2）用地与建筑功能调整

保护规划根据诺邓村的整体风貌保护与功能完善的要求，对村落的用地与建筑提出分别调整指引。其中，针对历史文化名村保护区外用地，建议“对农业生产设施用地、公建用地性质进行调整，增加文化展示及休闲娱乐用地比重，其用地性质应以居住用地为主”；针对保护区内用地，建议“从旅游发展的角度出发改变部分民居的使用性质”；针对村内传统历史民居建筑，规划提出“恢复其部分历史功能，同时以发展的思路考虑功能的调整”，并建议盐厂、龙王庙、盐局、万寿宫、贡爷院、村委会（道长家）、玉皇阁等具有公共建筑性质的文物古迹结合旅游发展需要进行历史功能的恢复（再现）或功能更新（表2–2）。

表2–2 诺邓村保护规划的建筑功能调整建议

文物古迹名称	建筑功能调整建议
盐厂	缩减部分火腿生产规模，恢复古煮盐设施，增强博物性，展示诺邓饮食文化
龙王庙	恢复宗教祭祀功能
盐局	减弱现状老年活动中心功能，开发为旅游接待设施
万寿宫（江西会馆）	减弱单纯居住的功能，开发为旅游接待设施
贡爷院	减弱单纯居住的功能，开发为诺邓民居博物馆
村委会（道长家）	减弱现状功能，开发为旅游接待服务中心
玉皇阁	恢复宗教祭祀功能

注：根据《云龙县诺邓镇诺邓村历史文化名村保护规划》文本第45条（第五章“三、用地与建筑功能调整”）整理。

（3）传统街巷保护与交通规划

保护规划要求保护佛寺巷、东村头、红土崖、银匠巷、腌鸭箐、水磨坊、河头、斋水塘、园头路、坡坡路、村中路、接生站巷、徐家巷、鬼次冲、段家冲、老街子、水头巷、黄家巷、新宅地、村边巷，以及街道巷弄中的古树、广场、古井等节点。其中，传统街巷不允许任意改建，新建筑的加建要特别注意控制新建筑的体量与尺度，在细节的整理与缝合中要注意维护历史界面的丰富性与连续性，街巷节点保护要保持其整体景观风貌特色。

（4）建筑保护与更新

保护规划按照“重点保护类、保护类、改善类、保留类、整治类、更新类”的划分方式，对诺邓村建筑提出了分类保护更新措施，体现在“建筑保护与更新模式图”上，又将之分为“修缮建筑、维修建筑、改善建筑、整修建筑、拆除建筑”五类（表2–3、图2–2）。针对文物保护单位和保护建筑，规划特别制定了总图则，以建筑群落的形式表达建筑的保护区划和通行保护管理规定。

表2-3　诺邓村保护规划的建筑保护与更新要求

建筑保护与更新类别	保护与更新要求
重点保护类建筑	严格按照《文物保护法》与《文物保护法实施细则》的规定执行，要求保持原样，以求如实反映历史遗迹，文物点采取保存的方式，对个别构件加以更换和修缮，必须修故如故
保护类建筑	要求保持原样，以求如实反映历史遗迹，对个别构件加以更换和修缮，必须修故如故
改善类建筑	要求原有建筑结构不动，局部修缮改造同时对其内部进行调整改造，改善居住条件，适应现代的生活方式
保留类建筑	原有建筑可作适当调整，维修或改造必须与传统历史民居建筑保持一致，必须满足历史文化名村整体风貌景观要求
整治类	通过平顶改坡，立面改造等措施将其改造成与历史文化名村风貌协调的建筑
更新类	建筑质量的评估分类为“差”的危房和少数单位近几十年新建的、与传统历史风貌不协调的现代建筑及影响历史文化名村风貌的临时性简易建筑，采取综合改造的手段，对其进行更新

注：根据《云龙县诺邓镇诺邓村历史文化名村保护规划》文本第46条-第51条（第五章“四、建筑保护与更新”）整理。

图2-2　《云龙县诺邓镇诺邓村历史文化名村保护规划》建筑保护与更新模式图

（5）高度控制和视廊保护

保护规划对三级保护范围分别设定了高度控制要求，其中核心保护区严格保持现状高度，建设控制地带建筑总高度不超过8米，协调区总高度不超过10.6米。玉皇阁、棂星门牌坊、盐井、盐厂、龙王庙、题名坊、黄家祠堂、三崇庙及各条巷道是全村天际线的控制性建筑物和主要视廊通道。

（6）文物古迹保护与非物质文化保护

保护规划按照宗祠寺庙、棂星门牌坊和题名坊、传统历史民居建筑三种类型分别提出了文物古迹保护规划规定，并在非物质文化保护中着重要求加强对滇西盐业经济型文化、宗教文化活动、诺邓地方文艺、地方民间节日的收集整理和发掘。

（7）商业布局与旅游发展规划

保护规划将现代旅游商业服务和历史文化展示相结合，提出恢复传统历史古街的滇西盐业经济商业繁盛景象。其中，居民服务商业集中布局在盐厂前场地和盐局前场地的街上；旅游服务商业在核心保护区外新建停车场和旅游资讯中心，让保护区内部分民居开展特色饮食服务，在盐局、万寿宫、黄家瑞院和村委会（道长家）设客栈，在重点保护民居开展住宿服务。

对于村落旅游发展，保护规划设置了两条以步行道为主的历史文化名村环状游览线路，并提炼了游览线路沿线具有代表性的历史建筑、民居景点和自然景点。

（8）其他

保护规划原则提出了集市、集散广场、小学和村公所等社会生活设施的建设要求，消防、抗震等安全防灾规划要点，环境卫生建设目标和主要设施设置规定，给排水和电力电信工程的规模预测、设施布局和管线走向。

依据云南省保护条例，保护详细规划应在保护规划的基础上继续深化和增加的内容主要包括：文物建筑控制地带和名村三级保护范围的具体界线，建筑物和构筑物的各类控制指标，重要节点或建筑立面整治规划设计，历史建筑、古树名木的保护名录（档案）和保护要求（措施），以及保护整治的实施计划。

第三章 诺邓保护详细规划（2013）工作思路与框架

一、云南省保护规划体系规定

1.《云南省历史文化名城名镇名村名街保护条例》的颁布背景

2003年，我国依据建设部和国家文物局当年10月8日发布的《中国历史文化名镇（名村）评选办法》（建村〔2003〕199号附件3），公布了首批中国历史文化名村名单。此后，直至2008年4月2日国务院第3次常务会议通过《历史文化名城名镇名村保护条例》前，在国家层面上，历史文化名村的保护管理仍有赖于《中华人民共和国文物保护法》及其实施条例、《中华人民共和国城乡规划法》以及《村庄和集镇规划建设管理条例》，缺乏更为直接有效的、具有村庄保护管理工作针对性的法律依据，而其规划编制也直至2014年10月《历史文化名城名镇名村街区保护规划编制审批办法》通过发布，方才有了专业上的统一技术要求。

在这样的大背景下，相应的，在2002年和2007年诺邓被先后批准公布为省级、国家级历史文化名村的过程中，其村落保护规划仍处于边编制边修改的探索状态，其保护管理工作也在较为粗放的起步阶段。这样的状况在云南省的村落保护中并不少见[①]。

① 截至2014年，云南省共有国家级历史文化名村9个，省级历史文化名村30个。

表3-1 云南省国家级历史文化名村名单（至2014年）

序号	名称	批准时间	审批文号	备注
1	会泽县娜姑镇白雾村	2005年（第二批）	建规〔2005〕159号	为娜姑镇（1995年省级历史文化名镇）核心区域
2	云龙县诺邓镇诺邓村	2007年（第三批）	建规〔2007〕137号	2002年省级
3	石屏县宝秀镇郑营村	2008年（第四批）	建规〔2008〕192号	1999年省级（首个）
4	巍山县永建镇东莲花村	2008年（第四批）	建规〔2008〕192号	2007年省级
5	祥云县云南驿镇云南驿村	2010年（第五批）	建规〔2010〕150号	2003年省级
6	保山市隆阳区金鸡乡金鸡村	2014年（第六批）	建规〔2014〕27号	2007年省级
7	弥渡县密祉乡文盛街村	2014年（第六批）	建规〔2014〕27号	2007年省级
8	永平县博南镇曲硐村	2014年（第六批）	建规〔2014〕27号	2010年省级
9	永胜县期纳镇清水村	2014年（第六批）	建规〔2014〕27号	

2007年末，由于省内历史文化名城、名镇、名村、名街的保护与开发间的矛盾日益突出，一些地方保护意识不强，保护工作法制建设滞后①，云南省特别制定并颁布了《云南省历史文化名城名镇名村名街保护条例》②，要求名城、名镇、名村、名街保护区内建设项目的规划管理、土地利用和各项建设必须符合经批准的保护规划和保护详细规划，着重将保护管理工作中的建设项目管理纳入了法制轨道。

2. 云南省保护规划体系的特点与重点

将云南省保护条例与国务院颁布的《历史文化名城名镇名村保护条例》相比较，可以清晰地看出云南省保护规划体系上的特点与重点。

表3-2 国家与云南省保护条例的要点比较

名称	《历史文化名城名镇名村保护条例》（国务院）	《云南省历史文化名城名镇名村名街保护条例》
基本要求	第十三条，名村批准公布后，所在地县级人民政府应当组织编制保护规划；保护规划应当自名村批准公布之日起1年内编制完成	第十五条，名村公布后，其所在地的县级以上人民政府应当组织编制保护规划和保护详细规划；保护规划和核心保护区的保护详细规划，应当自名村公布之日起2年内组织编制完成

① 据新华网2007年12月21日报道。

② 条例于2007年11月29日云南省第十届人民代表大会常务委员会第三十二次会议通过，自2008年1月1日起施行。

续表

名称	《历史文化名城名镇名村保护条例》（国务院）	《云南省历史文化名城名镇名村名街保护条例》
内容要求	第十四条，保护规划应当包括： （一）保护原则、保护内容和保护范围； （二）保护措施、开发强度和建设控制要求； （三）传统格局和历史风貌保护要求； （四）历史文化街区、名镇、名村的核心保护范围和建设控制地带； （五）保护规划分期实施方案。	第十七条，保护规划应当包括： （一）保护原则、重点、范围； （二）总体目标； （三）建设控制地带保护要求、实施措施； （四）发展利用的控制要求； （五）各级文物保护单位的保护范围、建设控制地带和界线； （六）其他应当包括的内容。
		第十八条，保护详细规划应当包括： (一)文物建筑控制地带的具体范围； (二)保护范围的具体界线； (三)保护方法、整治实施计划和措施； (四)建筑物、构筑物的年代、价值、性质、结构、风格、体量、外观形态、材料、色彩、建筑高度、建筑密度、建筑间距、绿地等控制指标； (五)重要节点或者建筑立面整治规划设计； (六)历史建筑的保护名录和保护要求； (七)古树名木保护档案、保护标志、保护措施。
规划管理地位	无独立章节。 第二十三至第二十八条详细规定了名村保护范围内各类建设活动及其他活动的要求。 其中，涉及“书”“证”管理的主要为第二十八条规定： 名村核心保护范围内，新建、扩建必要的基础设施和公共服务设施的，城市、县人民政府城乡规划主管部门核发建设工程规划许可证、乡村建设规划许可证前，应当征求同级文物主管部门的意见。	独立为“建设项目管理”章。 第三十条规定名村保护范围内的土地利用和各项建设，应当符合经批准的保护规划和保护详细规划。 第三十一条至第三十四条详细规定了“书”“证”管理要求，其中： 办理建设用地规划许可证时，规划（建设）行政主管部门依据保护规划和保护详细规划的要求，核定建设项目用地的具体位置、界限，提供规划设计条件； 办理建设工程规划许可证时，规划（建设）行政主管部门依据保护规划和保护详细规划的规定，提出建设项目规划设计要求，作为工程设计的依据。

在国家层面，《历史文化名城名镇名村保护条例》在保护规划内容上更侧重“保护”本身，在规划管理上，缺少针对民居（无论是传统民居还是一般民居）的有效的建设管理规定[1]，因而，对于“名村”中的以宅基地内住宅新建、改建、扩建为主的村庄建设活动尤其缺乏控制力。这与《中华人民共和国城乡规划法》及住建部《乡村建设规划许可实施意见》将此类管理权限下放至省级的规定是一致的[2]。

因而，对于历史文化名村和传统村落众多的云南省而言，在省级层面，制定能够针对村庄建设与村落保护矛盾、切实起到保护管理作用的地方法规十分重要。正因如此，云南省保护条例强调了以下特点与重点：

① 《历史文化名城名镇名村保护条例》第二十八条的建设工程规划许可和乡村建设规划许可主要针对基础设施和公共服务设施，第五章的法律责任中也没有明确的新改扩建影响风貌的处罚措施。

② 《乡村建设规划许可实施意见》规定，在村庄规划区内“使用原有宅基地进行农村村民住宅建设的，各省、自治区、直辖市可参照本实施意见，制定规划管理办法”。

（1）将保护规划体系划分为保护规划和保护详细规划两个层次

云南省保护条例在保护规划的基础上增加了保护详细规划这一层级，从规划内容和报批程序上可看出[①]，保护详细规划是保护规划的地方性下位规划，是为加强省内保护管理工作而特别增设的规划层次。

（2）在保护规划中要求系统性地将保护与发展统筹考虑、统一布局

云南省保护条例所列的六大项保护规划必备内容中，除国家条例规定外，特别增加了“发展利用控制要求”一项，明确表达了省级主管部门希望保护规划能够成为统筹解决保护与发展矛盾的有效管理工具，并进一步实现“保护也是发展”[②]的“积极型”保护的意图。这与我国近年来的保护规划管理大思路是一致的[③]。

（3）在保护详细规划中要求制定能够用于管理实施的具体界线、指标、设计与措施

云南省保护条例对保护详细规划的内容规定融合了保护规划、控制性详细规划、修建性详细规划的特征要求。一方面，保护规划中需要“落地”的具体范围和界线、需要操作的具体计划和措施均被分解至保护详细规划中确定，另一方面，保护详细规划还要按照城乡规划中“详细规划”的要求，制定建筑物的风格、体量、材料、色彩、高度、密度、间距、绿地等控制指标并编制重要节点或建筑立面的整治规划方案。总体上，保护详细规划的编制目标就是成为具有较强可操作性的“实施性规划”。

（4）在规划管理上以“书”“证”发放权限来强化保护工作中的建设项目管理

云南省保护条例将“建设项目管理”单独列为一章，规定保护范围[④]内的土地利用和各项建设应符合批准的保护规划和保护详细规划，赋予了这两类规划对建设项目管理的法律效力。条例第三十一条至第三十四条细化明确了建设项目选址意见书、建设用地规划许可证、建设工程规划许可证的审批管理规定。这些规定有效填补了国家层面保护条例对村庄建设管理的法律依据空白。保护详细规划所确定的具体界线、控制指标和设计要求都可以依据条例转化为规划（建设）行政主管部门审批建设用地规划许可证和建设工程规划许可证时的“规划设计条件”和“规划设计要求”。这种规划编制和规划管理紧密结合的思路，与上海市将风貌区保护规划放于控制性详细规划层面是类似的。

---

① 条例第十九条，省级的保护规划，由所在地人民政府逐级上报省人民政府审批，保护详细规划，由所在地规划（建设）行政主管部门逐级上报省建设行政主管部门审批，国家级的保护规划按照国家有关规定报批。

② 上海市政府在2004年就提出了“保护也是发展”的理念。

③ 如近年来我国正在编制的《大遗址保护规划规范》在规划内容上特别强调了“利用分项规划”。

④ 根据条例第十四条，保护范围包括核心保护区、建设控制区和风貌协调区三级。

（5）与村庄建设规划管理体系形成良好的内容、制度衔接

与云南省保护条例几乎同一时期，云南省住建厅颁布了《云南省村庄规划编制办法》（试行）[①]。该办法与云南省保护条例相辅相成，在“名村”保护上形成了良好的衔接关系。

《云南省村庄规划编制办法》（试行）将村庄规划分为行政村总体规划和村庄建设与政治规划，一方面，明确规定“列入历史文化名村的村庄应按照国家有关规定单独编报保护规划”，进一步确立名村保护规划在村庄建设管理中的地位；另一方面，在村庄建设规划层面，将“村庄规划控制范围内重点地段的建筑密度、建筑高度、容积率等控制指标”和“村庄民居的建筑风格”定为强制性内容[②]，使保护详细规划依据保护要求所制定的控制指标在村庄建设规划中得以贯彻落实。

表3-3 《云南省村庄规划编制办法（试行）》中的行政村总体规划与村庄建设规划内容

行政村总体规划	村庄建设规划
行政村的产业发展方向、社会经济的长远发展目标和发展战略	提升村庄产业的具体项目
行政村及所辖居民点的人口发展规模和结构变化预测，剩余劳动力数量及其主要流向预测	村庄人口发展规模预测
行政村总体规划布局，包括生产力布局规划和空间调控规划，行政村功能组织，村庄整治类型，村庄的空间位置、层次、规模，建设用地标准和主要用地指标	村庄建设规划布局，包括用地构成比例和人均建设用地指标、功能组织、新区建设与旧村整治
行政村级基础设施和公共服务设施规划	基础设施和公共服务设施建设规划
——	住房建设规划，包括目标、任务和项目，宅基地标准，民居主体风格，民居建筑方案选型
历史文化保护与景观风貌建设规划（本项为强制性内容）	村庄绿化及景观（风貌）规划
	历史文化保护规划，列入历史文化名村的村庄应按照国家有关规定单独编报保护规划
生态建设与环境建设目标以及原则性要求	生态环境保护措施，污染控制与治理措施
行政村级的重点建设项目及其规划方案、建设时序、工程量和投资估算	重点建设项目规划，含项目内容和规划方案、建设时序、工程量和投资估算
实施规划的政策措施	实施规划的政策措施

① 《云南省村庄规划编制办法（试行）》于2007年3月26日云南省建设厅第19次厅务会议通过，2007年8月1日公布，自2007年9月1日起实施。

② 住建部《村镇规划编制办法》（试行，建村〔2000〕36号）第二十二条和第二十六条仅要求对建筑体量、体型、色彩提出原则性要求。

3. 诺邓村保护详细规划（2013）对云南省保护规划体系的呼应

云南省保护条例给出了保护详细规划的编制内容的基本框架和要求。然而，条例是适用于名城、名镇、名村、名街的普遍性法规，而诺邓村保护详细规划启动编制时省内尚无可借鉴的同类规划[①]，怎样针对诺邓村的少数民族山区传统村落特征，充分结合村民生产生活的现实发展需求，在现行保护规划指导下，创新确定保护详细规划的框架内容和成果形式，建立一套相对完整的适于村落可持续、可操作的保护管理体系是保护详细规划编制工作的重中之重。

这其中就涉及了两大基本问题：

（1）如何按照条例规定，依法全面贯彻保护详细规划的基本内容要求

①怎么确定“具体范围”和“具体界线”

保护详细规划须依据保护规划划定“文物建筑控制地带的具体范围”和“保护范围的具体界线”，实际也就是要明确保护主管部门的空间管理权限和保护措施对应的空间范围。对此，有三方面要考虑：

一是保护对象的核实和增补，随保护工作的推进，当前保护对象可能已经与保护规划编制时发生变化，这一变化直接影响到界线划定。

二是村落建设发展空间的引导和预留，村庄建设有着“宅基地”等体制特殊性，村落的保护必须正视村民分户分地等习俗需求，也需要为村落的“发展利用”留出空间，由于村落行政边界有限，也就意味着保护范围的划定不是越大越好，而是必须综合平衡保护与发展需求。

三是村民权益的明确，保护详细规划是“书”“证”规划管理的依据，直接涉及村民住房的建设管理，同时，界线的划定与保护措施也是相对应的，界线内外建筑分类的整治措施可能截然不同，其实质都涉及村民的根本利益，因此，在物权法等法律实施的背景下，界线的划定必须与村民权益的明确相结合。

②怎么制定和表达控制指标

云南省保护条例要求保护详细规划制定的指标包括“建筑物、构筑物的年代、价值、性质、结构、风格、体量、外观形态、材料、色彩、建筑高度、建筑密度、建筑间距、绿地”，细分之，这些指标一部分是建筑物和构筑物的现状属性，一部分是建筑物和建设用地的规划属性。因此，如何制定和表达这些指标是首要问题。其成果应至少能够包括三方面内容：

一是能够体现保护价值和保护要素的现状属性。

---

① 云南省保护条例颁布实施后，全省尚未按照条例要求编制完成过任何一项保护详细规划，当时全国范围内也还没有发表过与此相关的任何研究。

二是能够成为村庄建设规划编制和村庄土地、建筑规划管理依据的强制性规划指标。

三是能够指导村庄风貌整治和村庄建设发展的引导性规划指标。

③怎么设计重要节点或者建筑立面整治方案

诺邓村保护规划中已经初步提出了重点地段的建筑保护整治和功能调整设想，这其中哪些需要具体设计，又该采取何种设计成果形式，实质上是和村落保护资金、保护实施主体等相关联的。

④怎么登录历史建筑、古树名木的保护名录和档案

申报各级历史文化名村时，诺邓村已经有了各类保护档案，但主要是针对文物保护单位的，保护详细规划中的登录对象范围、登录信息内容和登录档案形式都应除强调历史文化保护的完整性和真实性外，更多考虑其对后续保护管理工作的实用价值。

（2）如何按照村庄保护管理实际，有效补充完善保护条例要求以外的元素

云南省保护条例是普适性的，因此所提出的内容要求也是基本性的，就诺邓村而言，对其保护内容不局限于历史建筑和古树名木，亦不局限于物质空间。从上位保护规划所确定的历史环境痕迹、历史文化体系、历史空间环境肌理、历史文物价值、传统技艺、优秀的传统道德文化和民族精神、传统民俗风情七方面保护内容来看，要实现完整的、系统的保护，必须在保护条例要求之外，对保护详细规划内容加以补充完善，特别是对于展现了村落历史文化发展脉络的村落整体格局和山水环境的保护要求和规定须详加阐述。

此外，无论是保护规划还是保护详细规划，这种专业性技术性较强的文本和图纸怎样才能更适用于诺邓这样的偏远、落后的山区古村的保护管理工作也需要进一步深入思考。

二、诺邓保护详细规划（2013）工作思路与框架

1. 对以往保护规划编制工作的反思

（1）保护规划编制的传统路径

从以往的传统村落保护规划实践来看，主要是一种“问题—需求”取向的路径。人们的注意力较多放在目前存在的各种问题以及其他不利因素之上，而忽视村落原本所存在的资源与优势。换而言之，在传统村落保护中，传统村落是一个充满问题的地方，而村民的文化素质普遍较低，特别需要外来的专业人员来帮助解决保护与发展的问题。因此，救济式的自上而下的帮扶模式的保护规划成为传统村落保护的首选方案。与此同时，来自各级政府官员的动员、指示以及各类专家的主张、建议和对策出现在有关村落保护的各种讨论之中。整个传统村落保护是

围绕着外部环境的改善、保护专项资金的增加等方面展开的，而作为保护工作主体的村民却往往在此过程中失语了，被客体化。因而，村民的主体性、优势和能力等也就随之被忽视了。一旦国家或外来的配置减少、短缺或取消，将会导致传统村落保护面临一系列难题。

从“贵阳建议”和生态博物馆的建设来看，传统村落保护工作的核心是如何将村民的主观能动性纳入日常的保护工作当中，使得保护工作可以作为农村社区建设的重要工作之一，使保护工作能够和村落的整体发展得到有机的结合。

（2）国外乡村社区工作案例

第二次世界大战以后，随着经济发展和社会结构的调整，社区运动在西方和发展中国家普遍开展起来。对于社区的发展西方学者有着大量的研究，塞尔兹尼克（Philip Selznick）把影响社区发展的因素归纳为以下几个方面：历史根源，文化传统是社区内部进行对话的基础；同一性，社会化形成的过程；相互依存，社区必须建立并维持在相互依存和互惠的基础上；多数原则，社区组织中人们进行参与的准则和重要手段；自治，是否有助于培养个人的独立性和责任心是衡量社区价值的一个重要标准；参与，社区参与是社区存在的反映，也是维持社区的基础；各种因素的集结[①]。

日本是一个多山的国家，在实现工业化以后，大城市和农村地区的差距不断扩大。为了提高农村地区的活力，各地展开了各种类型的地域振兴活动。其中，影响最大的就是大分县知事平松守彦于1979年发起的一项针对乡村人口减少、产业衰败、自然资源管理崩溃的“改造故乡、建立自主区域”运动——“一村一品”[②]。这一运动是日本推行的振兴农业的方略之一，对日本农村经济发展起到了十分重要的推动作用，其经验得到许多国家的认可，并被广泛推广。平松守彦将“一村一品”运动的经验归纳为三条：首先，必须立足本地区，面向全世界。其核心是越能体现地区特色的、精心加工和提炼的东西，就越能受到国际上的肯定。其次，自主自立，竭尽全力。用自己的钱，根据自己的判断去做事，干得好就会拼命干下去，干不好的情况也有可能，但是最重要的是积极性。最后，培养人。凡是运动有成就的地方就必定有优秀的带头人，坚决搞地方特色，发挥民众自己的创造精神，只有这样运动才能持久。

西方国家农村社会工作的重要议题是转向社会网络和社会资本的建设。优势视角的社会工作就是强调社区发展应该重视资产建立和能力建设。美国堪萨斯州立大学社会福利学院的研究认为，资产建立以“增强为本”的实务模式为基础，旨在发现及重新肯定个人能力、天赋、智慧、求生技能及志向，以及社区的共同财产和资源。塞勒伯明确提出：“优势视角的实践要求

---

① 姜芃：《社区在西方：历史、与现状》，《史学理论研究》2000年第1期。
② 〔日〕平松守彦著，郭常义译：《地方精神的闪光》，南京大学出版社1994年版。

我们从一个完全不同的角度来看待案主、他们的环境和他们的现状，不再是鼓励地或专注地集中于问题，而把眼光投向可能性。在创伤、痛苦和苦难的荆棘之中，你能看到希望和转变的种子。其实这个公式很简单：动员案主的力量（天才、知识、能力和资源）来达到他们自己的目标和愿望，这样案主将会有更好的生活质量。”[①]优势视角的基本信念包括赋权、成员资格、抗逆力、对话与合作这四个要素。在优势视角理念和原则的指导下，20世纪90年代以来，社区发展在美国再度兴起。以能力建设和资产建立为核心的社区发展侧重于三方面的内容：一是资产建立和能力建设。社区发展的起点涉及分析社区中存在的资源，如哪些人力资本和物质资本支撑着社区生活，居住和工作于此处的人拥有什么能力和资源，社区内的组织和团体对社区资产的贡献过程中起到了怎样的作用等。二是建立关系。基本假设是社区和它的周围环境可能隐藏着某种内在的资源，社区工作者应该认真欣赏和发掘社区的内部资源、资产和能力。社区资源的发掘有赖于信任、关怀和负责任的关系的建立。三是树立希望。以优势和资产为本的取向可以激发案主和工作者的乐观情绪、希望和动机[②]。

从国外的农村社区工作经验来看，立足于社区本身的优势视角的社会工作是核心，一切工作都是建立在村民的自主、自立和自治上的。可以说，村民积极参与到传统村落保护工作本身就是一个自我教育的过程，只有经历了各种自发的尝试，村民增强了自我意识才能对本身的传统文化有个清晰认识，并努力自发保护这种传统文化的核心并将之发展。

2. 诺邓村保护详细规划编制的核心问题与原则

《云龙县诺邓镇诺邓村历史文化名村保护规划》在传统的保护规划思路上已经有了很大突破，重视村落的发展利用，强调了村落历史文化保护与村庄可持续发展的结合，如提出了“改善居住条件，适应现代生活方式”的建筑保护与更新要求，引导历史建筑在修复整治基础上的功能调整和利用，在保护框架下制定商业布局和旅游发展规划等等。但是在实际走访中，干部群众也反映保护规划中很多专业术语和规定过于复杂，在实际操作中不容易看懂。同时，在基层技术力量薄弱的情况下，在日常操作中如何和村委的议事规则相结合，如何能够明确政府与村民相互之间的责权利的关系，如何能够让政府、专家和村民站到同一个对话平台上？这些都是保护详细规划编制中面临的实际问题。

---

① Saleebey,D.(ed.)2004,*The Strengths Perspective in Social Work Practice*.Boston,MA:Allyn and Bacon.

② 张和清、杨锡聪、古学斌：《优势视角下的农村社会工作——以能力建设和资产建立为核心的农村社会工作实践模式》，《社会学研究》2008年第6期。

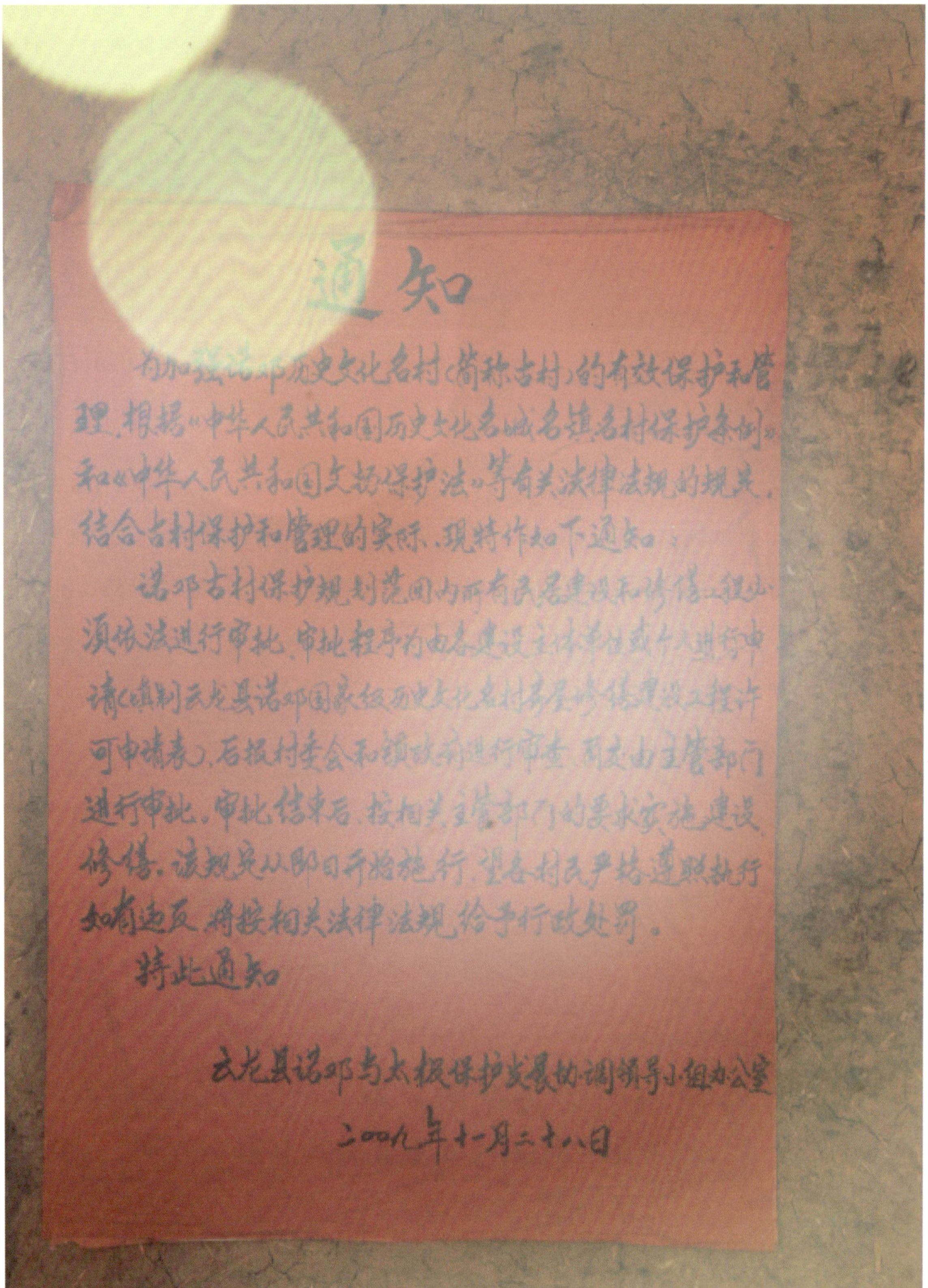

通知

为加强诺邓历史文化名村（简称古村）的有效保护和管理，根据《中华人民共和国历史文化名城名镇名村保护条例》和《中华人民共和国文物保护法》等有关法律法规的规定，结合古村保护和管理的实际，现特作如下通知：

诺邓古村保护规划范围内所有民居建设和修缮工程必须依法进行审批，审批程序为由各建设主体单位或个人进行申请（填制云龙县诺邓国家级历史文化名村房屋修缮建设工程许可申请表），后报村委会和镇政府进行审查，再交由主管部门进行审批，审批结束后，按相关主管部门的要求实施建设修缮。该规定从即日开始施行，望各村民户遵照执行，如有违反，将按相关法律法规给予行政处罚。

特此通知

云龙县诺邓与太极保护发展协调领导小组办公室

二〇〇九年十一月二十八日

图3-1 关于修缮和建设前置审批授权村委会的公告

从乡村工作的实际出发，规划在确保编制质量的同时还要以通俗易懂为前提，尊重村民参与的自主性和积极性，诺邓村保护详细规划的编制重点围绕四大核心问题：

（1）作为云南省首个历史文化名村的“保护详细规划”，必须积极探索规划方法和技术的创新，以期在原有“保护规划”的指导下，能够为地方政府提供贯彻落实《条例》要求且极具可操作性的规划实施管理依据；

（2）针对保护对象相对封闭、偏远、大理白族聚居的山区古村落特征，应当鼓励推进村民自主、自发的“全民保护”的模式，全面增强村民的保护意识，使村落历史文化发展传承获得可持续的内生动力；

（3）古村落的建筑物多为自有产权，必须正视现有产权特征，有效协调解决村民在提升生活品质需求与村落保护要求之间的矛盾；

（4）将联合国教科文组织牵头制定的“贵阳建议”和历史文化名村保护详细规划有机结合起来，制定全面延续诺邓村整体历史风貌的保护策略，实现规划上的创新。

针对以上问题，项目组在规划编制准备阶段，充分与地方政府和村民进行了沟通，提出了四项原则作为后续工作的基础：

（1）规划应符合和满足“法定性、创新性、实施性”工作方法和技术成果的要求；

（2）规划应有利于推进村民自主自发的“全民保护”模式，应便于政府实施管理、社会的支持以及保护工作的有效开展；

（3）规划应重视村民合法权益，积极探索多样化的保护与发展方法和途径；

（4）规划应整体性保护村落的自然环境、文化记忆、历史演变进程以及自身发展动力。

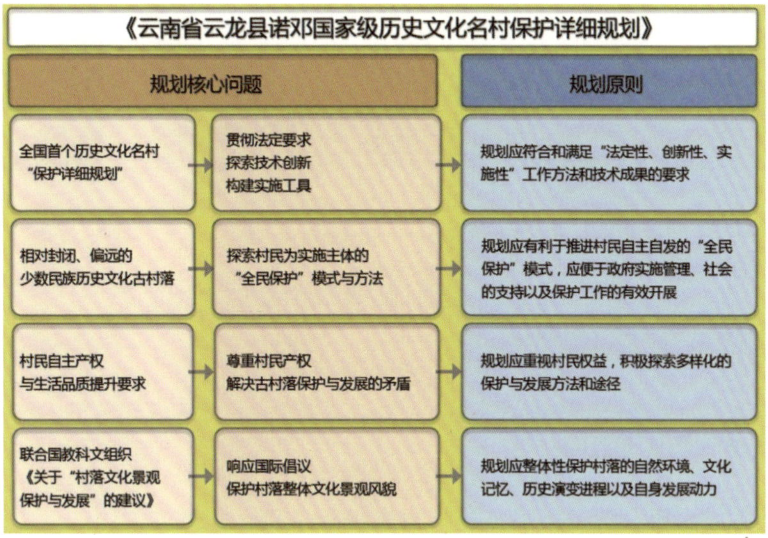

图3-2 保护详细规划编制核心问题与规划工作原则的逻辑关系图

3. 诺邓村保护详细规划的工作框架

遵循规划原则，由规划师、地方干部、村委会委员以及部分村民组成现场工作小组，因地制宜、因时制宜地积极创新工作方法。

首先，采取了入户调查覆盖全村、信息登录责任到户的调查法，并借此过程宣传规划、解读政策，向每户村民明确其在规划实施中的权益和责任，使保护意识逐步深入人心。

其次，建立了翔实、全面的传统民居与古树名木资料库，登录了整个村落的建筑产权、保护等级、建筑特征等大量图文信息，并最终将落实到户的规划建筑保护分类和整治措施对应纳入规划成果主体部分，为未来村民持续、自发的村落保护奠定了扎实的技术基础。

再者，将成果划分为具有明确法定性和控制性的“保护详细规划”主体和阐述形象化的具体设计要求的“建筑和景观导则”两个层面，以分别满足监管主体（政府）和实施主体（村民）的使用需求，使“保护详细规划”兼具控制性详细规划和修建性详细规划的内容与特性。

此外，为更好地推动“全民保护”，使村民顺利成为保护工作的实施主体，规划针对村民文化程度普遍较低的特征，特别将与村民利益密切相关的“建筑保护修缮导则”，改编成通俗易懂的“指导手册”，分发给各户村民，增强他们的保护意识和保护知识。

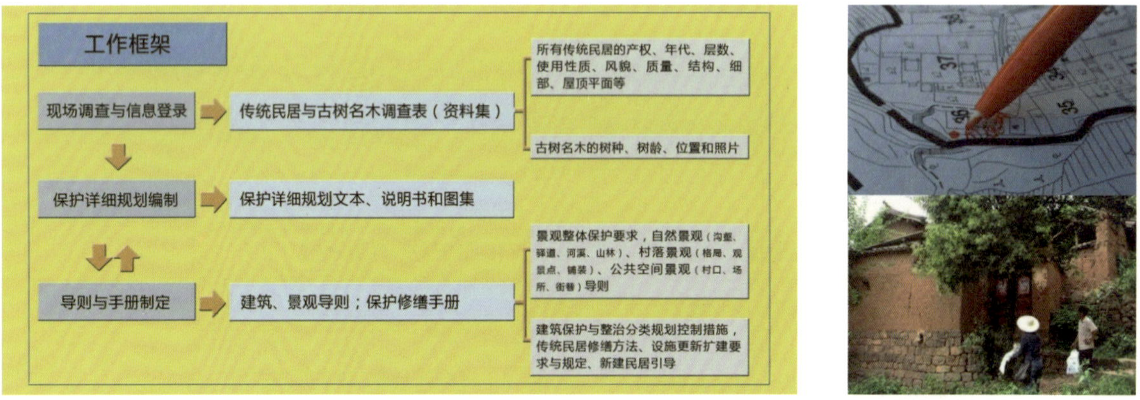

图3-3　保护详细规划编制工作框架图

三、规划编制成果构成与创新

1. 保护详细规划的成果构成

在满足《云南省历史文化名城名镇名村名街保护条例》强制性内容的前提下，项目组将整个规划成果构建成“1+3”的形式，即一个主体和三个配套：

（1）主体部分：保护详细规划的文本、说明书、图集

深入贯彻条例要求，与相关条文形成明确的对应关系，建立了全省首个名村保护详细规划的创新框架。

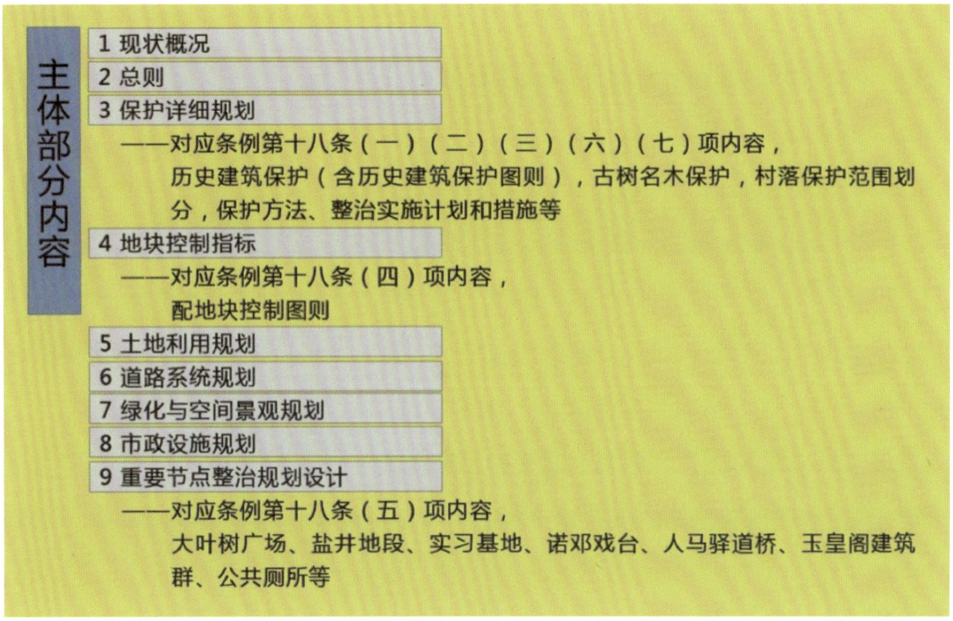

图3-4 保护详细规划主体部分内容构成

（2）配套一：景观保护导则及建筑保护与修缮导则

图文并茂、深入浅出地阐述了对整个村落的自然景观、空间格局、观景点、整体铺装、公共空间景观的保护设计，以及对建筑修缮和民居设施更新扩建的规划控制引导。同时规定：“本导则经政府主管部门批准后，作为《保护详细规划》的深化部分与《保护详细规划》和《云南省历史文化名城名镇名村名街保护条例》配合使用，并与《保护详细规划》具有相同的法律地位。本导则的解释权属云龙县人民政府。”

“景观保护导则”是从保护村落整体景观出发，通过解析村落文化景观，对构成诺邓村文化景观特征的各个方面提出保护要求和整治措施或建议，以指导村民、政府和开发者在村落保护范围及建设控制范围内的各项建设活动。从景观整体保护的要求出发，划定了禁建区、限建区和适建区。在控制要素上将自然景观分解为沟壑景观、古驿道、河溪景观和山林景观，将村落景观分解为村落空间格局、村落景观观景点和村落整体铺装，将公共空间景观分解为村口景观、场所景观和街巷景观。

“建筑保护与修缮导则” 是为相关职能部门提供诺邓国家级历史文化名村民居修缮与建设的指导和管理依据，作为诺邓村民居修缮与新建房屋和具体保护更新措施的参考。首先明确了修复保护原则和新增建设原则，并对建筑保护与整治措施进行了分类。从总体特征、建筑平面、建筑立面、建筑结构和建筑细部几个方面重点对一般传统民居修缮原则进行了阐释，同时对设施更新扩建和新建民居都提出了针对性的建设指导意见。

（3）配套二：建筑保护与修缮手册

全部图示形式表达的口袋书——“指导普及手册”，简洁诠释了建筑保护与修缮导则，方便村民阅读，使村民能够随时对房屋修缮或新建的合规性进行自我检查。采用了类似“小人书”的形式，每个村民家都发放有一册。

手册按照不同的建筑保护等级，分为了两大部分。第一个部分是保护详细规划要点宣传和普及，包括了“建筑保护与整治分类措施”和“文物保护单位和保护建筑的修缮”两部分。第二部分是有关村民自主修缮指导的内容，包括一般传统民居修缮（总体特征、建筑平面、建筑立面、建筑结构和建筑细节），设施更新扩建（牲口棚、厨房、卫生间和相关设施）以及新建民居导引（平面布局、立面设计、结构尺寸、细部装饰和附属设施）三个部分。

（4）配套三：传统民居与古树名木调查表（资料集）

是本次规划现场调研后编制的全村建筑和古树名木的图文信息登录表资料集。

2. 规划编制的特色与创新

规划中尝试了从技术方法到成果内容的多元创新。

（1）制定易于管理的地块控制图则

为使村落保护既有自发性和多样性，又有整体性和条理性，规划创新借鉴了控制性详细规

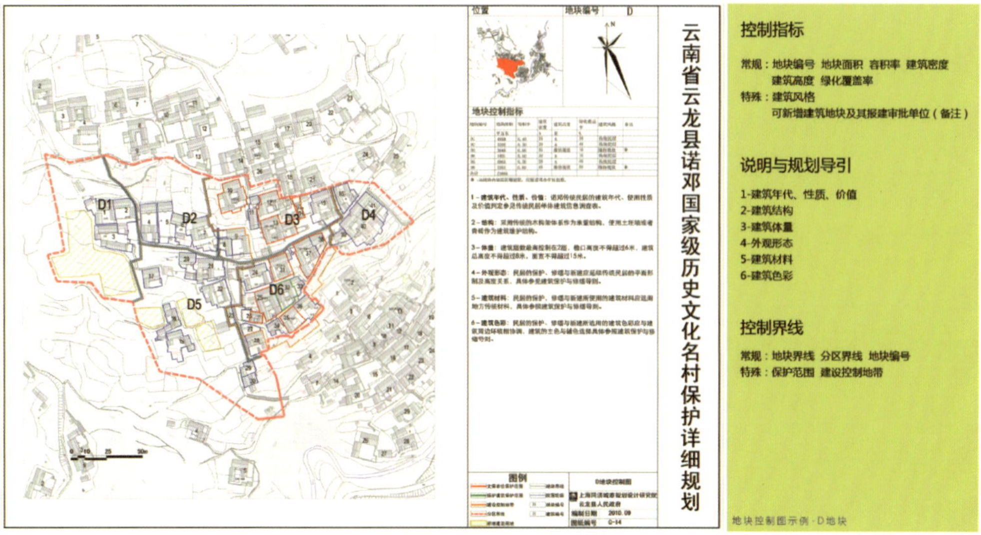

图3-5 地块控制图则样张

划的地块控制图则。每张图则均明确了保护范围、建设控制地带以及可新增建筑的地块位置和建设控制指标，并纳入了建筑保护修缮的导引条文，为地方政府提供了易于实施管理的保护规划依据。

（2）划定尊重居民产权的保护界线

为尊重村民住房产权，鼓励自发保护，规划在图则中明确标示了每户的院落轮廓，以此为基本单位，划定保护范围和建设控制地带，明确每一户的保护整治措施。在保护村民权益的基础上，落实了每户村民应在村落保护中尽到的责任与义务。

建筑编号	户主姓名	建成年代	保护要求
D−7	段泽奇	明清	加固木结构、清理内院、更换门窗、修理门楼、粉刷外墙、整治环境
D−9	杨树先	明清	清理内院、更换门窗、整治环境
D−15	黄金彪	明清	修葺屋面、清理内院、
D−18	杨建民	明清	清理内院、更换门窗、粉刷外墙、整治环境
D−19	杨乾坤	明清	更换门窗、整治环境
D−20	张德明	明清	清理内院、更换门窗、整治环境
D−21	段阳生	明清	更换门窗、修理门楼、粉刷外墙、整治环境
D−22	李宗元	明清	清理内院、整治环境
D−24	杨绍衡	明清	清理内院、更换门窗、整治环境
D−27	黄正	明清	清理内院、更换门窗、
D−28	杨长胜	明清	清理内院、整治环境
D−30	李四连	明清	整治环境
D−33	杨树发	明清	修葺屋面、清理内院、粉刷外墙、整治环境
D−36	段进坤	明清	更换门窗、修理门楼、整治环境
D−38	黄奇昌	明清	清理内院、更换门窗、粉刷外墙、整治环境
D−40	黄奇昌	明清	清理内院、更换门窗、整治环境
D−41	杨绍真	明清	清理内院、更换门窗、整治环境

D区其他历史建筑位置图

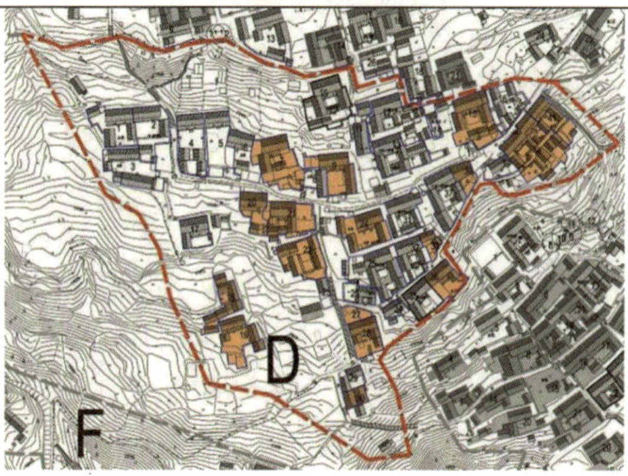

图3−6　落实到村民产权边界的建筑保护分类和整治措施

（3）制定重点建筑的保护修缮导则

对于文物保护单位等有政府资金、人员和技术支持的重点保护建筑修缮工作，规划在说明书中以图文对照的导则形式，针对建筑的各个部分分析具体问题，提出修缮意见，尽可能保证修缮工作落实到位。

建筑区位图	部位	现状问题	现状照片	修缮意见
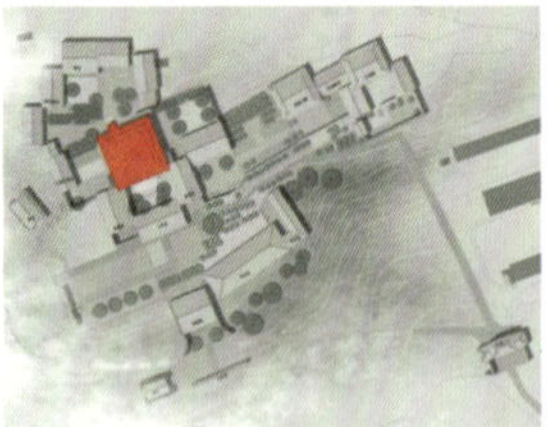	大木作	建筑梁架结构整体保存较好，明间二层楼板下的小横梁为后来新加，木色较新，与周边梁架不协调，建议作旧。		二楼楼板下部新加的小横梁建议作旧。
	小木作	建筑三层的藻井有部分破损，应参照完好部分复原。内柱主要梁架上彩画破损严重；一层内墙上原有白色粉刷剥离严重，建议重新粉刷。		补全藻井及其上部的彩画。恢复主要梁架上的彩画。
	瓦石作	建筑室内现为方砖铺地，可作其他建筑室内铺地修缮的依据，但有少量破损，应予以替换。部分内柱的柱础破损或缺失，应予以补全。屋面瓦有部分破损，应予以更换。		更换破损的地砖和柱础；一层内墙应重新粉刷。

图3-7 玉皇阁修缮导则

（4）制定村落整体风貌保护景观导则

规划在景观导则中综合体现了联合国教科文组织“贵阳建议”的保护思想。以村民生活为

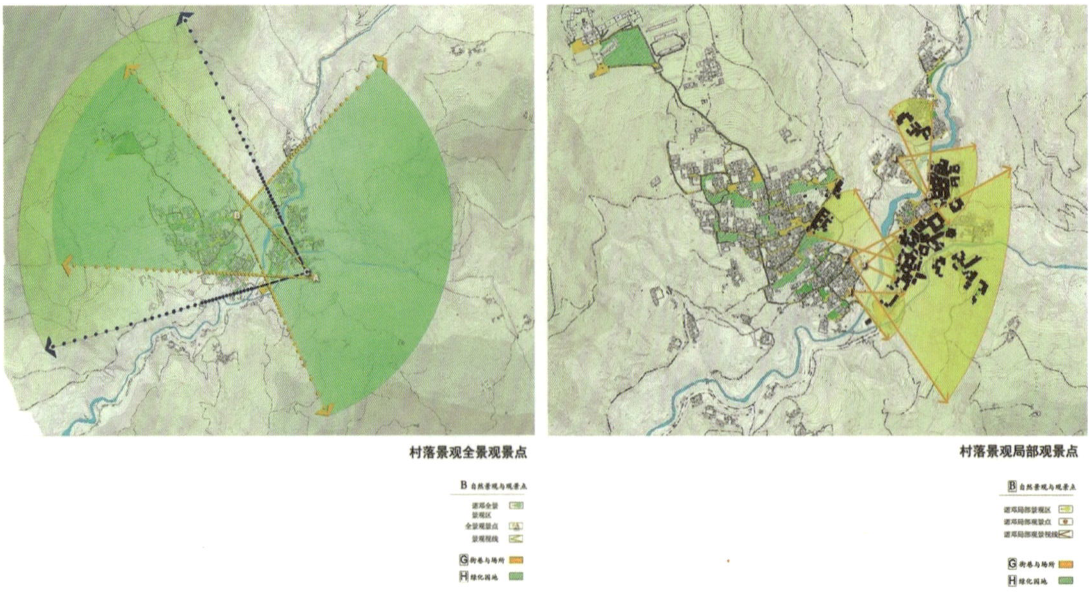

图3-8 景观导则样张

脉络，有机组织了自然景观、村落景观和公共空间，实现自然和文化、物质和非物质、历史和现时的整体保护，使诺邓的整体景观风貌成为全村的宝贵财富和未来发展巨大动力。

（5）编制与导则相配合的重点地块详细设计

不同于一般详细规划，诺邓古村落保护更多的是依靠村民自主自发，渐进式地开展。因此，规划按照导则的要求，针对重点地块进行详细设计，标明建设细节，展示实施效果，使村民可以清楚地了解到规划要做什么，完成后是什么样子。

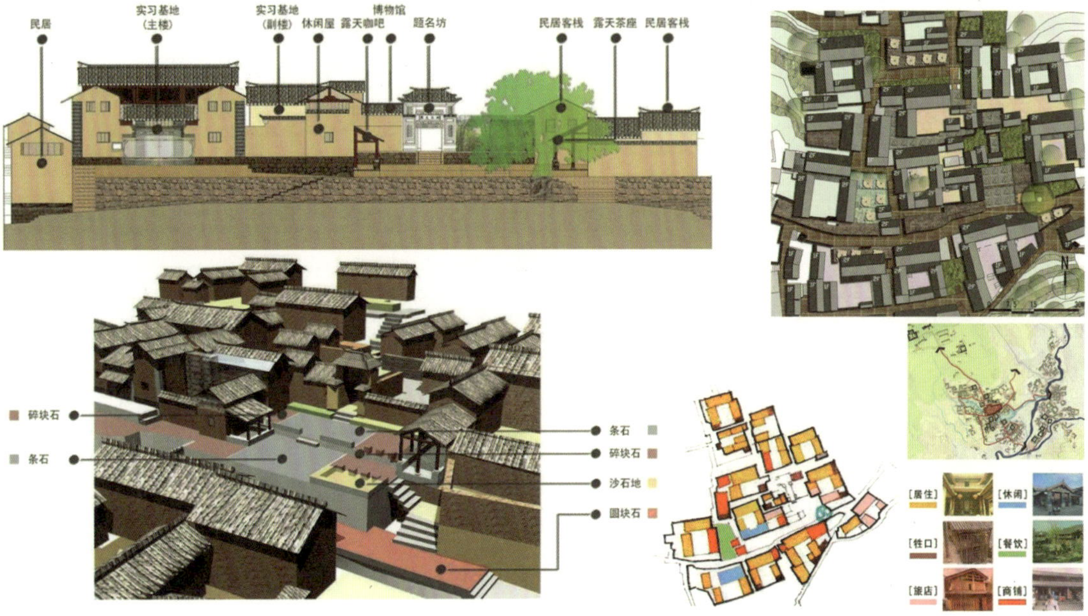

图3-9　大叶树广场整治设计方案

（6）制作易于使用的建筑保护与修缮手册

针对村民最关心的住房更新问题，尤其是厨卫设施建设方面，规划将“建筑保护与修缮导则”加以提炼，制作成可以随身携带的小开本“指导普及手册”。手册全部采取图示形式，画出正确和错误的建设案例，标明新建住房应该采取的平面形式和尺寸，使村民更容易理解和运用保护规划，尽可能减少村落保护与发展建设的矛盾。

项目	正确示例	错误示例
建筑材料	 以选用诺邓村传统民居建造材料为原则，如：石材、木材、瓦、砖、土坯、石灰等。每一种材料的用途和使用方法应与传统建造方法一致。	 水泥、钢筋混凝土、钢等现代材料不得外露于街道可视范围内，水泥砂浆不得作为外墙面材料。建筑立面不应使用瓷砖、马赛克等光滑硬质墙砖作为外墙面材料。

项目	正确示例
厨房、卫生间	厨房、卫生间更新的扩建分为改建和扩建两类。参考位置如下图所示 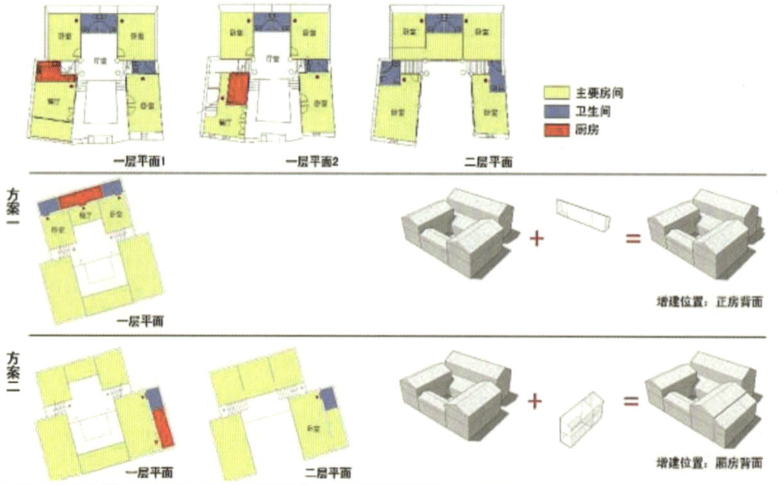

图3-10 建筑保护与修缮手册样张

第四章
诺邓保护详细规划（2013）成果解读

成果构成有别于一般的保护规划，共分为各具功能的四个板块：保护详细规划主体部分（文本、说明书、图集），景观保护导则及建筑保护与修缮导则，传统民居与古树名木调查表和建筑保护与修缮手册。

一、保护详细规划

保护详细规划成果分为两册，一是文本和图纸精要，二是说明书和规划图集。其中文本和图纸精要是规范条文，说明书和规划图集是对文本和图纸精要的重要内容的解释和补充。

1. 文本和图纸精要

文本共七章、二十八条，内容提纲挈领。

（1）第一章：总则

第一章为总则，概述规划目的、依据、目标与原则，强调了保护详细规划与现行《云龙县诺邓历史文化名村保护规划》的关系，明确了诺邓村与周边自然环境结合的历史景观、村落内部整体街巷格局、传统民居和千年白族村落历史文化特色四大保护对象，并依托文化遗产和文化景观保护的概念，提出了整体性、原真性和和谐发展三大原则，其中和谐发展这一原则是对延续性原则的提升。

（2）第二章：保护详细规划

第二章为保护详细规划的主体，包括文物保护单位、保护建筑、其他历史建筑、风貌协调建筑和风貌不协调建筑五大类建筑的分类保护与整治方法，传统街巷和古树名木的保护要求，历史文化名村核心保护区、建设控制地带和环境协调区三个等级的保护区划，以及规划实施的计划、原则和措施。这一部分的重点在于建筑保护类别的重新界定、保护区划的细化调整和实施计划的统筹安排。

上位保护规划的建筑保护与更新类别划分方式为重点保护、保护、改善、保留、整治和更新，在实际操作过程中，大量民居建筑很难将保护保留和改善更新“一刀切”，因此，从“结合民生的保护”的角度，保护详细规划仍然以建筑的保护等级和年代风貌为主要判断依据，更为客观地从建筑自身价值重新做出分类，并将保护与整治措施简化为原样修复、维修改善、整修改造和整改拆除四大类（图4–1）。而对于历史文化名村保护区划，保护详细规划严格贯彻了上位保护规划的规定，结合更为深入的建筑、产权界线、地形和历史文脉调查，将区划要求以空间坐标形式落地（图4–2）。

在深化落地历史文化名村保护区划的过程中，为加强对村落风貌特色的保护和建设控制管理，按照云南省保护条例对“核心保护区”的定义（指由历史建筑物、构筑物和其所处的环境风貌组成的核心区域），从保护历史建（构）筑物及其环境整体性的角度出发，保护详细规划将核心保护区界线外扩至所有文保建筑和保护建筑（核心区内尚未被列入文物保护单位的，但却具有一定历史文化价值的传统民居建筑）的建设控制地带[①]（图4–3）。优化调整后的核心保护区较上位规划增加了2公顷。

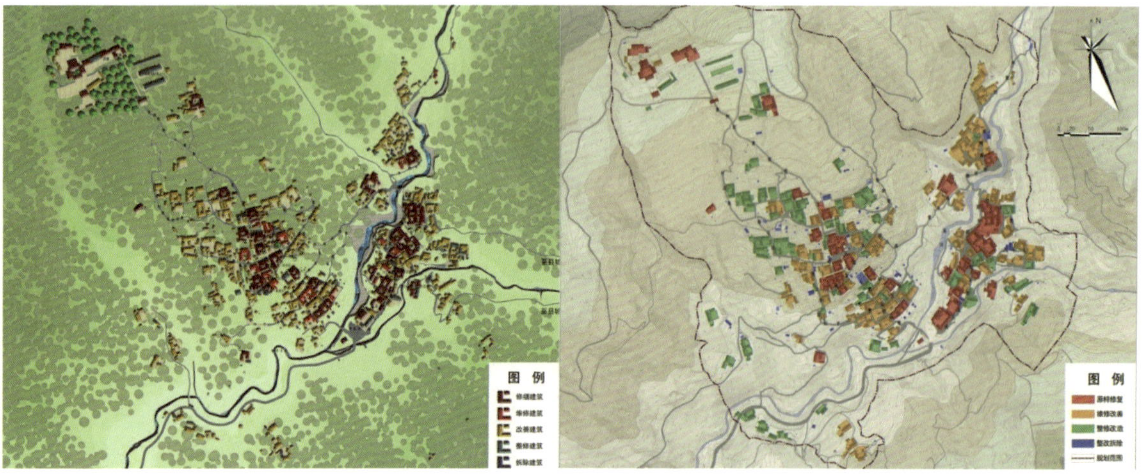

图4–1 诺邓村保护规划（左）和保护详细规划（右）的建筑保护与整治分类比较

注：为更清晰比对，保护规划图纸底色经过淡化处理

① 《云南省诺邓历史文化名村保护规划》的核心保护区界线部分为文保建筑和保护建筑的保护范围，如玉皇阁、棂星门、黄氏宗祠、道长家等，部分为包含了保护范围的连片区，但划片规则并不明确，与历史建筑的建设控制地带存在局部的矛盾，不利于后续的规划实施管理。

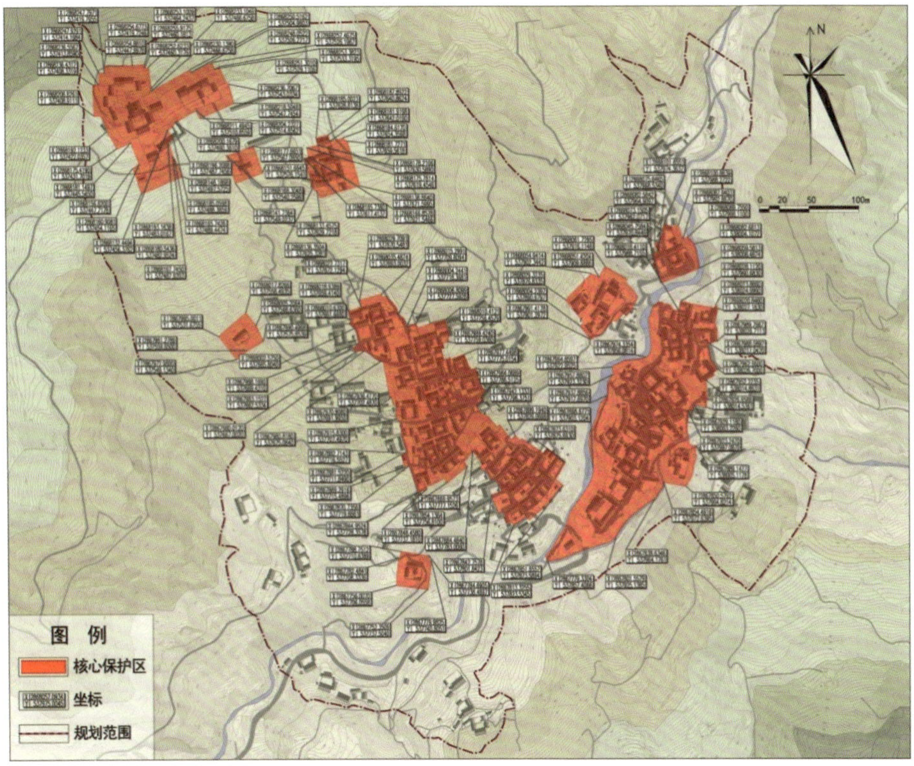

图4–2　诺邓村保护详细规划核心保护区定位图

图4–3　诺邓村保护规划（红色填充）和保护详细规划（红色斜线）的核心保护区比较

实施计划是云南省保护条例特别对保护详细规划层面所提出的内容要求，以强调规划的实施性。规划结合诺邓的村落特征和实际需求，摒弃了以“旅游开发”为导向的时序安排，将体现村落基本风貌的景观要素的恢复整治和与民生相关的基础设施建设作为近期建设重点，而旅游接待设施则在“村民自主保护与自主发展”的理念下，引导其在中后期结合民居修缮和更新更为“顺其自然”而非“人为强加”地配置。规划制定的五条实施原则可以视为整个村落保护工作实施部署的指导思想和行动纲领（图4–4）。在实施措施上，分为行政措施、法律措施和经济手段三个部分。在行政措施中明确了村民参与制度，成立由当地村民组成的热爱村落文化、熟知村落历史、懂得传统民居建造知识的“古建保护开发咨询小组”，随时监督传统建筑的修复、重建、整治等工作，有权指出村落保护开发过程中的各种问题，并提出自己的建议。

原则1：从项目起始就树立物质环境与社会生活共同建设的原则

原则2：保护和发展最重要的力量是诺邓村民，要发动、组织村民的力量

原则3：基础设施需要首先进行建设

原则4：村落历史建筑的修缮和整治工作可以视当时资金的多少灵活制定建设计划，不追求一步到位

原则5：为避免造成社会生活不稳定，尽量控制动迁量

图4–4 诺邓村保护详细规划的五大实施原则

（3）第三章：建设控制指标

第三章是诺邓村保护详细规划依据省保护条例的创新重点，即对建设控制指标的制定和规定。条文规定：“对诺邓村容积率、建筑密度、绿化覆盖率等指标，以及建筑材料、建筑形态、建筑风格、建筑体量、建筑色彩等环境要素进行控制。对于因实际条件限制无法调整的地块，近期暂时先保持现状，远期应严格按地块控制要求执行。”不同于一般的村庄建设指标控制，在此规定中明确了重点地块任何新增建设都必须报云龙县诺邓村保护与发展小组办公室审核批准。在建筑体量控制中，除了层数、建筑高度、檐口高度外，出于保护传统空间肌理的目的，将建筑的面宽控制在15米以内。该章内容主要结合图则实施（图4–5）。

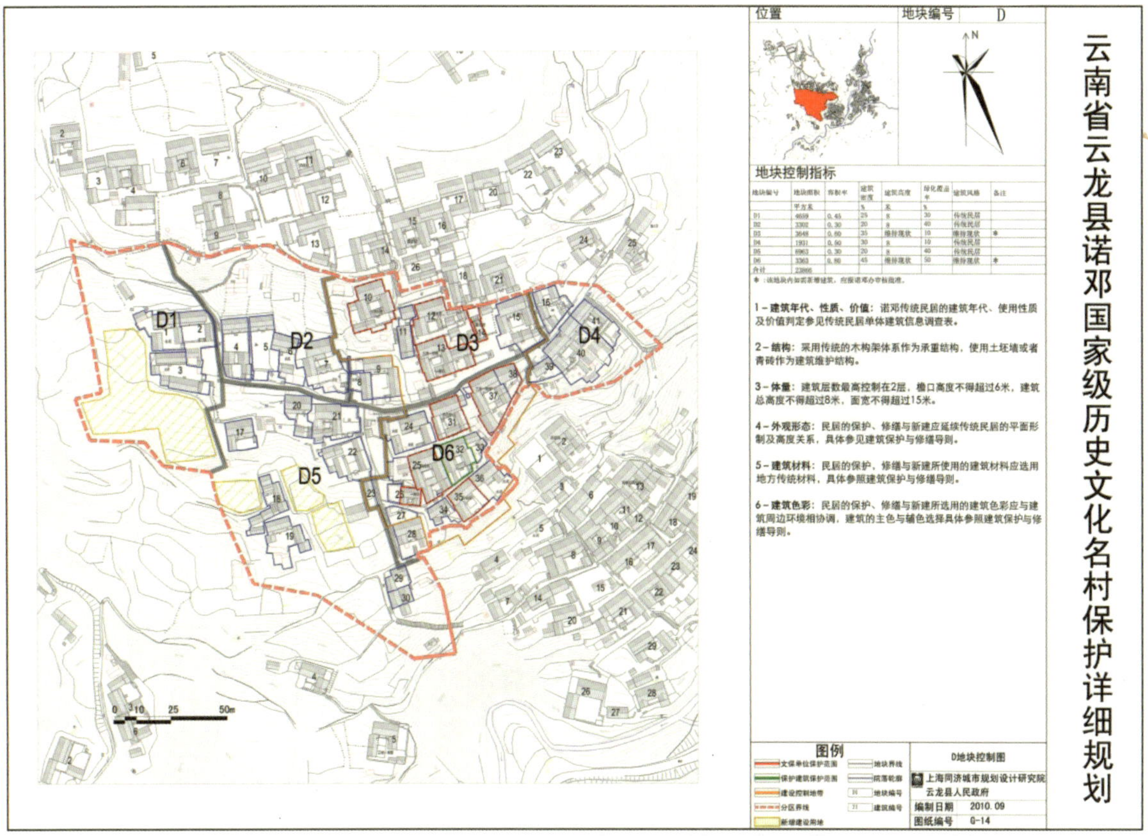

图4-5　诺邓村保护详细规划的地块控制图则示例（D地块）

（4）第四章至第七章：分项规划

第四章至第七章依次为土地利用规划、道路系统规划、绿化与空间景观规划和市政设施规划。其内容承接了上位保护规划中“可持续发展规划”的体系部署，强调了重点民居的展示利用引导方向，核心保护区内街巷的交通管理、铺装整治和标识标志，古树名木的养护管理和公共绿化空间的“微型”增补，以及与古村落建设条件相符的给排水、电力、电讯、环卫、防洪和灾害治理工程措施。

（5）图纸精要

由于保护详细规划既有强制性的规划管理内容，也有引导性的后续保护工程设计引导，所以，将所有图纸中与规划管理直接相关的内容抽取为图纸精要，与文本共同构成保护管理工作的技术依据。图纸精要包括四方面：

①保护区划与保护措施：保护范围分级规划图、核心保护区定位图、文物保护单位与保护建筑控制范围图、建筑保护分类图、建筑保护与整治措施规划图。

②用地布局和空间规划：土地利用规划图、道路系统规划图、绿地与空间景观规划图、建筑高度控制规划图、公共设施分期建设规划图（图4-6至图4-10）。

③保护与规划控制：9个地块的地块控制图。

④市政设施与防灾规划：给水工程、排水工程、电力电讯工程、消防工程、环卫设施、防洪及灾害治理规划图。

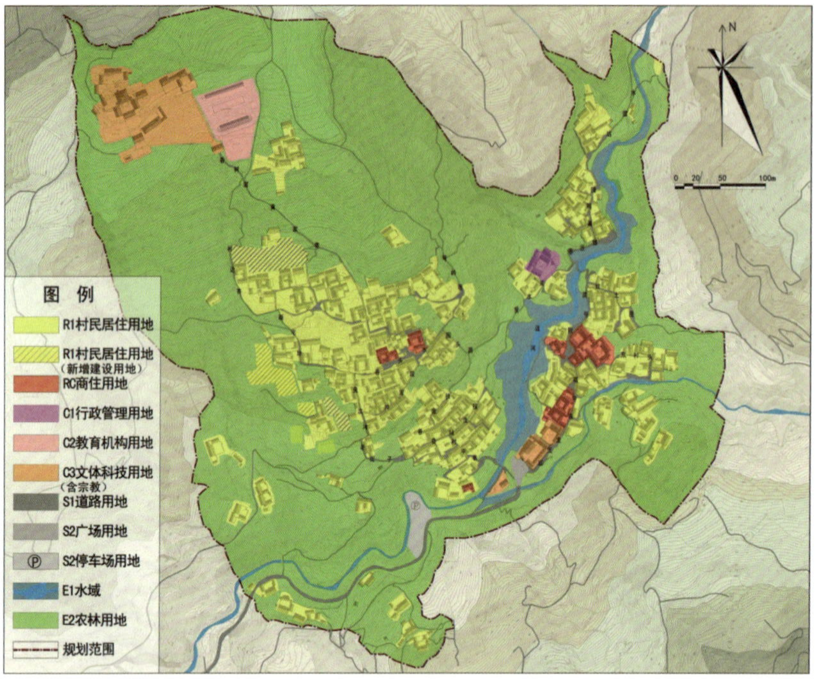

图4–6 诺邓村保护详细规划土地利用规划图

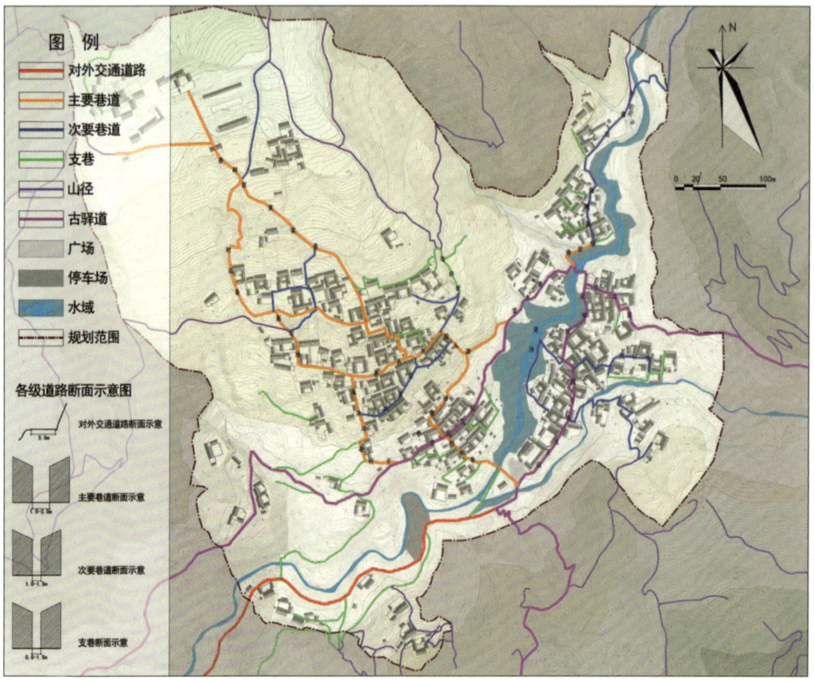

图4–7 诺邓村保护详细规划道路系统规划图

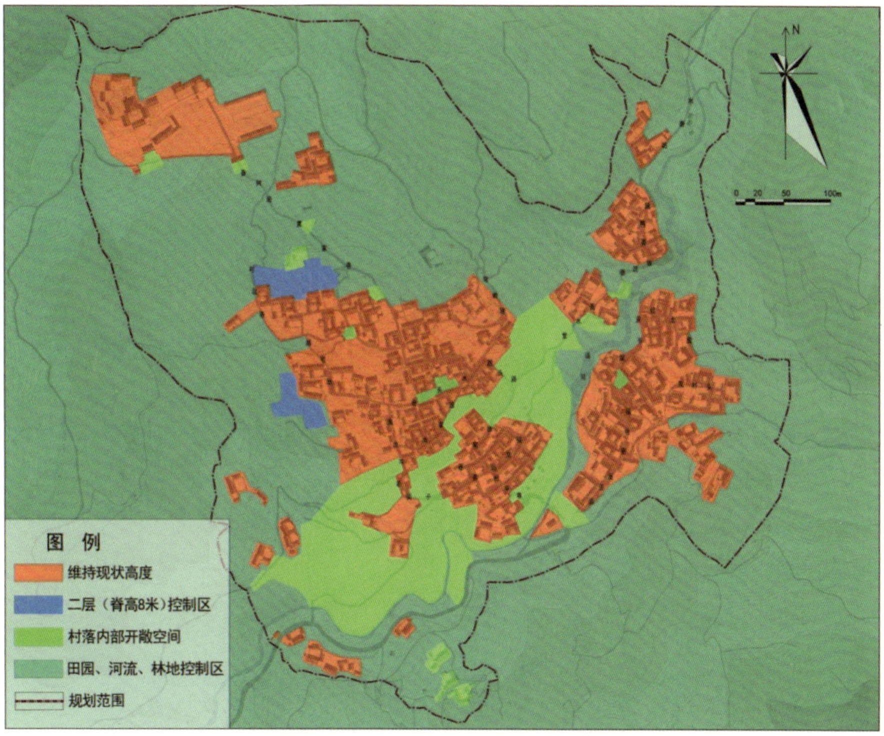

图4-8　诺邓村保护详细规划建筑高度控制规划图

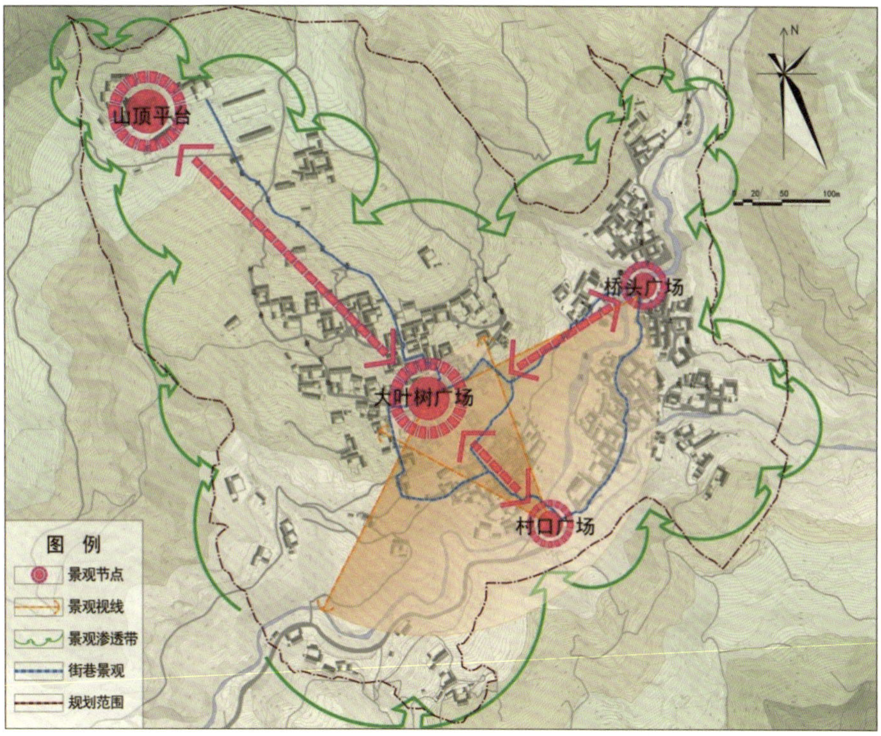

图4-9　诺邓村保护详细规划绿化与空间景观规划图

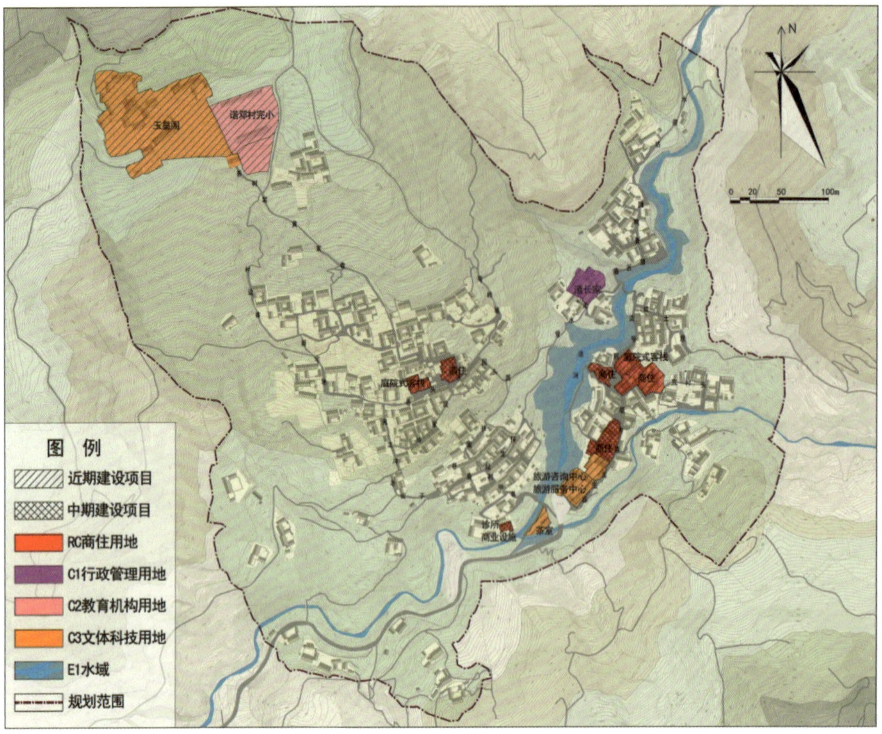

图4-10 诺邓村保护详细规划公共设施分期建设规划图

2. 说明书和规划图集

（1）说明书

保护详细规划说明书是对文本条文的解释和深入阐述。

在保护详细规划中，以建筑单体为单元，对文物保护单位、保护建筑的保护范围和保护要求，对其他历史建筑的保护要求进行了详细说明，相对应地制定了“文保建筑图则”“保护建筑图则”和“其他历史建筑保护要求表与图则”（图4-11至图4-13）。这些图则均为图、文、照片相结合的表格形式。文保建筑图则和保护建筑图则是以每个对象一张图则的形式表达，包括了文保单位或保护建筑的现状照片、建筑编号、现状文字简介、保护范围的图文以及保护要求。在保护范围中，对于保护区和建设控制地带的边界划定充分尊重了各家的产权界限，确保相应保护要求的落地性，不至于同一产权人面临两种不同的管控要求。

而其他历史建筑保护要求表与图则则是针对其他历史建筑的普遍问题，用“统表”和地块图则两种形式共同表达，统表的结构为“问题—图示—保护要求”。总结的问题包括木结构老化、墙体倾塌、屋面破损、内院混杂、门窗残损、门楼破损、外墙开裂剥落、环境杂乱、居住密度过大、危房简屋；责任到户的地块图则将每个地块中的其他历史建筑的编号、建成年代和针对问题的保护要求都与其建筑户主一一对应，如C-16的建筑的户主登记为“黄利壁”，保护要求为“清理内院、更换门窗、粉刷外墙、整治环境”，这种二合一的形式，旨在将保护责任落实到户，对每户提出具有针对性且简单直观的指导，以真正推动村民自主的村落保护。

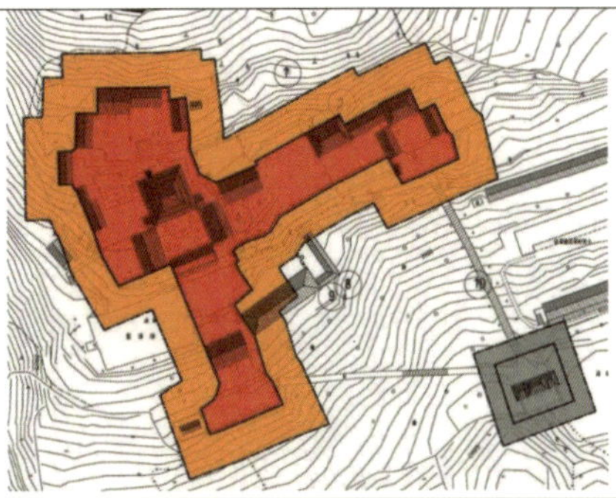

玉皇阁道教建筑群（州级文保）	建筑编号	A－1、3、6、8、9
现状简介		玉皇阁道教建筑群包括大照壁、玉皇阁、弥勒殿、文庙院落，武庙殿院落、静室院落。其中静室院、文昌宫院和武庙院部分建筑被毁，其余院落保存相对完整。
保护范围	文物保护区	已公布批准的州级文物保护单位本身及其组成部分的四至界限。
	建设控制地带	保护范围向外延伸 10m。
保护要求	文物保护区	场地及建筑周边环境进行整治：有损毁的建筑应在专家指导下进行原样修复，做到“修旧如故”。
	建设控制地带	不容许新建任何与文物保护单位风貌冲突的建、构筑物。任何修建项目须由有关部门允许和指导进行。

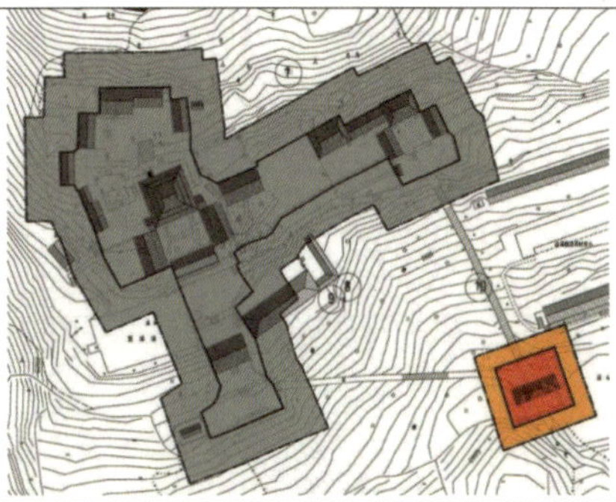

棂星门（州级文保）	建筑编号	A－12
现状简介		棂星门为明代建造，建筑质量与建筑风貌均保存较为完好。
保护范围	文物保护区	牌坊台阶前 5.5m，后 7.2m，左 2.7m，右 2.2m。
	建设控制地带	保护范围向外延伸 5m。
保护要求	文物保护区	场地及建筑周边环境进行整治：有损毁的构件应在专家指导下进行原样修复，做到“修旧如故”。
	建设控制地带	严禁新建任何形式的建、构筑物。

图4－11　文保建筑图则示例

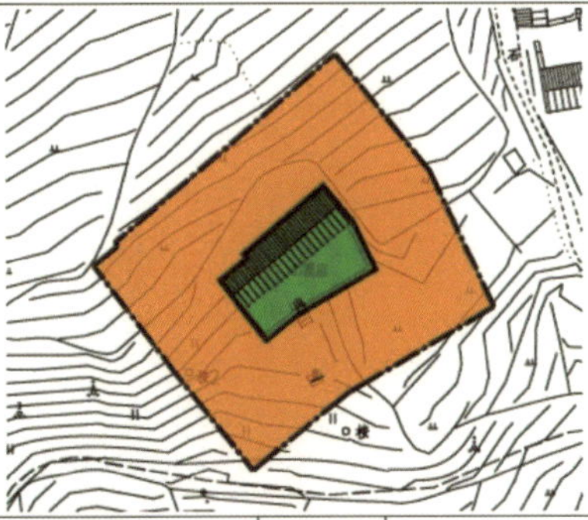

三崇庙（保护建筑）	建筑编号	C－1
现状简介		院落保存完整；建筑木构架有重新更换，形制较为简陋。室内现为水泥铺地。
保护范围	保护区	建筑及院落外墙四周。
	建设控制地带	保护范围向外延伸 10m。
保护要求	保护区	建筑修缮应在专家指导下进行原样修复，做到“修旧如故”。院落及室内铺地应用地方传统材料铺设。
	建设控制地带	不容许新建任何与文物保护单位风貌冲突的建、构筑物。任何修建项目须由有关部门允许和指导进行。

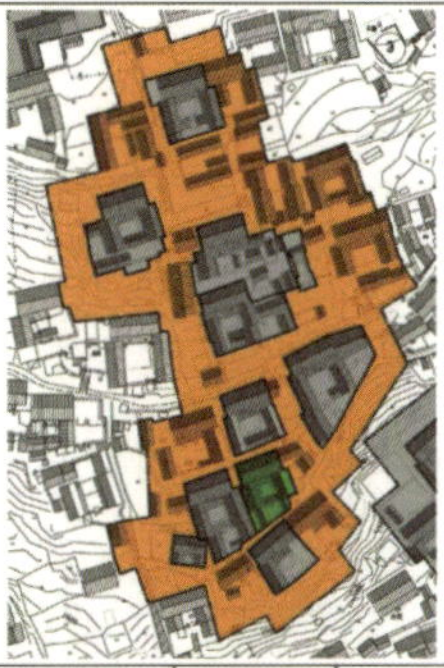

徐天成院（保护建筑）	建筑编号	D－32
现状简介		院落保存较为完整，建筑老化严重，门窗等小木构件破损较多，内部空间使用混乱。
保护范围	保护区	建筑及院落外墙四周。
	建设控制地带	与 D－10 同。
保护要求	保护区	建筑修缮应在专家指导下进行原样修复，做到“修旧如故”。
	建设控制地带	不容许新建任何与文物保护单位风貌冲突的建、构筑物。任何修建项目须由有关部门允许和指导进行。

图4－12　保护建筑图则示例

建筑编号	户主姓名	建成年代	保护要求
C－8	黄永寿	明清	整治环境
C－14	黄松	明清	加固木结构、加固墙体、清理内院、更换门窗、修理门楼、粉刷外墙、整治环境
C－16	黄利壁	明清	清理内院、更换门窗、粉刷外墙、整治环境
C－20	李圣全	明清	加固墙体、清理内院、整治环境
C－21	黄金彪	明清	清理内院、更换门窗、粉刷外墙、整治环境
C－25	杨树发	明清	清理内院、更换门窗、整治环境

C区其他历史建筑位置图

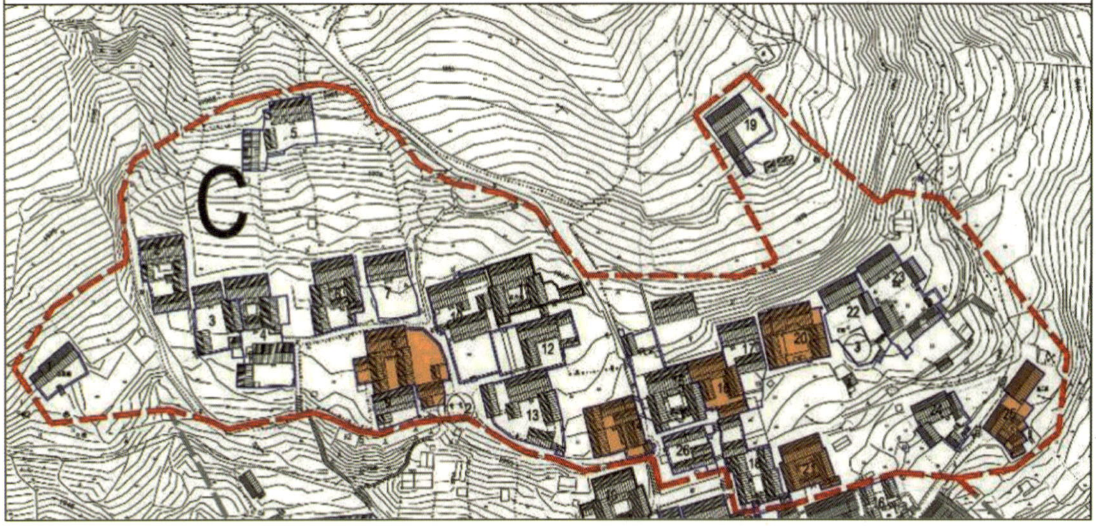

图4-13　其他历史建筑保护要求表与图则示例

针对近期实施计划，制定了重要节点整治规划设计，从空间分析和设计上，进一步细化明确条文的要求和意图，起到一定的示范作用。选取的重要节点既包括大叶树广场、盐井地段、诺邓戏台、人马驿道桥、玉皇阁建筑群这样的现状村落公共空间和公共场所，也包括实习基地、公共厕所这两类未来村落发展所需的民居更新利用和设施新增项目。在设计过程中，对于承载着村落集体记忆的重要公共空间，除了通常的现状分析外，特别强调了该节点的历史研究，尤其是该节点在整个村落发展过程中的历史地位以及所包含的历史要素，从而明确该节点在村落中的整体定位，方案构思原则以及设计要点，在环境改造提升的同时保留集体记忆要素，延续村落故事。

在节点设计方案具体表达形式上，针对古村落的特征和保护利用的实际需求，规划采用了设计导则、建筑单体设计图、三维模型等多样的手法，宜粗则粗，应细则细，不刻意保持每个重要节点整治规划设计成果形式上的一致性。如大叶树广场的整治规划设计，规划以导则为主（图4–14、图4–15），在对建筑功能置换、街道功能规划的图示基础上，重点确定了地面铺装的材料（条石、圆块石、碎块石或沙地）、绿化种植的位置和尺度（小乔木、庭院绿化、草地）和立面设计的要素形式（屋顶、窗扇、墙面、台阶等）。又如盐井地段，现井房为20世纪70年代建成，已经衰败，目前保留有盐井地下部分和井架（图4–16）。为更好地保护盐井的主体和更好地展示、利用诺邓村以盐业为核心的历史文化，诺邓拟结合盐井保护工程建设盐业文化博物馆，除保留历史上遗留的两口盐井外，其余室内空间用于展示。按照这一目标，盐井地段的建筑设计就成为成果核心（图4–17）。

图4–14　大叶树广场要素分析

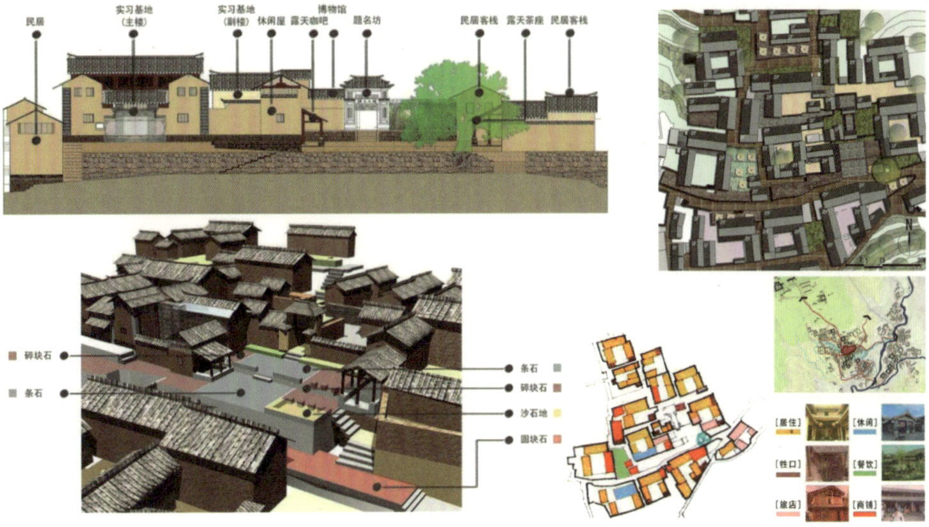

图4–15　大叶树广场整治规划设计

图4-16　盐井照片和历史研究

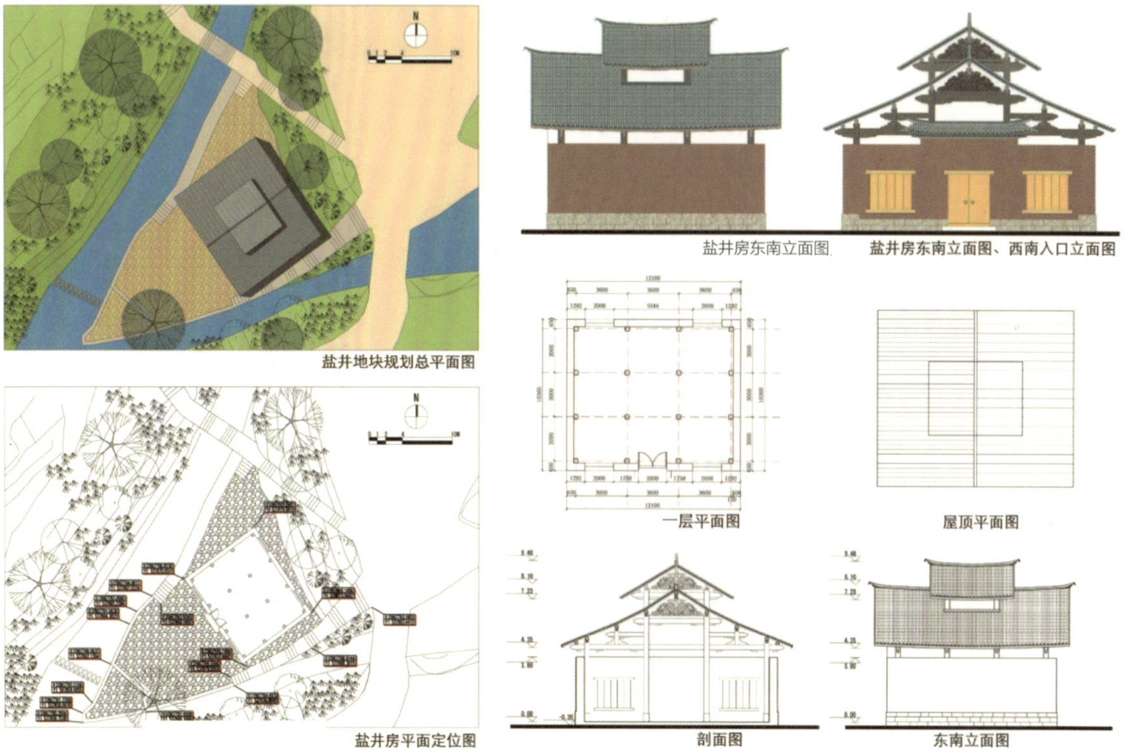

图4-17　盐井地段建筑设计

（2）规划图集

规划图集在图纸精要基础上补充了土地利用、道路系统、文物保护单位与保护建筑分布、建筑综合评定等各类现状图纸，并附加了与说明书“重要节点整治规划设计”内容相对应的设计图纸（表4–1）。规划图集和图纸精要的划分实质上是对保护详细规划实施操作管理权限的界定，列入图纸精要的图与文本同样具有省保护条例赋予的法律地位。

表4–1　规划图集与图纸精要的内容比较

规划图集		图纸精要	规划图集		图纸精要
现状图纸	X01—区位图	×	规划图纸	G11—A 地块控制图	√
	X02—土地利用现状图	×		G12—B 地块控制图	√
	X03—道路系统现状图	×		G13—C 地块控制图	√
	X04—文保单位与保护建筑分布图	×		G14—D 地块控制图	√
	X05—建筑屋顶平面现状图	×		G15—E 地块控制图	√
	X06—建筑编号图	×		G16—F 地块控制图	√
	X07—建筑年代现状图	×		G17—G 地块控制图	√
	X08—建筑使用性质现状图	×		G18—H 地块控制图	√
	X09—建筑高度现状图	×		G19—I 地块控制图	√
	X10—建筑结构现状图	×		G20—给水工程规划图	√
	X11—建筑风貌现状图	×		G21—排水工程规划图	√
	X12—建筑质量现状图	×		G22—电力、电讯工程规划图	√
规划图纸	G01—保护范围分级规划图	√		G23—消防工程规划图	√
	G02—核心保护区定位图	√		G24—环卫设施规划图	√
	G03—文物保护单位与保护建筑控制范围图	√		G25—防洪及灾害治理规划图	√
	G04—建筑保护分类图	√		G26—大叶树广场地块详细规划图	×
	G05—建筑保护与整治措施规划图	√		G27—盐井地段详细规划图	×
	G06—土地利用规划图	√		G28—实习基地建筑设计图	×
	G07—道路系统规划图	√		G29—诺邓戏台规划设计图	×
	G08—绿化与空间景观规划图	√		G30—人马驿道桥设计图	×
	G09—建筑高度控制规划图	√		G31—玉皇阁建筑群场地整治图	×
	G10—公共设施分期建设规划图	√		——	——

二、景观保护导则

景观保护导则“适用于诺邓村户外自然、人工环境的物质实体的维持、修缮、改建与新建”，作为保护详细规划的深化部分，经批准后与保护详细规划具有相同法律地位。景观保护导则的编制是诺邓村保护详细规划的一次创新探索。村落景观的保护该包括哪些内容，采用何种形式，是探索的重点。导则在保护村落文化景观整体性的同时，突出强调了便民性原则和促进发展原则，明确景观保护也是保障村庄民生发展的重要手段。

1. 村落景观保护的三大景观要素

针对村落景观保护内容的问题，景观保护导则运用村落文化景观的概念，从保护村落“人类与自然环境互动”的整体景观出发，解析和确定构成诺邓村文化景观特征的要素。“整体性”保护是诺邓村的村落文化景观解析和分类的出发点，最终的三大景观要素类别划分体现了“山水空间的整体性”和“村落格局的整体性”两个空间范畴的保护理念。

三大景观要素类别为自然景观、村落景观与公共空间景观（表4-2）。其中：

（1）自然景观是诺邓村得以存在和具有地域识别性的自然环境，包括沟壑、河溪和山林景观，古驿道因其“与自然山峦融为一体”也被纳入自然景观要素进行保护。对自然景观的强化和细化保护，是在保护规划基础上贯彻“山水空间的整体性”保护理念的重要途径。其中特别强调的是山林景观是山地白族村落特有的自然景观，在村落中的高处可以远眺周边优美的山峦

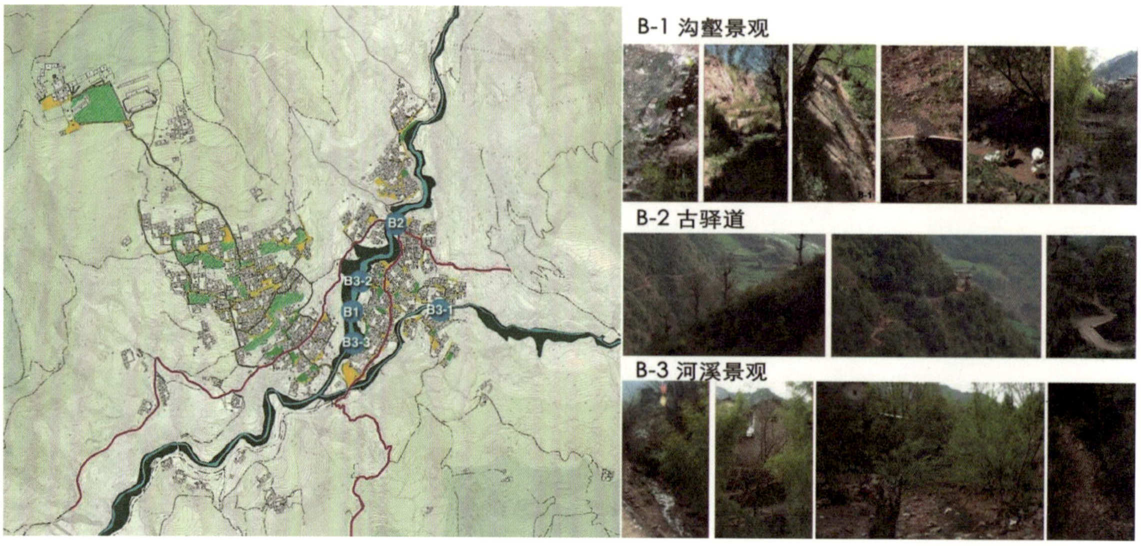

图4-18　诺邓村自然景观——沟壑景观、古驿道与河溪景观

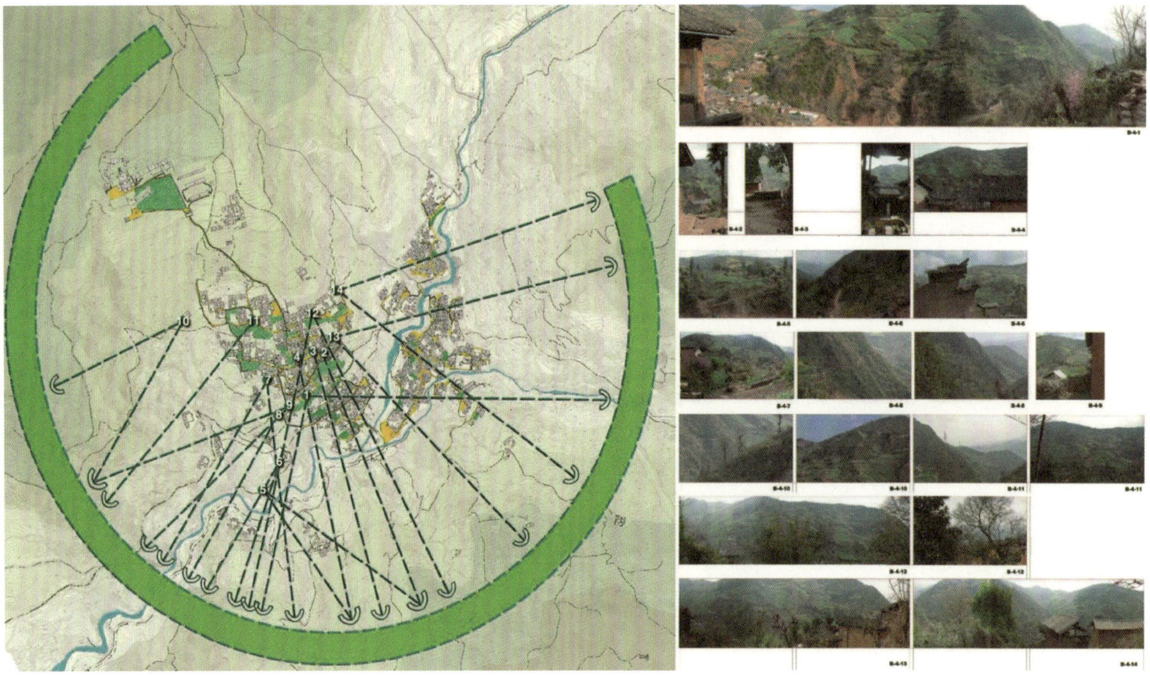

图4-19　诺邓村自然景观——山林景观

和梯田，突出反映了人和自然的互动，是诺邓独特的村落景观，因而对山林景观眺望点的位置以及视觉通廊的保护都做了相应的控制（图4-18、图4-19）。

（2）村落景观主要指以整体面貌呈现的诺邓村形成发展至今的人文景观，包括村落空间格局和村落整体铺装。“三片两组”是诺邓村落景观的组成特色，为保持村落依山就势的建筑组团布局，保持民居传统的坡顶形式，对新建筑的建造和开发应进行严格限制和充分讨论。村落景观观景点因其是这种整体性景观得以呈现和感知的关键场所，同样被归入村落景观进行保护（图4-20）。

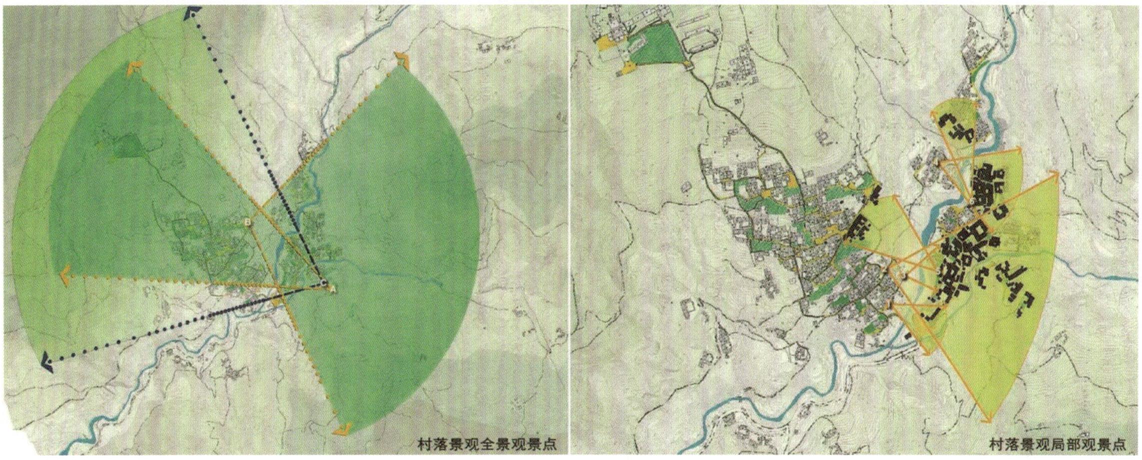

图4-20　诺邓村村落景观——全景观景点与局部观景点

（3）公共空间景观是村民生活生产的重要场所，是村内人类活动最具公共性和特殊意义的地方，包括了村口景观、场所景观和街巷景观三类。这些人类活动的点状空间和线形空间被串联成系统进行保护，以贯彻村落“村落格局的整体性”保护理念（图4–21）。

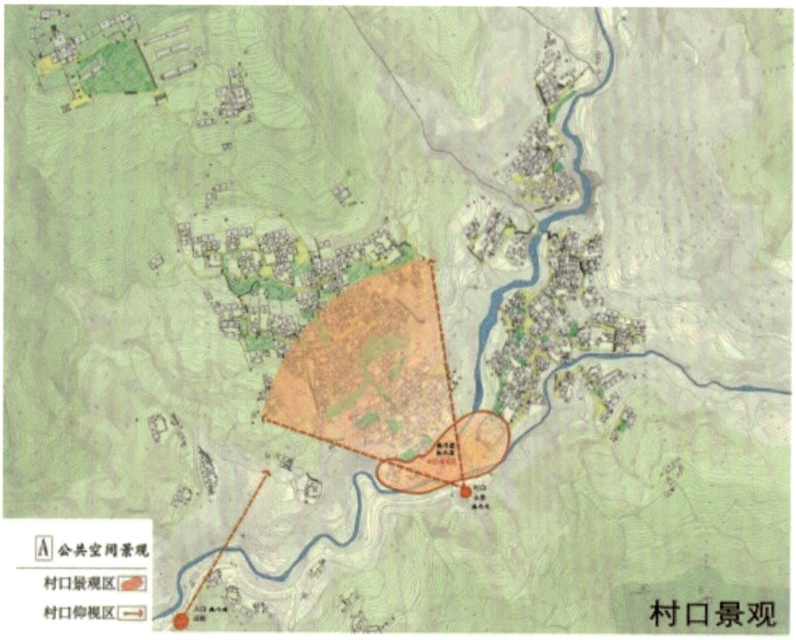

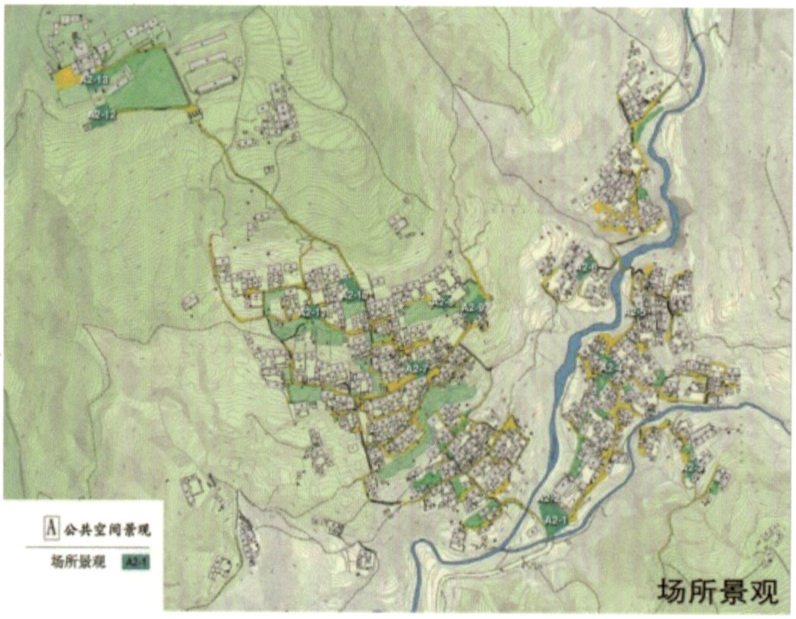

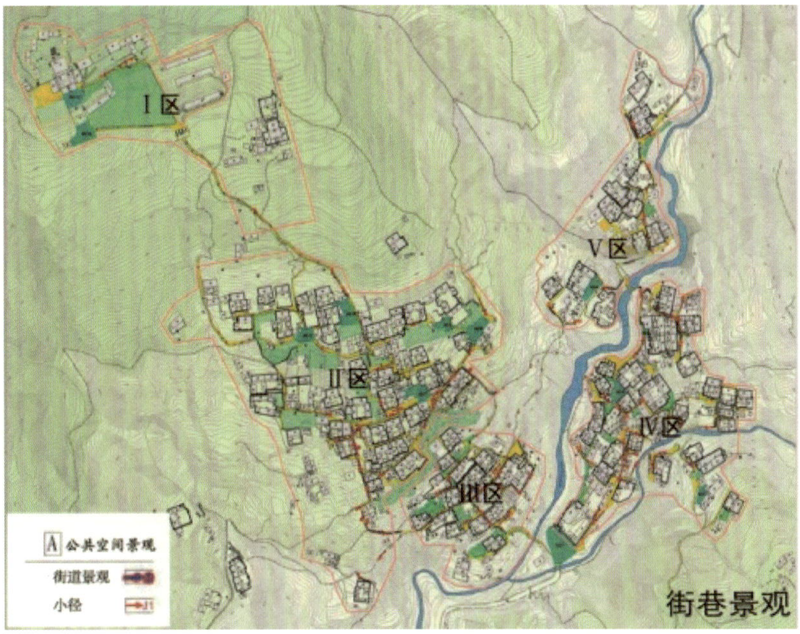

图4-21 诺邓村公共空间景观——村口景观、场所景观、街巷景观

表4-2 诺邓村景观保护导则内容框架

景观保护对象	景观类别	景观内容
自然景观	沟壑景观	将村落分为三片坡地和一个台地的两条重要沟壑
	古驿道	绕过山梁、穿过村落的古驿道
	河溪景观	两条穿过村落在村口汇聚成一的河溪
	山林景观	南部山峦优美的梯田和自然的山林
村落景观	村落空间格局	"两片三组"依山就势、层层叠叠的村落建筑组团布局
	村落景观观景点	村落内观赏诺邓村的三处全景观景点和六处局部观景点
	村落整体铺装	台阶、街巷道路、广场上的村落的室外和半室外铺装
公共空间景观	村口景观	村口仰视的村落全景、村落主入口、盐井地段的全村入口
	场所景观	村口广场、村口休息平台、南片村落山腰平台、道长家前场地、贡爷院前场地、盐局前场地、大叶树—题名坊场地、休闲生态博物馆前场地、黄家巷南端场地、家庭生态博物馆前场地、玉皇阁前广场及场地
	街巷景观	村落现有街巷网络、空间形态、空间尺度、铺装，沿街巷可见的绿化、护坡、围墙，所有街巷的历史名称

2. 村落景观保护的整体管控和个体导引

针对村落景观保护形式的问题，景观保护导则采用了整体管控和个体引导相结合的方式。整体上，导则针对最易对村落景观造成破坏的开发建设行为，将村落与村落周边一并划定了禁建区、限建区和适建区（图4-22），规定禁建区内不得建造永久性建筑物；限建区内各类人工

设施建设活动不得改变自然地形地貌，建筑物不得超过2层，建筑物建造时应成组布局且每个组群规模不得大于5栋；适建区内建造的建筑物同样不得超过2层，并宜采用地方传统形式和地方材料。个体上，导则对每个景观类别中要保护的内容都一一以位置图、现状照片和文字保护要求的形式指导其保护、改善和建设，以确保保护意图能够在空间上对应落地（图4-23）。

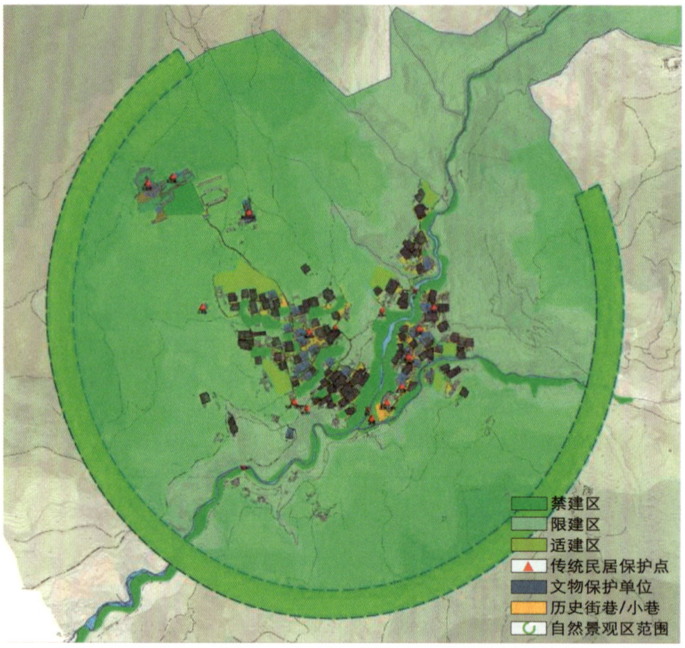

图4-22　诺邓景观保护总图

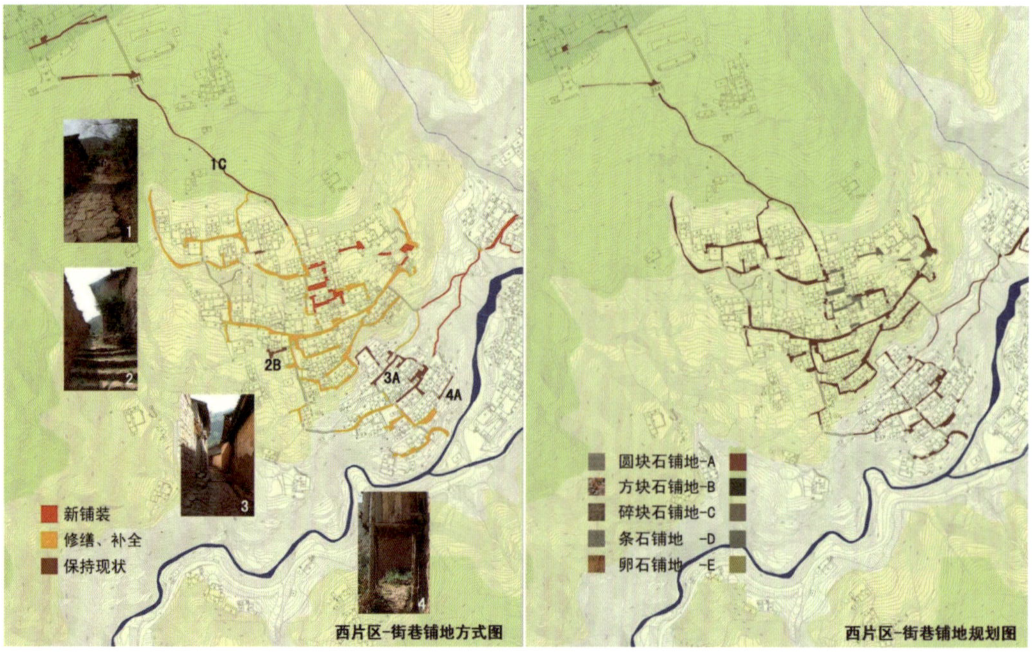

图4-23　诺邓景观分项导则示意——街巷铺地导则

三、建筑保护与修缮导则

建筑保护与修缮导则的编制目的是为云龙县相关职能部门提供诺邓村的民居修缮和建设的指导和管理依据，作为诺邓村民居修缮与新建房屋和具体保护更新措施的参考，是与保护详细规划配合使用的参考性文件。在修复、保护上强调原真性原则、整体性原则、可识别性原则、可逆性原则，在新增建设上强调协调原则、地域性原则、现代化原则和可持续原则。全村的建筑保护分为五大类：文物保护单位、保护建筑、其他历史建筑、风貌协调建筑、风貌不协调建筑。对于这五类建筑的整治措施分别是：原样修复、原样修复、维修改善、整修改善和整改拆除。

1. 建筑保护与修缮导则的内容特征

建筑保护与修缮导则共分为七个部分（图4–24），其中，一般传统民居的修缮[①]、针对民居的设施更新扩建以及新建民居引导是最核心的内容，是以专业技术指导形式加强推动居民自主保护理念贯彻落实的关键板块，而文物保护单位和保护建筑的修缮已经作为强制性要求被详细地纳入文本和说明书，在导则中仅以通行规定形式出现。

建筑保护与修缮导则		
	总则	目的、修复保护原则、新增建设原则、适用范围
	建筑保护与整治分类措施	文物保护单位、保护建筑、其他历史建筑、风貌协调建筑、风貌不协调建筑的分类规划控制
	文物保护单位和保护建筑的修缮	通行规定
	一般传统民居修缮	指导原则、总体特征、建筑平面、建筑立面、建筑结构、建筑细部
	设施更新扩建	指导原则、总体要求、分项规定
	新建民居引导	指导原则、引导要求
	附则	名词解释、诺邓村传统民居构成要素图集、诺河河道护坡整治

图4–24　诺邓村建筑保护与修缮导则内容框架

① 一般传统民居指除文物保护单位和保护建筑以外的民居建筑。

针对修护保护工作，导则着重强调了遗产保护的原真性，要求“整故存真”，不仅要求修复补缺部分和原有部分保持外观上的和谐一致，更要求所有添加部分都应具有可识别性，以保持建筑的历史可读性和历史艺术见证的真实性。

针对新增建设工作，秉着“村落文化景观”的完整性和延续性理念，除通过建筑形式、材料、尺度、色彩、空间格局的控制来引导强化历史文脉的延续外，导则更强调的是继承传统、立足当代的地域建筑文化培育，鼓励合理引入各种现代材料、设施、技术，甚至鼓励建筑走向生态化，以真正地使村落保护与民生发展相融合，使村落文化景观真实地延续下去，而非刻意停留在某个特定的时间断层上。

2. 一般传统民居修缮导则

在民居修缮的指导内容上，首先确定三条指导原则：

（1）建筑单体与群体关系应反映传统建筑特征，体现诺邓村的地方历史和民族文化特色。

（2）历史建筑物修建及整饬应还原其传统风貌、体现原真性。少数与传统风貌不协调的建筑物应进行改造。

（3）在建筑修缮过程中，应保持原格局特征，原风貌特征（如材料、色彩、装饰等），原尺寸特征，原结构形式。

在三条原则的指导下，导则按照从整体到局部的思路展开（表4–3），即：

首先，明确诺邓村民居建筑的空间格局、建筑材料、建筑色彩三大外观特征，总体把控建筑风貌特色的协调和延续（图4–25）；

其次，明确建筑平面、建筑立面和建筑结构三大建筑设计和建造的基本维度，从内在和本质的角度体现和强化民居建筑文化（图4–26、图4–27）；

最后，引导建筑细部设计，继承和弘扬诺邓村民居建筑的传统装饰手法和风格（图4–28）。

表4–3 诺邓村建筑保护与修缮导则对一般民居修缮的指导层次、内容和要点

层次	内容	要点
总体特征	空间格局	平面形制（包括水平的空间格局和竖向的空间层次）
	建筑材料	传统材料的应用要求、现代材料的使用限制、推荐材料及其用途
	建筑色彩	引导原则、建议色卡
建造基本维度	建筑平面	平面类型（包括基本类型、变型和组合形式）、平面尺寸、组合关系
	建筑立面	高度关系、立面尺寸、组合关系（门窗位置和坡顶形式）
	建筑结构	承重体系、主要尺寸（坡度、挑檐深度、开间尺寸）

续表

层次	内容	要点
建筑细部	门楼	砖拱式门楼、木过梁平拱式门楼、木构架门楼、大门
	照壁	一般装饰、檐部线脚装饰
	门窗槅扇	门槅扇、木窗、木墙槅扇
	山墙	硬山屋顶山墙、悬山屋顶山墙、砌体山墙
	屋顶及屋檐	檐口屋瓦末端、屋脊两端、檐下装饰
	柱础	构成、尺寸和装饰
	栏杆	材质和形式
	梁柱装饰	装饰部位和装饰纹样
	地面铺装	铺装材料、铺装方式、铺装图案

图4-25　诺邓村民居建筑的总体特征导则（空间格局、建筑材料、建筑色彩引导概览）

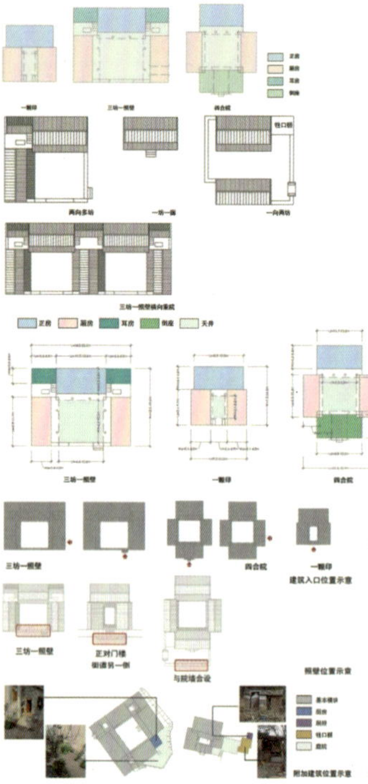

建筑平面

平面类型

（1）基本类型

一颗印——即由正房与厢房组成，平面方正如印。

三坊一照壁——即正房一坊，左右厢房二坊，加上正房对面的一照壁合围成一个三合院。

四合院——即由正房、倒座、东西厢房，围绕中间庭院布局而成的传统民居。

（2）变型

三坊一照壁变体1（一向两坊）。

三坊一照壁变体2（一坊一廊）。

三坊一照壁变体3（两向多坊）。

（3）组合

三坊一照壁横向重院。

平面尺寸

各类民居的平面尺寸应在表1规定的范围内选择：

表1 诺邓村民居建筑平面尺寸

类型		面宽L（m）	进深W （m）	比例（L/W）
三坊一照壁	正房	11.0～12.6	5.2～6.6	1.82～2.34
	厢房	6.8～11.7	3.8～5.2	1.42～2.55
	天井	4.4～10.6	4.2～10.0	0.45～1.50
四合院	正房	11.7～13.6	5.2～6.4	1.84～2.34
	厢房	6.6～10.4	3.7～4.7	1.70～2.74
	倒座	4.8～13.5	2.6～4.3	1.64～3.17
	天井	3.3～5.2	2.8～5.2	0.78～1.24
一颗印	正房	8.8～13.0	4.1～5.6	2.16～2.74
	厢房	3.1～9.7	3.1～4.0	0.99～2.45
	天井	2.6～4.9	3.1～8.6	0.49～1.00
耳房（仅三坊一照壁、四合五天井）		5.6～6.6	3.6～4.5	1.25～1.79

组合关系

民居建筑平面在不同类型平面及对应尺寸范围的框架下，根据入口位置、附加建筑、照壁位置的不同，又产生不同的平面布局。在民居建筑的修缮、建设中，应遵循以下原则：

（1）入口位置

三坊一照壁的入口应设于照壁两侧中的某一侧或设于厢房侧面底层。

四合院与一颗印的入口宜设于正面中央，四合院也可设于侧面沿街面上。

（2）附加建筑——院落、厨房、厕所、牲口棚

附属院落因地制宜，依附于基本建筑类型，形成完整的院落格局。

厨房宜设于民居内部，位于其中一厢房内，或设于耳房内。

卫生间可设于庭院内。

牲口棚视建筑占地面积大小，可设于庭院内或另设于庭院外部。

（3）照壁位置

照壁可利用建筑侧墙设置，形成三坊一照壁的形式；也可设于正对正立面门楼、设于街道对面，条件合适可围合成院落。

图4-26 诺邓村民居建筑的建造基本维度导则（建筑平面引导概览）

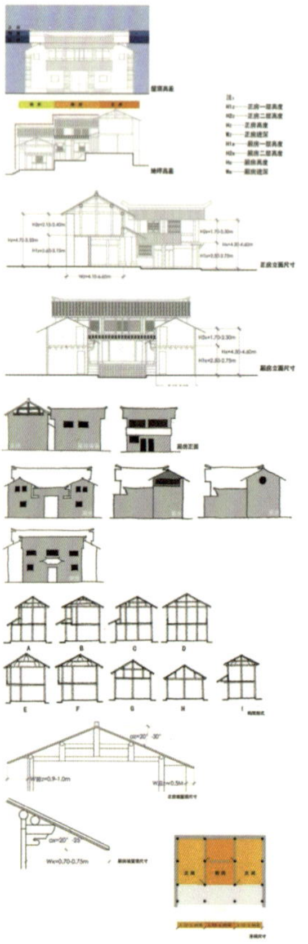

建筑立面

诺邓村民居建筑立面保护分高度关系、立面尺寸、组合关系等三个部分，通过规定、引导，保持诺邓传统民居的格局特征、尺寸特征以及风貌特征。

高度关系

民居建筑高度应遵循以下基本原则：

（1）民居建筑层数以一至两层为宜，不得高于两层。

（2）在无场地高差的情况下，正房每层的檐口皆应高于厢房对应的檐口，正房屋脊高度高于厢房屋脊高度。倒座的屋脊高度高于厢房的屋脊高度，但低于正房的屋脊高度（有地形变化的情况除外）。

（3）民居建筑位于有高差的地坪上时，正房应位于最高台地；可在正房两侧各设一至两间厢房，同侧的两间厢房可分设于高差不同的台地上。

立面尺寸

各类民居的立面尺寸应在表2所规定的范围内选择。

表2 诺邓村民居建筑立面尺寸

	一层高度 H1（m）	二层高度 H2（m）	一二层比例 H1/H2	檐口高度 H（m）	进深 W（m）	比例 H/W
正房	2.60～3.15	2.15～2.40	1.3～1.5	4.70～5.55	4.10～6.60	0.8～0.9
厢房	2.50～2.75	1.70～2.30	1.5～1.6	4.30～4.60	3.10～5.20	0.9～1.1

组合关系

民居建筑立面在对应尺寸范围的框架下，根据门窗位置、坡顶形式与坡度的不同，产生不同立面。在民居建筑的修缮、建设中，应遵循以下原则：

（1）门窗位置

1）正房、厢房正面楼层开窗以平开窗和槅扇窗为主；山墙上半部的木结构可外露，以满足采光通风。

2）厢房背面，应在厢房二层开窗；厢房山墙，一、二层皆可开窗，以一至二个窗为宜。

3）厢房山墙上半部以木材作外墙面时，可设窗洞、平开窗或窗格，开窗数量不限；以土坯作外墙面时，宜以窗格为主，形状可为圆形或方形，圆窗一个为宜，方窗可设一至二个。

4）倒座正立面上半部以木材作外墙面，宜以窗格为主，开窗数量不限；以土坯作外墙面时，宜在门楼上方设一窗户，并可于两旁对称设置两窗户。

5）商业铺面做法为两种形式：用外墙作固定柜台的铺面以及门窗扇式铺面。

6）不得在同一面墙上设多个出入口。

（2）坡顶形式

坡屋顶一般为悬山，屋脊两端应以筒瓦设置起翘。

建筑结构

承重体系

民居以木梁柱构架承重，屋架形式为穿斗式和抬梁式，常用五架或七架。

主要尺寸

（1）坡度

正房屋顶坡度宜在22°～30°之间，厢房屋顶坡度宜在19°～25°之间。

（2）挑檐深度

正房面向庭院一侧挑檐深度宜为0.9～1.0m之间，正房后墙挑檐深度宜为0.5m左右。

厢房挑檐深度宜在0.70～0.75m之间。

（3）开间尺寸

明间开间宜在3.82m～4.00m之间，次间开间宜在3.32m～3.86m之间。

（注：底层，明间为堂屋，待客用；次间为卧室。楼层，三间通畅不分隔，明间供神，其余存放粮草。）

图4-27 诺邓村民居建筑的建造基本维度导则（建筑立面和建筑结构引导概览）

建筑细部

引导原则

（1）建筑装饰应遵循诺邓村民居建筑的装饰传统手法和风格。

（2）临街建筑立面装饰重点为门楼、照壁、门窗、山墙、屋顶及屋檐、梁头，应首先考虑以上部件的装饰处理。

（3）装饰部件的尺寸比例关系应与传统装饰一致。

引导要求

（1）门楼

门楼类型有三种：砖拱、木过梁平拱、木构架。

1）砖拱式门楼

砖拱式门楼可做成三滴水牌楼形式。筒板瓦顶用砖层层挑檐，端部起翘。

门洞边框墙柱宜采用青砖镶面，檐下与门洞边的砖应饰有线脚。门洞上方和两侧墙柱上端可用绘画或几何形浮雕装饰。门洞两侧墙柱边可放置门石装饰。

2）木过梁平拱式门楼

木过梁平拱门楼可做成三滴水牌楼形式。双坡屋面可做成悬山、庑殿、歇山各种形式。也可以做成附墙单坡面。

以木过梁承托、外包土坯砖、白灰粉面或外包薄砖。

檐下用绘画装饰及多层花板、花罩装饰。门洞两侧墙柱边可放置门石装饰。

3）木构架门楼

木构架门楼可做成一滴水牌楼形式。双坡屋面可做成悬山、庑殿、歇山各种形式。也可以做成附墙单坡面。

檐下可用多层花板、花罩装饰。

4）大门

大门材质应为木质，大门高度不宜超过 2.5m。大门两侧可放置门石。

（2）照壁

可单独设置一面墙或以前一院落的后墙为照壁。照壁装饰一般以绘画（包括文字）装饰为主。

照壁檐部线脚装饰分两种形式：一为绘画图案装饰；一为不同材料镶拼而成，如青砖。

（3）门窗槅扇

1）门槅扇

民居建筑中的门槅扇应保留其历史原貌：采用对开式木槅扇门；每扇槅扇门的框料分成五个框：上、中、下三个小框及上部、下部两个大框。建议上部大框以木雕作品或简洁窗槅填充，小框和下部大框以雕刻简洁线条的门肚板填充。

2）木窗

木窗槅扇的材料为木制雕花窗或木窗格加玻璃或窗帘。形状一般为方形，可设置圆形木窗。

开窗方式分为三类：一为固定的窗槅扇；一为平开式木窗；一为内掀式方窗。

需设平开窗时，宜向内开窗。

3）木墙槅扇

用于建筑内部的空间隔断。其框料分成三个框：上、下两个小框及中间的大框。建议上部的小框以木雕作品或简洁窗隔填充，下部小框以雕刻简洁的肚板填充。中间的大框则又分为横向三个框，左右框较窄，中间框较宽。有条件的建筑中间框可以绘画装饰。

（4）山墙

硬山屋顶山墙应为砌体。

悬山屋顶山墙可为砌体或顶部木构外露。悬山出挑的檩条端部可加钉悬鱼板、博风板作为装饰。

砌体山墙可以山花作为装饰。

（5）屋顶及屋檐

檐口屋瓦末端以圆形瓦当作为装饰。

屋脊两端应以筒瓦设置起翘。

檐下装饰以绘画为主，可饰以云纹、回纹或花草画。

（6）柱础

由底盘石和柱础石两件组成或仅由底盘石构成。

柱础石高度不宜大于 30cm，一般为扁圆鼓形。柱础可以雕刻装饰。

（7）栏杆

栏杆应为木质通透形式，以纵向为主，可采用横纵结合的图案形式。

（8）梁柱装饰

木构架外露部分装饰有雕琢和绘画两种。主要装饰部位有梁头、花枋、柁磡等。

装饰纹样有回纹、云纹、鳌鱼、夔龙、夔凤等。

（9）地面铺装　　17

1）引导原则

- 铺装材料宜选用质感粗朴、色彩沉稳的材料，不宜使用质地光滑、色彩鲜艳的材料。
- 鼓励使用诺邓村传统民居材料和铺装方式。
- 室外、半室外地面铺装应考虑透水要求。
- 木地板铺装应进行防腐处理。

2）引导要求

- 院落

铺装材料宜选用块石、砖、卵石等，以块石为主。

以规整块石或砖铺砌而成的图案宜为中心对称的向心式图案。

- 厦子

铺装材料宜选用砖、块石等，以砖为主，形制宜为方形或六边形。

铺装图案宜为具有韵律感的几何图案。

- 室内

宜选用砖作为一层室内地面铺装、木地板作为二层室内地面铺装。

图4-28　诺邓村民居建筑细部导则（概览）

3. 设施更新扩建导则

在设施更新扩建上，导则依据诺邓村村民生活状况，主要针对牲口棚、厨房、卫生间及其

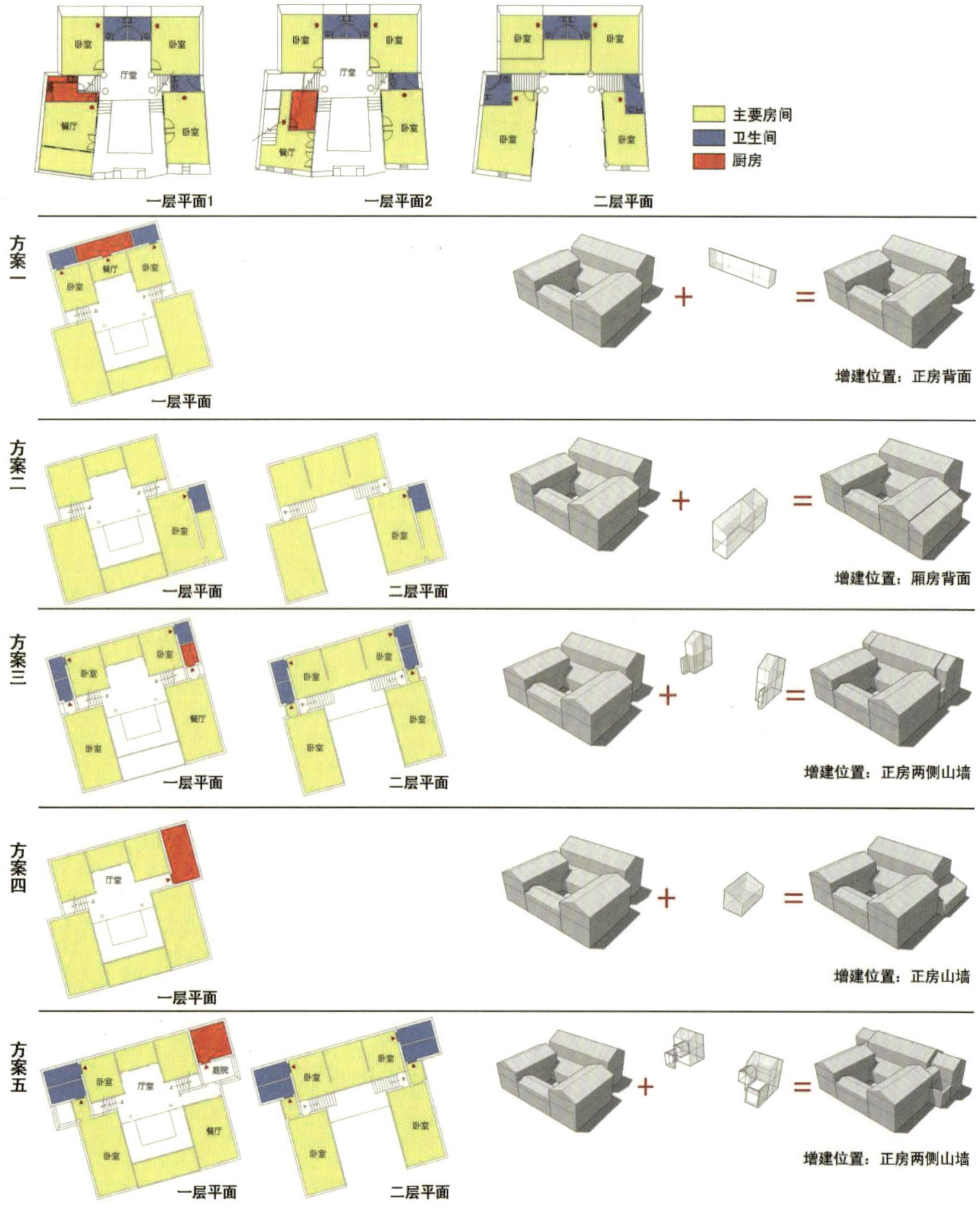

图4-29　诺邓村设施更新扩建导则之“厨卫设施的改建和扩建”

他相关设施（太阳能设施、卫星信号接收器、管线与计量表具）等四类民居附属设施展开。控制指导原则是：附属设施扩建鼓励沿用当地优秀的建造传统，保存和发扬传统建筑艺术；附属设施扩建应与周边建筑和历史环境相协调，不得破坏现存建筑遗产，保持传统风貌；附属设施扩建应在保持传统风貌的前提下，考虑居民对现代化生活的需求，保证居民的生活质量。因此整体上要求：附属设施扩建应采用当地的建材、延续具有诺邓村民居建筑特色的色彩、结构，以保存和发扬传统建筑艺术；附属设施扩建不得破坏原有的平面格局，不得在院落内增建附属设施，以保持传统风貌；同时保证设施的就近使用，方便居民生活；附属设施扩建应综合考虑太阳能、卫星接收器等现代设施对村落景观的影响，在保持传统风貌的前提下，保证居民的生活质量。

由于现代化厨卫设施是村民现代生活的基本需求保障，导则着重用图示方式表现了在改建和扩建两种更新形式下，新增的厨卫用房与卧室、厅堂等主要房间的平面布置和三维组合方式（图4–29）。厨卫设施的更新扩建为诺邓村的民居功能多元化奠定了基础，使得居民自主开设家庭旅馆、家庭博物馆的意愿有了实现条件（图4–30、图4–31）。

图4–30　诺邓村家庭旅馆

注：根据网络图片整理，自上而下依次为古道坊客栈、五滴水客栈和大青树客栈。

图4-31 诺邓村家庭博物馆

4. 新建民居引导

保护详细规划在土地利用规划图中划定了诺邓村村民新增居住用地的范围。新增建设用地选址在建设控制区范围内地势较为平坦的空地，用地规模约可容纳20户，主要用于满足村民依法分户的需求（图4-32）。为有效加强对这些新增民居建设活动的控制管理和引导，建筑导则的“新建民居引导”章节明确规定了建筑设计和建造的指导原则与具体引导要求。

其中，指导原则包括了四个方面——鼓励沿用和发扬地方建造传统和技艺，倡导塑造利于保护和传承村落文化和生活方式的物质环境，强调融合新增建筑与村落景观环境，严格控制不利于传统生活氛围延续的居住建筑商业化。

引导要求与一般传统民居修缮导则相对应，如下：

（1）新建居住建筑应遵循一般传统民居对于空间格局、建筑材料、建筑色彩的导则规定，不得破坏诺邓村整体村落空间景观。

（2）新建居住建筑平面布局应遵循诺邓村传统民居建筑的平面布局特点及传统的平面尺寸，不得出现没有庭院格局的平面布局。

（3）新建居住建筑立面设计应遵循诺邓村传统民居建筑的立面特点以及立面尺寸。

（4）新建居住建筑在结构上应遵循传统的建筑结构，沿用传统的结构尺寸。

（5）新建居住建筑在细部上可沿用传统的装饰。

（6）新建居住建筑附属设施应遵守导则对附属设施建设的要求进行建设。

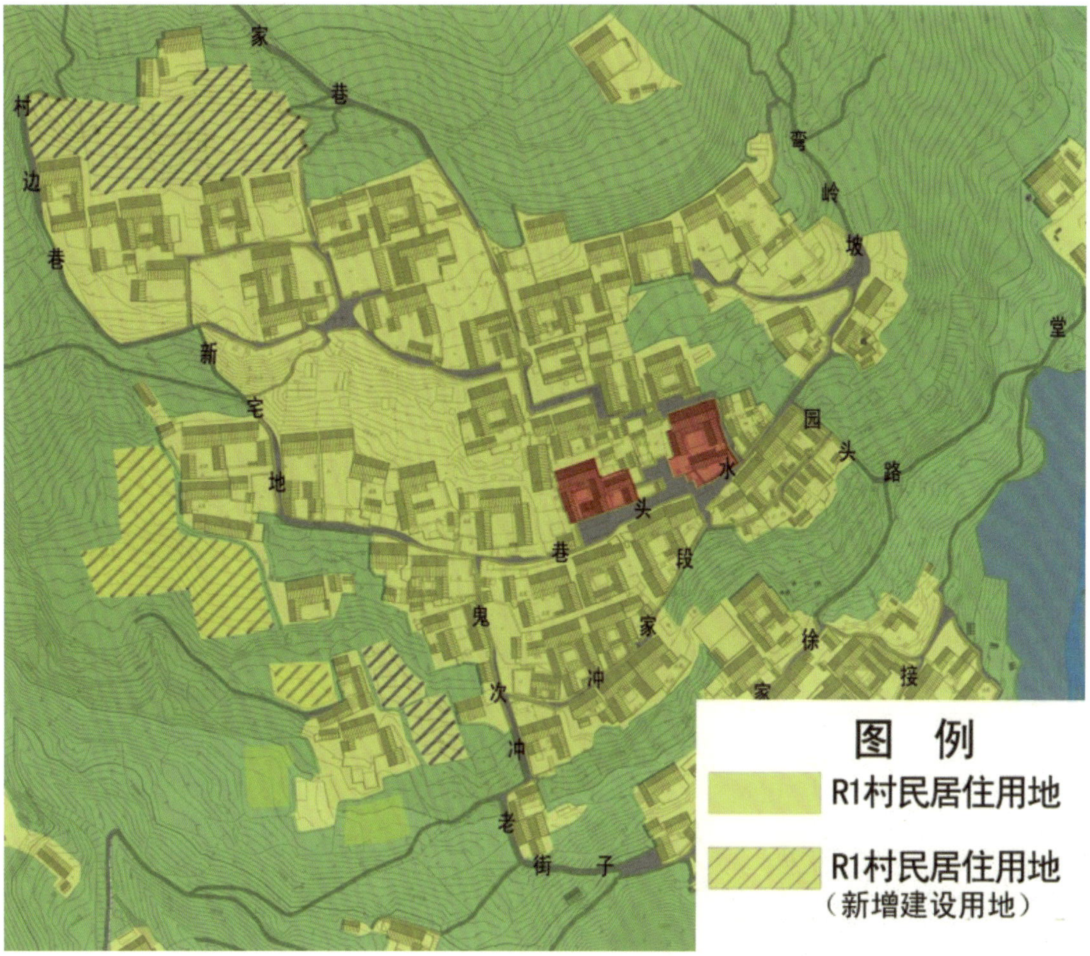

图4-32 诺邓村土地利用规划对村民新增居住用地的划定（局部示意）

5. 附则：诺邓村传统民居构成要素图集与诺河河道护坡整治引导

附则中的“诺邓村传统民居构成要素图集”是以照片档案形式提炼诺邓村建筑风貌特征的重要附件，对于专业技术力量薄弱的地方管理具有重要意义。通过对比查阅构成要素图集，管理者更易于理解导则中可能出现的一些建筑专业术语，也更易于直接运用图集指导居民现场参照修缮和建造。构成要素图集的内容包括了：门楼（有厦式和无厦式）、花窗和槅扇、外窗、屋架、屋顶、外墙、柱础、铺地（图4-33）。

此外，由于诺河是诺邓村重要的村落文化景观要素，也是维护村落安全的重要方面（诺河常年水位较低，雨季时因流量陡然增大，护坡经常会出现滑坡坍塌），导则特别增加了河道护坡整治附则。附则要求护坡整治必须尊重诺河的自然属性和美学价值，坚持地域性原则、顺应自然原则和本地化原则，尽量采用植物护坡、木桩栅栏护坡、石笼护坡、山石护坡等利用自然、接近自然的工程方法，且生态恢复时应避免外来物种入侵（图4-34）。

图4-33　诺邓村传统民居构成要素图集示意（无厦式门楼）

图4-34　诺河河道原貌和护坡整治建议方法示意

四、传统民居与古树名木调查表（集）

传统民居与古树名木调查表（集）是将规划前期现场踏勘调查表的纸质成果形成电子化资料汇编，其中包括建筑单体信息调查表和古树名木信息调查表两大板块。

1. 建筑单体信息调查表

为使调查信息能更好地为后续村落保护（无论是政府管理还是村民自主角度）服务，建筑单体信息调查表按照“精确到户”“尽可能记录能反映建筑风貌特征的信息”和“尽可能用照片形式客观记录”三个基本原则制定。表格栏目大致可分为四个板块（图4–35）：

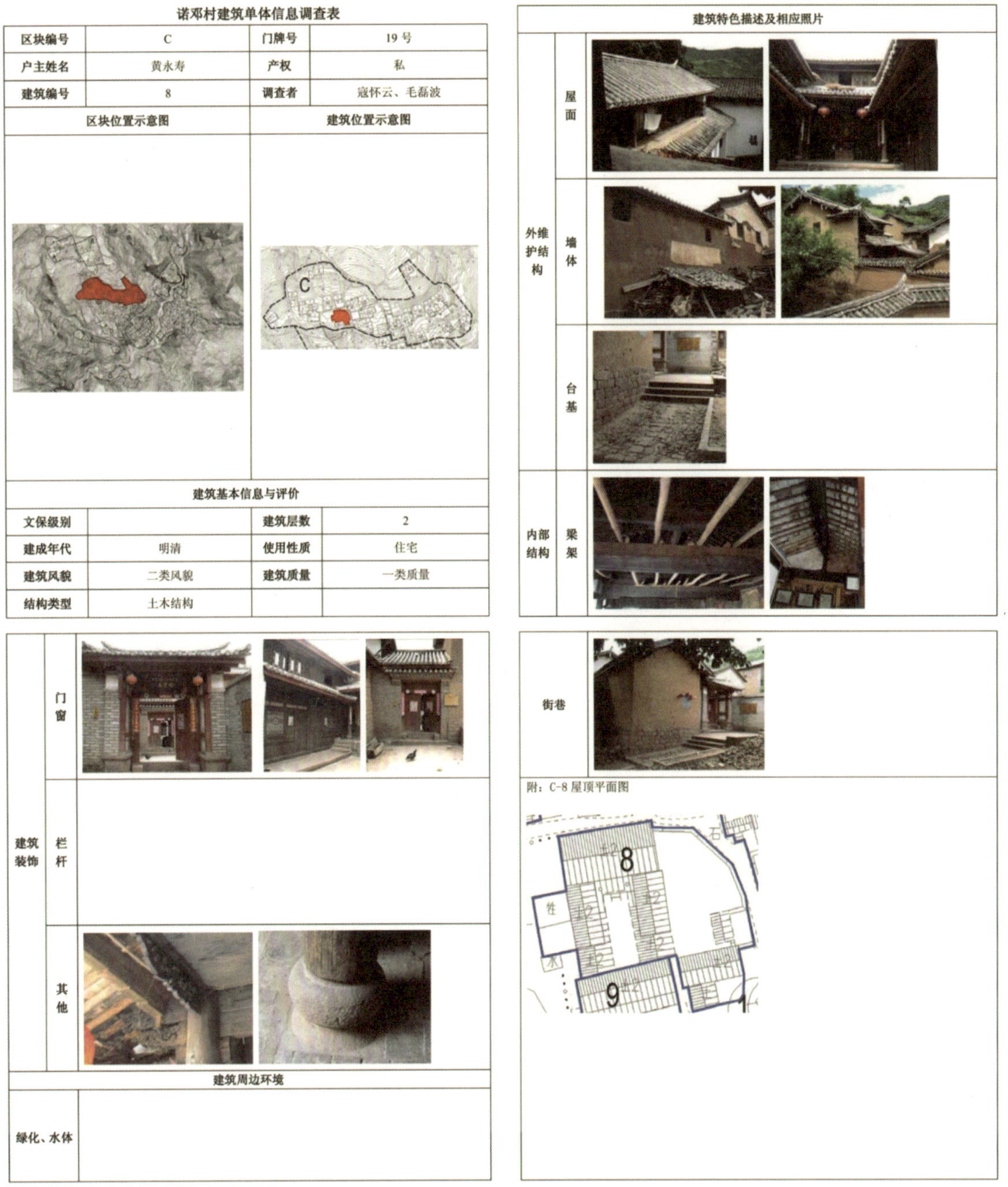

图4–35　建筑单体信息调查表示例

（1）建筑调查登记栏：包括区块编号、门牌号、户主姓名、产权、建筑编号、调查者、区块位置示意图和建筑位置示意图；

（2）建筑基本信息与评价栏：包括文保级别、建筑层数、建成年代、使用性质、建筑风貌、建筑质量、结构类型；

（3）建筑特色描述及相应照片：包括外维护结构（屋面、墙体、台基）、内部结构（梁架、门窗、栏杆、其他）；

（4）建筑周边环境：包括绿化、水体和街巷，并附建筑屋顶平面图（在电子地形图基础上绘制）。

2. 古树名木信息调查表

由于在中国传统村落布局中，风水树等高大乔木往往成为村落的地标，对于空间的识别有

诺邓村古树名木信息调查表

<table>
<tr><td>区块编号</td><td>D</td><td>树木编号</td><td>1</td></tr>
<tr><td>树种</td><td>大青树</td><td>树龄</td><td>400 年</td></tr>
<tr><td colspan="2">区块位置示意图</td><td colspan="2">树木位置示意图</td></tr>
<tr><td colspan="2"></td><td colspan="2">
</td></tr>
<tr><td colspan="4">树木照片</td></tr>
<tr><td colspan="4"></td></tr>
</table>

图4-36 古树名木信息调查表示例

着极为重要的作用，但原先诺邓村的古树名木登记管理未能像城市绿化管理一样规范。古树名木信息调查表的制定主要是为后续相关专业部门提供定点信息和地方口述资料记录，以及为后续的规划设计提供重要的空间识别和保护要素，而并非为了直接判定古树名木的保护等级。古树名木信息调查表的栏目包括区块编号、树木编号、树种和树龄（这两项为地方口述信息）、区块位置和树木位置示意图，以及树木照片（图4–36）。

五、建筑保护与修缮手册

建筑保护与修缮手册实质是建筑保护与修缮导则的要点普及版，是面向村民发放的规划指导小册子。

为便于村民传阅、保存，以及降低后续补发重印成本，手册采用了A5大小（148mm×210mm，图4–37）。为便于村民理解和实际运用，手册压缩了通行规定以及主要由政府承担的文物保护单位和保护建筑修缮内容，将内容重点锁定于民居修缮、更新和新建的控制要求。在表达形式上，坚持以图示为主，少用文字，特别是专业术语。导则中一些比较复杂的专业图纸，也被提炼、拆分和简化，确保村民在简单的指导下就能够看懂。针对村落内一些已经出现或可能出现的不利风貌保护的建设行为，手册直接将之作为错误示例，用图片对比形式直观地告诉村民可以怎样做和不该怎样做（表4–4、图4–38、图4–39）。

图4–37　建筑保护与修缮手册与传统A4文本、常规水笔的尺寸对比

表4-4　诺邓村建筑保护与修缮手册的内容与形式

内容		主要形式	编制要点
总则	目的、修复保护原则、新增建设原则、适用范围	文字	与导则一致
建筑保护与整治分类措施	五类建筑的规划控制要求	文字	简化
文物保护单位和保护建筑的修缮		文字	与导则一致
一般传统民居修缮	修缮原则	文字	与导则一致
总体特征	空间格局	图示	文字图形化，加正确和错误示例
	建筑材料	图示	加示例，文字简化配合
	建筑色彩	图示	保留推荐色卡，文字简化配合
建筑平面		图示	平面示意和图片示意，加正确和错误示例，文字简化配合
建筑立面		图示	立面、剖面和图片示意，加正确和错误示例，文字简化配合
建筑细部		图示	照片示意，加正确和错误示例，文字简化配合
设施更新扩建	指导原则、总体要求	文字	与导则一致
	分项规定	图示	加正确和错误示例，文字简化配合
新建民居引导	指导原则、引导要求	文字	与导则一致
附则	名词解释	文字	与导则一致
	诺河河道护坡整治	图文	大幅简化

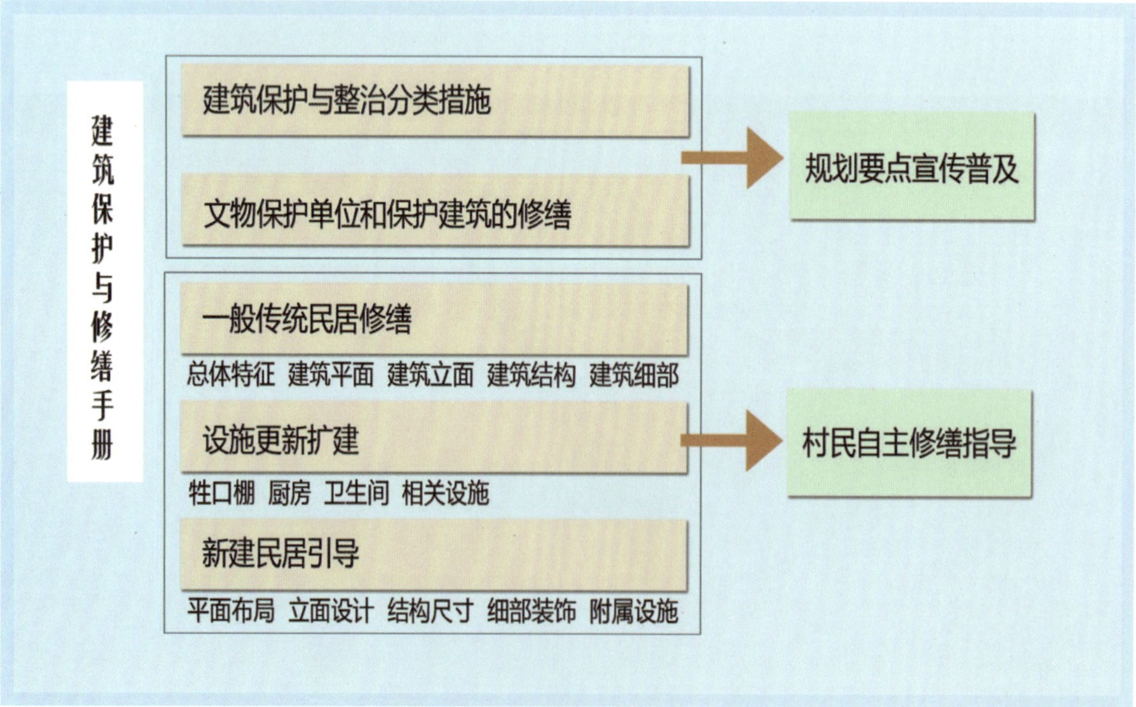

图4-38　建筑保护与修缮手册内容框架

项目	正确示例	错误示例
建筑材料	 以选用诺邓村传统民居建造材料为原则，如：石材、木材、瓦、砖、土坯、石灰等。每一种材料的用途和使用方法应与传统建造方法一致。	 水泥、钢筋混凝土、钢等现代材料不得外露于街道可视范围内，水泥砂浆不得作为外墙面材料。建筑立面不应使用瓷砖、马赛克等光滑硬质墙砖作为外墙面材料。

图4–39　建筑保护与修缮手册示例（建筑材料的正确与错误示例）

第五章
诺邓的青少年乡土教育

维系乡村活力与青少年认同感的，正是岌岌可危的乡土文化，而针对乡土文化传承的重要途径——乡土教育，开展状况却不容乐观。著名社会学家费孝通先生认为乡土中国的延续必须靠“文化自觉”，著名学者钱理群先生提出“认识我们脚下的土地”，呼唤乡土教育。而在当今时代，传统的灌输式知识教育，已经无法满足青少年对乡土文化的认同感，只有启发他们的自觉意识，才能唤起更多行动。

同济大学美丽乡愁团队由一群热爱乡土的同济青年组成，这是一支致力于乡土教育和乡土文化公众传播的公益团队。2013 年，团队创始人彭婧第一次来到诺邓古村时，就被一位老人发出的“我这些故事再不讲，就没有人知道了”的深慨所触动。在随后的乡土文化认知状况调研中，团队痛心于当地青少年对家乡文化认同的缺失，也看到了乡土教育高开展意愿与高实施难度的矛盾。美丽乡愁诺邓团队由此成立，希望以较低门槛、注重赋能、高效链接的乡土教育模式，开展文化梳理、课程设计、乡土教育服务等行动。并通过乡土教育和乡土文化公众传播来搭建一个连接城市与乡村、高校和社会的桥梁，用教育唤醒乡土情感，以乡愁寻根中国。

基于乡土文化所蕴含的巨大价值与乡土文化传承的迫切性，美丽乡愁团队以“一方志”课程为依托，在诺邓村开展乡土文化读本共创、家乡文化公众展览、民艺传承创变、家园营造共建等活动。旨在通过“乡土课眼—行动赋能—意识启迪”三大模块，在PBL（项目式学习）的方法框架下，与当地青少年共创社区文化营造活动，进而引导青少年触摸家乡的鲜活文化，领悟先民的生存智慧，助力城乡的文化振兴。

2013年，美丽乡愁乡土教育在诺邓起航。

2014年，首个诺邓乡土文化夏令营“我的故事我的家”开幕。

2016年9月，《诺邓乡土文化读本》出版。

2017年1月，带着读本看家乡——“我的历史我的家”冬令营开启。

2018年，团队探索儿童撬动乡村公共事件与文化振兴的新模式，成功举办由儿童自主策展组织的“我的未来我的家”诺邓文化展览。

2019年，团队为复兴诺邓村传统市集，编写《诺邓家园一方志（创刊号）·盐马市集》，同时创立“一诺千集”诺邓文化创意市集品牌。每年八月都会由古村青少年共创发起一场社区活动，这也成为诺邓古村的新节日。

2020年，团队聚焦“家乡宝藏”的挖掘与讲述，通过静态的乡土读本《诺邓一方志·宝藏故事》和动态的公共活动“宝藏故事讲述会”来多元化展现诺邓宝藏。宝藏故事讲述会成为新节日的一种创意形式。

一、儿童主导的古村镇市集复兴的新尝试

2019年暑假，美丽乡愁团队为当地儿童开展乡土文化创变营。此次以举行古村创意市集为手段，运用项目式学习方法，使儿童能自主策划、联络、实施创意市集。

诺邓古村，因为盛产盐而成为盐马古道上的重镇，古代曾定期举办市集。随着盐业生产的衰落与交通方式的转变，市集“万坨盐巴千石米，百货流通十土奇”的盛景一去不复返。市集的消亡，也是特定文化习俗的消失和区际文化交流的断裂。诺邓的市集兴衰是盐马、茶马古道贸易互市线路上无数古村镇的缩影。对这一文化线路的恢复与保育，离不开市集文化的再现。

图5-1 创变营团队

基于乡土教育和乡土文化公众传播目标，呼应诺邓古村恢复传统集市、实现文旅振兴的需求，团队希望对儿童进行赋能，让他们举办一个融合传统文化与现代创意、且具有文化公益推广特色的现代创意市集。首先，希望借由市集举办的真实情景，唤醒青少年主人翁意识，增强他们自我表达、自我组织、联结自身与家乡未来的主体性，成为乡村振兴的人才后备军。其次，希望创意市集能成为古村当代文化旅游产业的新品牌，让诺邓乡土文化资源为古村带来更多价值。最后，希望诺邓市集的复兴能辐射到整个盐马古道的文化线路网络，助力遗产公众传播。

本次创变营的指导教师为同济大学彭靖和立邦“为爱上色”指导老师史鑫鑫，大学生引导员为崔家滢、龙淼、李涵、秦子健、王桨、苏紫昕、彭乐妍、胡丹妮、江志成（华东师范大学）9位同学。16位营员为来自诺邓本地中小学生（就读于诺邓完小、云龙县一中）的杨甜、杨治城、杨聪苹、杨李娇、杨烨娇、杨春乐、杨玲、黄林滨、黄林泉、李涛、李记家、杨治祥、杨林垚、杨雨杰、杨敬笔和来自上海的杨佳岚。

（1）儿童主体性唤醒，乡土浸入式学习

本次创变营课程，以团队秉持的集乡土认知、能力提升、意识启迪于一体的乡土教育理念为基础，以创新的PBL 项目式学习方法为主要指导，采用团队研发的“课眼辐射式教学法”与“乡土课程盒子工具”，将诺邓乡土文化与学生筹备市集所需的知识能力进行连接设计，课程内容与乡土场所紧密联结，使其具有浸入感与真实性，同时充分唤醒学生的主体性与能动性，服务于学生市集目标的实现。课程使学生学有所用，将习得的乡土知识与提升的能力意识真正运用到达成市集复兴的短期目标和形成对家乡的热爱与创变的长期目标之中。

“课眼辐射式教学法”即从一个具体的乡土物件、建筑、民俗、工艺等“乡土课眼”出发，以本乡本土的知识作为乡土教育的“根脉”，并从时间、空间上进行各类知识迁移，促进

图5-2 课眼辐射式教学法

外部知识成为乡土教育的“枝叶”，认知逐渐拓展、加深、辐散，使营员在知识、能力、意识三个评价维度上得到充分提升，最后成长为“古村传承人”。通过逐步纵向加深文化对比式学习以及其所涉及的历史、艺术、审美、科学等知识背景了解，从地方性知识扩大到区域性知识，形成兼具深度和广度的乡土文化认知框架，这一理念融合了人类学与社会学文化认知的理念、教育学的认知层次渐进顺序，让乡土文化从生活中来，到世界中去，跳出土地，又无限扎根于土地。

“乡土课程盒子工具包”是团队的最新研发成果，里面的工具适用于大部分乡土课程的内容，使课程流程化、模块化、工具化。一方面，给予教师授课思路、活动内容上的指导，降低

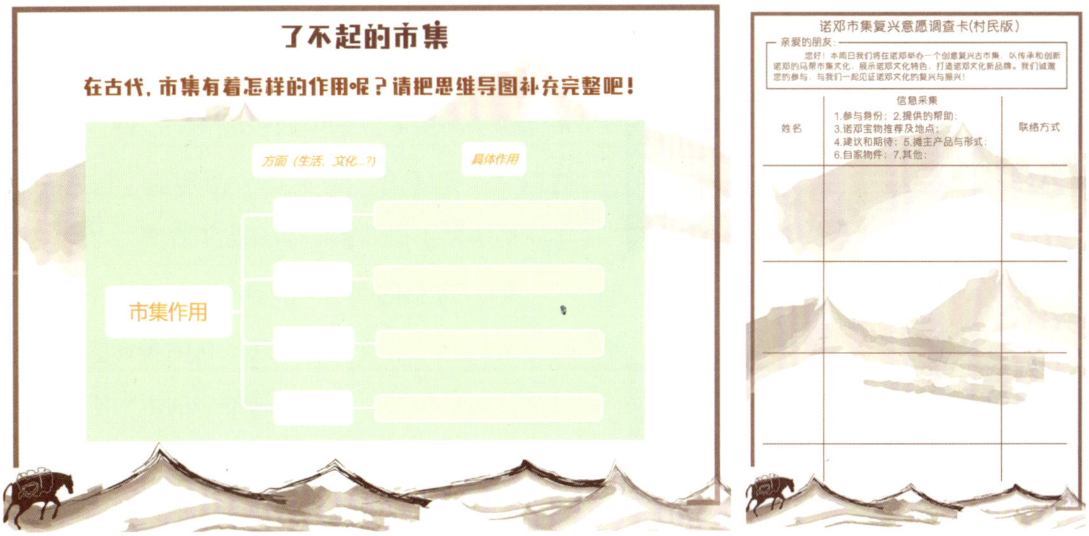

图5-3 课程工具示例法

日期	课程内容	知识-能力-意识提升
DAY1	共同目标建立	古今市集案例学习、团队议事规则
	市集方案初讨论	系统性思维、家园创变意识
DAY2	村民参与意愿调查	沟通技巧、可行性与需求分析
	市集方案第二轮讨论	资源链接与整合意识
DAY3	市集与能人（链接乡贤）	家园古代名人、人物访谈方法
	市集与风物（文创制作）	诗歌创作能力、图形设计能力
DAY4	市集文化溯源	盐马古道文化、建筑遗存调研方法
	古道遗迹调研	家园文化自豪感
DAY5	市集活动策划	活动策划能力、艺术表达力
	走村动员宣传	宣传技巧
DAY6	市集节目排演	戏剧编排与表演能力
	市集现场布置	统筹规划能力
DAY7	市集活动日	临场应变能力、公众表达能力

图5-4 课程框架

乡土教育的门槛。另一方面，学生在工具卡的思维引导下，能自主探究和学习，在知识和能力上得到提升。同时，工具的视觉设计简洁美观，便于使用和作为成果展出。本次创变营，在已有研发基础上，设计了“市集复兴”主题工具包，以“市集人物链接”子模块为例，就包括了教案参考、村民与游客意愿调查卡、模拟访谈赋能方法、家园人物志等工具，对课程开展起到了促进作用。

（2）儿童筹备创意市集，撬动社区人际链接

策划创意市集方案，既需要学生对村落发展方向有一定了解，能从营造文化品牌的高点看待创意市集的举办，并提出独特的创意与想法，又要扎根于村落现实情况，考虑市集各要素的来源。因此，方案策划是极具挑战性的工作。市集前三天，引导员都会带领学生就市集方案关键内容进行集体讨论与决策，学生们积极参与、理性思考，最终以“一诺千金”为灵感来源形成了极富特色的【一诺千集】诺邓首届创意市集方案。

图5-5 学生调查居民参与意愿

创意市集的举办离不开全社区居民的认可。在邀请摆摊及表演人员、获得村内乡贤能人支持、动员社区参与方面，儿童是绝对的主力军。他们运用自己的亲和力与表达力，链接各类型居民，使市集的人员与物资供应有了保障，更是提升了社区的活跃度，让整个社区因一场公共事件更具凝聚力。这个链接居民、整合资源、宣传推广的过程由“意愿初步调查—能人链接访谈—意愿再次确认—社区最后动员”几个步骤进行。在初步调查环节，学生分组走访目标居民，对市集参与意愿做初步调查。能人链接访谈方面，学生找到了洞经古乐传承人、知名客栈老板、家庭生态博物馆馆主、老中医等不同类型的村落名人，邀请他们成为市集代言人。

图5-6 学生向游客宣传市集

（3）促进社区内生发展，打造古村文旅品牌

8月4日12:00-15:00，【一诺千集】诺邓古村创意市集在古戏台举行。从项目式教学维度讲，市集作为成果的公众展示环节，是检验学生营期目标

图5-7 指导学生如何运营体验摊位

图5-8　市集盛况

图5-9　黄遐昌家庭博物馆体验摊

图5-10　诺邓洞经古乐乐队表演

图5-11　盐文化戏剧

实现度的时刻。从乡村振兴角度看，市集充分挖掘诺邓乡土文化，构成传统好物/体验好玩/公益好事/展演好看四个极具体验性、游戏感与创意度的板块，助力古村提升文旅产业质量。市集当日，现场共有826名村民及游客参与，近万人观看现场直播。云龙县妇联、文旅局、团委、宣传部相关领导也到场支持参与。市集上共有12个本地摊位、6家外地企业摊位，诺邓及周边特产荟萃，吸引游客竞相购买；1家公益摊位、7种文化体验游戏，精彩的文化展演，使人沉浸在盐马古道文化里，深度感受千年诺邓的魅力。

市集上，学生特邀当地非物质文化遗产洞经古乐的传承乐队进行表演。当笛子、三弦、二胡等传统乐器奏响，诺邓也重现了“近有笙琴意，弦歌听雅乐”的古时盛景。同时，学生也表演了他们自编自导的戏剧《一粒诺盐的旅行》，戏剧用跌宕起伏的故事，串联起诺邓与盐相关的信仰、饮食及马帮文化。

本次创变营，在乡土认知、能力提升、意识启迪三个维度上，让诺邓儿童的成长与收获颇丰。乡土认知方面，学生借由举办市集这扇窗口，重新发现了诺邓文化的广博与美丽。他们在每日收获中说到“原来家园还有这么多宝物”“和熬盐的阿姨聊天，知道了熬盐的流程”“家庭博物馆里的花瓶、拓印片的图案真令人惊叹”。他们脚下的土地是最好的课堂，这里的工艺、能人巧匠、建筑民俗是他们最好的老师。

通过这次活动，同学们的社交沟通能力、团队协作能力都得到了显著提升。鉴于市集需要邀请、链接很多人，孩子们必须勇敢地开口、与人交流。在营期后半段，面对游客、外来民宿主人这些陌生人，他们也毫不胆怯。例如，在进行市集最终宣传时，有一组同学见到山下来的旅游团，便热情地向他们介绍市集。此时，游客提出如果孩子们能给他们介绍诺邓盐文化，他们就会把市集宣传给更多人，同学们便立即大方流畅地讲出诺邓盐文化方面的知识，获得游客的好评。

此外，在本次营期中，学生越来越能协调个人与团体的关系、懂得团结合作。在小组外出调研、访谈人物时，小组高年级的同学会照顾低年级同学，有意地让他们也向受访者提问，给予每个人表达的机会。

意识启迪方面，随着市集筹备的深入，孩子们越来越具有主动性，真正把家园公共事务挂在心上，并承担了相应的责任。尤其令人感动的是在市集倒数第二天，有一组同学晚上自发去到人流较多的古戏台，站在高处对广场上的父老乡亲介绍市集，并在朋友圈也发了对应的视频，写道：“为了8月4日，我们拼了！希望你们能看到我们的成果！”

二、宝藏故事讲述会

2020年是团队深耕诺邓古村乡土教育与乡村社区营造的第7年。延续团队以“一方志”读本启迪在地青少年认知家乡、传播乡土文化，以公共事件凝聚社区、共创乡土品牌的理念，团队组织的乡土文化创变营聚焦家乡宝藏的挖掘与讲述，以宝藏的多元呈现表达为导向，通过静态的乡土读本《诺邓一方志·宝藏故事》和动态的公共活动“宝藏故事讲述会”来展现诺邓宝藏的多方视角和多样传播。

8名大学生引导员，将运用乡土教育赋能13 名古村儿童。团队用10 天时间，以宝藏讲述为目标，挖掘家乡宝藏资源并以创意形式呈现，同时链接社区居民力量，共议宝藏现状、共商宝藏未来。

图5-12 宝藏故事会讲述现场

本次诺邓实践项目“家园宝藏创变营”，在前期实践与知识培育的基础上，继续以持续两年的“诺邓公共新节日”为PBL（项目式学习）契机，鼓励学生们深入开展以家园营造为目标的创变行动，共创出一场有展板可看、有方志可读、有观演可赏、有话题可议的宝藏故事讲述会。

延续“古村传承人培养计划×一方志”的公益行动和以青少年、儿童为触媒的乡愁传统，团队跟随十余名古村青少年的视角、借由青少年在村庄内的链接度，通过课程赋能、走村调研和创意表达，试图挖掘诺邓宝藏背后的故事和呈现的可能，并由此提升当地青少年对家乡文化的自豪感与敏锐度，培养其挖掘家乡资源、讲述家乡故事的能力。“我们要做家乡宝藏的一面小镜子，让村子内外的人都能透过我们感受诺邓的美好。”这是由诺邓青少年自己提出的愿景。古村宝藏由古村儿童讲述，古村文化也由此在古村青少年中传承。

在“诺邓新节日”宝藏故事讲述会中，在地儿童以其丰富的调研成果生动呈现了诺邓村的宝藏历史和现状，而诺邓村民则以主人翁身份共同参与到社区工作坊中。从“我认为诺邓的宝藏有……”和“我作为……能为……宝藏做一件……事情”的议题出发，开展了对宝藏识别、宝藏现状与发展可能的畅谈建言。致力于家乡文化传播的古村儿童和返乡大学生们，也以宝藏未来为出发点，深入探讨思考了诺邓红领巾服务队、美丽乡愁云龙分队的组织模式和努力方向。

本次创变营的指导教师为同济大学彭靖和立邦“为爱上色”指导老师陈志雄，大学生引导员为王桨、崔家滢、程雯、龙淼、王宇航、郭晓彤、丁相文和陈晨8位同学。杨李娇、杨聪苹、杨烨娇、杨春乐、李记家、黄林泉、李泽丞、李泽裕、杨薇、杨玉蝶、黄天娇、张梓萌、杨舒琪、杨聪霞、杨治祥、杨春玉16位营员均为诺邓本地中小学生，就读于诺邓完小、云龙县一中。

（1）儿童主体性唤醒，乡土浸入式学习

本次创变营，通过短期培训唤醒孩子主人翁意识以及为家乡公共事务而行动的责任感。围绕“宝藏故事讲述”目标，结合乡土文化知识将主体课程分为“宝藏识别”“职人探访”和“街角观察”三个板块，既让学生在知识—能力—意识三维度上得到提升，也使课程内容与宝藏一方志中的物、人、公共空间/事件三方面相契合，使课程成果能直接服务于儿童、一方志和故事讲述会。经过赋能，学生以物、人、事为切口探知诺邓宝藏、挖掘宝藏故事、尝试创意表达。一方面在村落调研中以乡土为真实的课堂，进行浸入式学习加深对乡土文化认知；另一方面在培训中学习文化传播的多元创作方法，为故事会的内容讲述与视觉美感营造奠定基础。

日期	主题	实践内容	知识-能力-意识提升
8月2日	宝藏初现	引导员深度走村、初识诺邓	环境识别能力（引导员）
8月3日	宝藏梳理	村落宝藏资源、村民关系网络梳理	链接资源意识（引导员）
8月4日	宝藏溯源	深度访谈村民、溯源宝藏故事	田野调研方法（引导员）
8月5日	守护者集结	确立共创目标、故事会方案初讨论	系统性思维、家园创变意识
8月6日	宝藏识别	梳理村落宝藏、设立评选标准	团队议事规则、可行性与需求分析
8月7日	职人探访	链接村落职人、访谈宝藏故事	人物访谈技巧、链接资源意识
8月8日	街角观察	调研宝藏空间、采集村落色彩	场景观察方法、信息捕捉能力
8月9日	故事会倒计时	故事会成果制作、走村动员宣传	艺术表达能力、统筹规划能力
8月10日	故事会进行时	故事会现场布置、流程统筹排演	临场应变能力 、公众表达能力

图5-13 课程框架

（2）儿童筹备宝藏故事会，撬动社区人际链接网

宝藏故事会的举办离不开全社区居民的认可。在邀请村民参与前期内容创作、现场表演及获得村内乡贤能人支持、动员社区参与方面，儿童是绝对的主力军。他们运用自己的亲和力与表达力，链接各类型居民，使故事会的内容、人员与物资供应有了保障，更提升了社区的活跃度，让整个社区因一场公共事件更具凝聚力。

这个链接居民、整合资源、宣传推广的过程由“意愿初步调查—村民链接走访—特定能人邀请—社区最后动员”几个步骤开展进行。在链接走访环节，学生分组走访身边的家人亲友，对故事会参与意愿和诺邓宝藏心声做初步调查。特定能人邀请方面，学生找到了洞经古乐传承人、知名客栈老板、家庭生态博物馆馆主、旅游协会会长等不同类型的村落名人，邀请他们为故事会录制宝藏心声采集视频，并特邀洞经古乐乐队以场景配乐的新颖形式参与到现场的儿童戏剧表演中。在社区动员的最后阶段，同学们带着活动海报和传单，进行最后的资源网罗与故事会宣传。在这个过程中，儿童充分发挥了家园主人翁的作用。

在资源链接上，不同孩子负责不同节目板块、物资对接，表现出很明显的责任承担意识。更重要的是，他们与社区居民的交往上升到了公共层面，让更多居民懂得了乡土文化的可转化价值，使故事会真正成为全村的公共活动，使村落宝藏真正成为全村的公共议题。

图5-14　布置场地与筹备节目

（3）促进社区内生发展，打造公共议事传统

8月10日傍晚，诺邓村的“古盐局”大院里，一场别开生面的“《家园一方志》成果展暨宝藏故事讲述会”热闹进行。故事会当日，共有近百名村民及游客现场参与，超5万人线上关注。云龙县委宣传部、同济大学团委相关领导也到场支持。

台上，诺邓村大大小小的孩子们正穿着由废弃材料自制的“时装”和“道具”，上演了一出“职人T 台秀”，还和洞经古乐队的爷爷们合作演出了一场原创戏剧《三崇记》。台下，过道里立着线上直播的手机支架，贴满同学们和志愿者成果的展板环绕在院落四周，村民们围坐在小桌子旁观看演出，桌上则摆放了瓜子水果，还有“新鲜出炉”的《诺邓·家园一方志》。展演过后，通过晚间茶话会的形式开展了“家园宝藏我守护”工作坊。村民通过讨论公共议题，

图5-15　宝藏故事展演现场

图5-16　村民工作坊现场

拉近彼此间的距离，达成诺邓文化传承发展的基本共识。

创变营中，在乡土认知、能力提升、意识启迪三个维度上，诺邓儿童的成长与收获颇丰。

乡土认知方面，学生借由“家园宝藏”的主题切入点，重新发现了诺邓文化的广博与美丽。他们在每日收获中说到“原来家园还有这么多宝藏”“和制作火腿的叔叔聊天，知道了腌制火腿的流程和秘诀”“大青树下的活动竟然这么丰富，大青树的绿是带来清凉的绿，这么多年一直没有变过”……他们脚下的土地是最好的课堂，这里的工艺、能人巧匠、建筑民俗是他们最好的老师。

能力提升方面，同学们的社交沟通能力、团队协作能力都得到了显著提升。鉴于宝藏调研需要采访很多能人，故事会筹办又需要邀请、链接很多村民，孩子们必须勇敢地开口、与人交流。在营期后半段，面对陌生的受访者和游客，他们也能毫不胆怯，积极大方地向他们介绍活动主题，并提出合适的采访问题或邀请。此外，学生越来越能协调个人与团体的关系、懂得团结合作。

意识启迪方面，随着故事会筹备的深入，孩子们越来越具有主动性，真正把家园公共事务挂在心上，并承担了相应的责任。在故事会的前一天，同学们还主动联络刚刚放假回村的往期营员，请他们帮忙一同筹借物资、走村宣传；在临近故事会开始前，营员们完成场地布置和节目彩排后，认真地为线上关注目标群策群力，纷纷在各网络平台发布相关图文、短视频为活动造势，并为每一次新增的播放、点赞和评论而紧张计数、欣慰喜悦。

青少年群体是乡村未来的主人，乡村的青少年现在是什么样，乡村的未来就是什么样。只有他们爱家乡，愿意留在家乡或者反哺家乡，乡村才能从根本上可持续发展。经过几年在诺邓村的深耕，通过此次创变营可以看到，一些和团队共同参加过两次及以上创变营的老营员已经能独当一面，带动年纪小的同学去讨论、传播家乡文化。年纪小的同学也在慢慢成长，思考得更多并敢于表达，对家园的认识和情感也在不断加深。相信在未来，同学们通过行动与创新，能为家乡带来更多积极的变化。

三、复制推广模式

基于团队多年的深耕和工作经验，团队以儿童为载体促进乡村振兴的方法、流程、工具都有可推广之处，可以作为各个高校实践团队、社会团体及机构开展乡村人才、文化振兴的抓手。

针对有一定历史文化底蕴的村庄，团队形成了乡土文化梳理—乡土文化教育—乡土文化营造的流程，去促进乡村的人才及文化振兴。对于初步接触村庄的实践团队，可开展村落文化调研并进行成果转化，形成图文并茂、易于传播的地方刊物，对本地儿童来说是一本乡土文化读本，对于游客来说是一本旅游指南。同时也便于支教团队内部保存、传递给之后的成员，使大学生能在了解村庄文化的基础上走入村庄、有方向地开展夏令营课程。对于地方刊物的开发，团队有“田野拾萃”村落调研指南和《一方志》模板作为指导，便于有意向的村落或学生团队编写地方刊物。在进行文化梳理之余，即可同步开发乡土课程，为当地青少年赋能，培育热爱家乡、可以为家乡文化传承传播做贡献的中坚力量。

图5-17　田野调查方法指南

图5-18 《诺邓一方志》

而对于实践的更高目标——乡土文化营造，则有多种路径和方案。儿童主导的古村市集复兴和家园宝藏故事讲述会，都是促进乡村文化振兴的一种可推广模式。团队所研发的“工具包”降低了展示诺邓古村文化的难度，将文化与方法上的共性提炼出来，将其模块化，使它成为可在大部分有条件去举办类似活动的村镇使用的普适性工具。具体来说，“XX工具包”包含了“XX案例学习”“XX方案讨论”“XX与特色物产”“X X与乡贤能人”“XX与文化遗产”“XX宣传动员”几个模块。不同模块下又有教育行动指南和具体工具。工具包可帮助实践团队掌握赋能儿童的教育方法，使团队引导儿童以该活动为窗口，溯源村镇过往的文化，并在当下链接居民、整合资源，举办一场融合传统文化与现代创意的活动。

参考文献

[1]（唐）樊绰撰，向达校注：《蛮书校注》，北京：中华书局，2018

[2] 刘翠林：《古村诺邓的聚落探析》，昆明：昆明理工大学硕士论文，2009

[3]（清）倪蜕辑，李埏校点：《滇云历年传》，昆明：云南大学出版社，2018

[4] 申时行：《明会典（万历重修本）》，北京：中华书局，1989

[5]（明）陈文撰，李春龙、刘景毛校注：《景泰云南图经志书》，昆明：云南民族出版社，2002

[6]（清）张廷玉：《明史》，北京：中华书局，1974

[7] 吉成名：《论明代井盐产地》，《盐业史研究》2010年第1期

[8] 林文勋：《诺邓村：一个盐井村落的历史文化解读》，《盐业史研究》2004年第4期

[9] 周文华：《诺邓村：古井盐产地，千年白族村》，《寻根》2013年第3期

[10]（清）陈希芳：《云龙州志（雍正本）》，大理：云龙县志编纂委员会，1987

[11] 朱霞：《云南诺邓盐井的求雨仪式》，《民俗研究》2005年第2期

[12]（清）穆彰阿、潘锡恩：《大清一统志》，上海：上海古籍出版社，2008

[13] 舒瑜：《从清末到民国云南诺邓盐的交换圈》，《西南民族大学学报（人文社科版）》2010年第7期

[14] 于建嵘：《村民自治：价值和困境——兼论〈中华人民共和国村民委员会组织法〉的修改》，《学习与探索》2010年第4期

[15] 周贤日、潘嘉玮：《论村民自治权与国家行政权》，《华南师范大学学报（社会科学版）》2003年第1期

[16]〔美〕狄培理（William Theodore de Bary）著，李弘祺译：《中国的自由传统》，台北：联经出版事业股份有限公司，2016

[17] 潘丽萍：《我国村民自治的法伦理变革研究》，《东南学术》2006年第6期

[18] 韦少雄、肖军飞：《村民自治章程的法治功用及其当代价值——基于合寨村村民自

治章程的分析》，《福建农林大学学报（哲学社会科学版）》2013年第6期
[19] 余压芳、刘建浩：《生态博物馆研究进展及其对文化遗产保护理念的影响》，《建筑学报》2006年第8期
[20]〔法〕阿兰·茹贝尔（Alain Joubert）著，张晋平译：《法国的生态博物馆》，《中国博物馆》2005年第3期
[21] 金露：《生态博物馆理念、功能转向及中国实践》，《贵州社会科学》2016年第6期
[22] 单霁翔：《论生态博物馆的原生态环境保护》，《中国名城》2011年第4期
[23] 苏东海：《建立与巩固：中国生态博物馆发展的思考》，《中国博物馆》2005年第3期
[24] 黄锐、文军：《走出社区的迷思：当前中国社区建设的两难选择》，《社会科学》2013年第2期
[25] 姜芃：《社区在西方：历史、与现状》，《史学理论研究》2000年第1期
[26]〔日〕平松守彦著，郭常义译：《地方精神的闪光》，南京：南京大学出版社，1994
[27] Saleebey，D.（ed.）.*The Strengths Perspectivein Social Work Practice*，Boston，MA：Allyn and Bacon，2004
[28] 张和清、杨锡聪、古学斌：《优势视角下的农村社会工作——以能力建设和资产建立为核心的农村社会工作实践模式》，《社会学研究》2008年第6期
[29] 大理白族自治州城乡规划设计研究院：《云龙县诺邓镇诺邓村历史文化明村保护规划》，2007

附　录

诺邓村建筑单体信息调查表

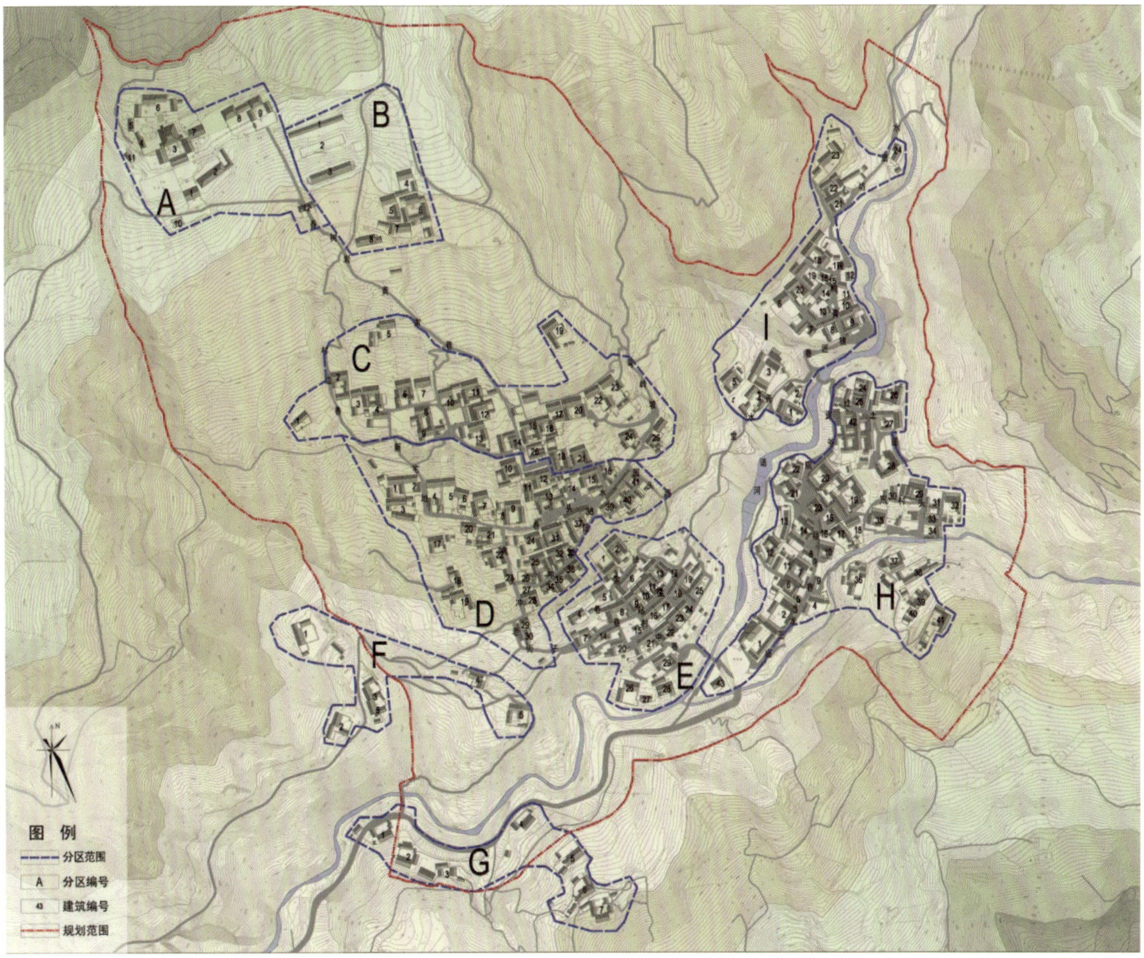

诺邓村建筑分区编号图

诺邓村A区建筑单体信息调查表

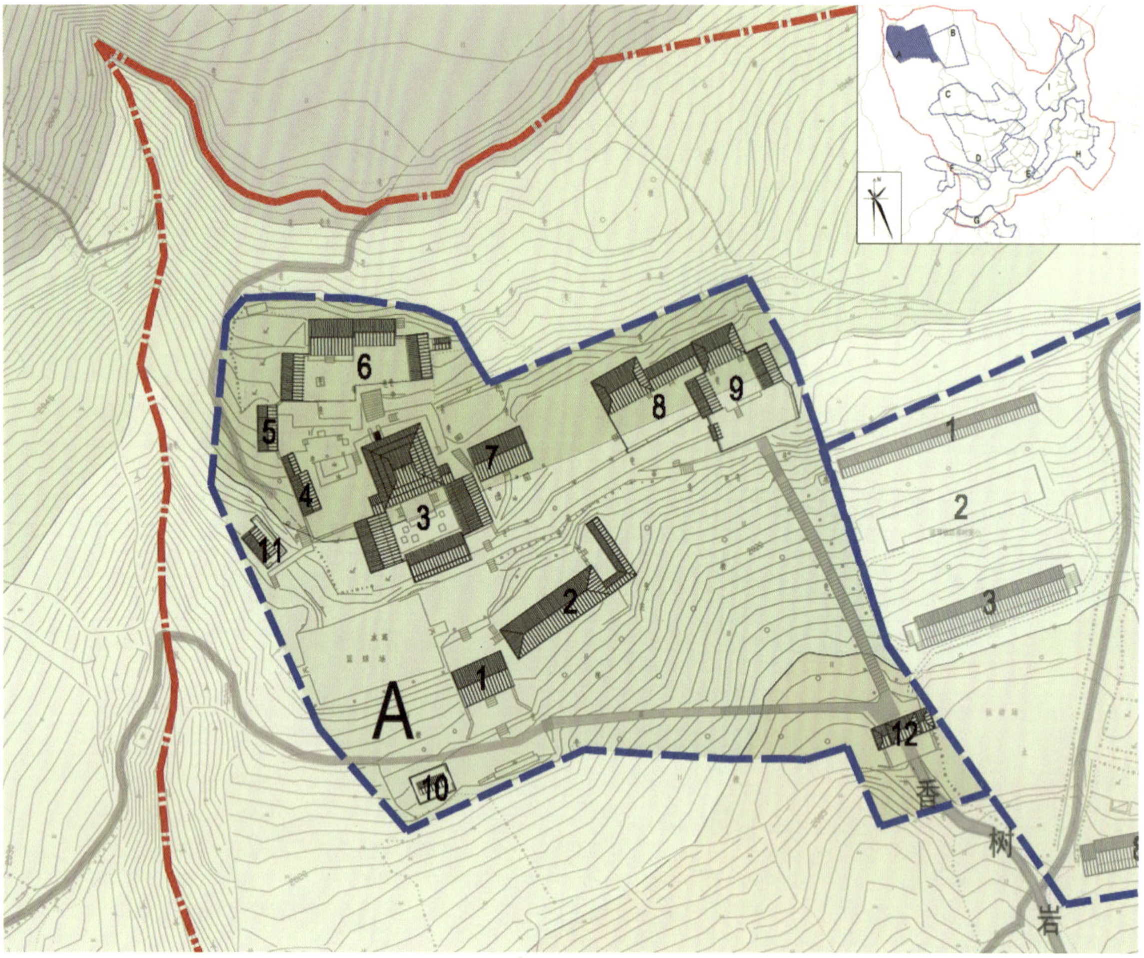

A区建筑编号图

区块编号	A	门牌号	
户主姓名		产权	公
建筑编号	1（弥勒殿）	调查者	寇怀云、毛磊波
建筑基本信息与评价			
文保级别	州级文保	建筑层数	1
建成年代	明代	使用性质	宗教、文化
建筑风貌	一类风貌	建筑质量	三类质量
结构类型	土木结构		

续表

建筑特色描述及相应照片		
外维护结构	墙体	
	台基	 
内部结构	梁架	 
	其他	

区块编号	A	门牌号	
户主姓名		产权	公
建筑编号	2	调查者	寇怀云、毛磊波

续表

建筑基本信息与评价				
文保级别			建筑层数	2
建成年代		1979—至今	使用性质	教育
建筑风貌		三类风貌	建筑质量	二类质量
结构类型		土木结构		
建筑特色描述及相应照片				
外维护结构	屋面			
	栏杆			

区块编号	A	门牌号	
户主姓名		产权	公
建筑编号	3（玉皇阁）	调查者	寇怀云、毛磊波
建筑基本信息与评价			
文保级别	州级文保	建筑层数	2—3
建成年代	明代	使用性质	宗教、文化
建筑风貌	一类风貌	建筑质量	二类质量
结构类型	土木结构		

续表

建筑特色描述及相应照片		
外维护结构	屋面	 
	墙体	
内部结构	梁架	  
建筑装饰	门窗	 
	其他	 

区块编号	A	门牌号	
户主姓名		产权	公
建筑编号	4	调查者	寇怀云、毛磊波
建筑基本信息与评价			
文保级别		建筑层数	1
建成年代	明清	使用性质	宗教、文化
建筑风貌	三类风貌	建筑质量	三类质量
结构类型	土木结构		
建筑特色描述及相应照片			
外维护结构	墙体		

区块编号	A	门牌号	
户主姓名		产权	公
建筑编号	5	调查者	寇怀云、毛磊波
建筑基本信息与评价			
文保级别		建筑层数	2
建成年代	明清	使用性质	宗教、文化
建筑风貌	三类风貌	建筑质量	三类质量
结构类型	土木结构		

区块编号	A	门牌号	
户主姓名		产权	公
建筑编号	6（静室）	调查者	寇怀云、毛磊波
建筑基本信息与评价			
文保级别	州级文保	建筑层数	1
建成年代	明代	使用性质	宗教、文化
建筑风貌	一类风貌	建筑质量	三类质量
结构类型	土木结构		

续表

建筑特色描述及相应照片		
外维护结构	墙体	
内部结构	梁架	 
建筑装饰	门窗	 
	其他	

区块编号	A	门牌号	
户主姓名		产权	公
建筑编号	7（真武殿）	调查者	寇怀云、毛磊波

续表

建筑基本信息与评价			
文保级别		建筑层数	2
建成年代	明清	使用性质	宗教、文化
建筑风貌	三类风貌	建筑质量	三类质量
结构类型	土木结构		
建筑特色描述及相应照片			
外维护结构	墙体	 	
内部结构	梁架		
建筑装饰	门窗		

区块编号	A	门牌号	
户主姓名		产权	公
建筑编号	8（武庙）	调查者	寇怀云、毛磊波
建筑基本信息与评价			
文保级别	州级文保	建筑层数	1
建成年代	明代	使用性质	宗教、文化
建筑风貌	一类风貌	建筑质量	二类质量
结构类型	土木结构		

续表

建筑特色描述及相应照片		
外维护结构	墙体	 
内部结构	梁架	
建筑装饰	门窗	

区块编号	A	门牌号	
户主姓名		产权	公
建筑编号	9（文庙）	调查者	寇怀云、毛磊波
建筑基本信息与评价			
文保级别	州级文保	建筑层数	1
建成年代	明代	使用性质	宗教、文化
建筑风貌	一类风貌	建筑质量	二类质量
结构类型	土木结构		
建筑特色描述及相应照片			
外维护结构	墙体		

续表

内部结构	梁架	 
建筑装饰	门窗	

区块编号	A	门牌号	
户主姓名		产权	公
建筑编号	10	调查者	寇怀云、毛磊波
建筑基本信息与评价			
文保级别		建筑层数	1
建成年代	1979年至今	使用性质	辅助用房
建筑风貌	三类风貌	建筑质量	二类质量
结构类型	土木结构		

区块编号	A	门牌号	
户主姓名		产权	公
建筑编号	11	调查者	寇怀云、毛磊波
建筑基本信息与评价			
文保级别		建筑层数	1
建成年代	1979年至今	使用性质	辅助用房
建筑风貌	三类风貌	建筑质量	二类质量
结构类型	土木结构		

区块编号	A	门牌号	
户主姓名		产权	公
建筑编号	12（棂星门）	调查者	寇怀云、毛磊波

续表

建筑基本信息与评价				
文保级别		州级文保	建筑层数	1
建成年代		明代	使用性质	牌坊
建筑风貌		一类风貌	建筑质量	二类质量
结构类型		土木结构		
建筑特色描述及相应照片				
外维护结构	屋面			
建筑装饰	其他			

诺邓村B区建筑单体信息调查表

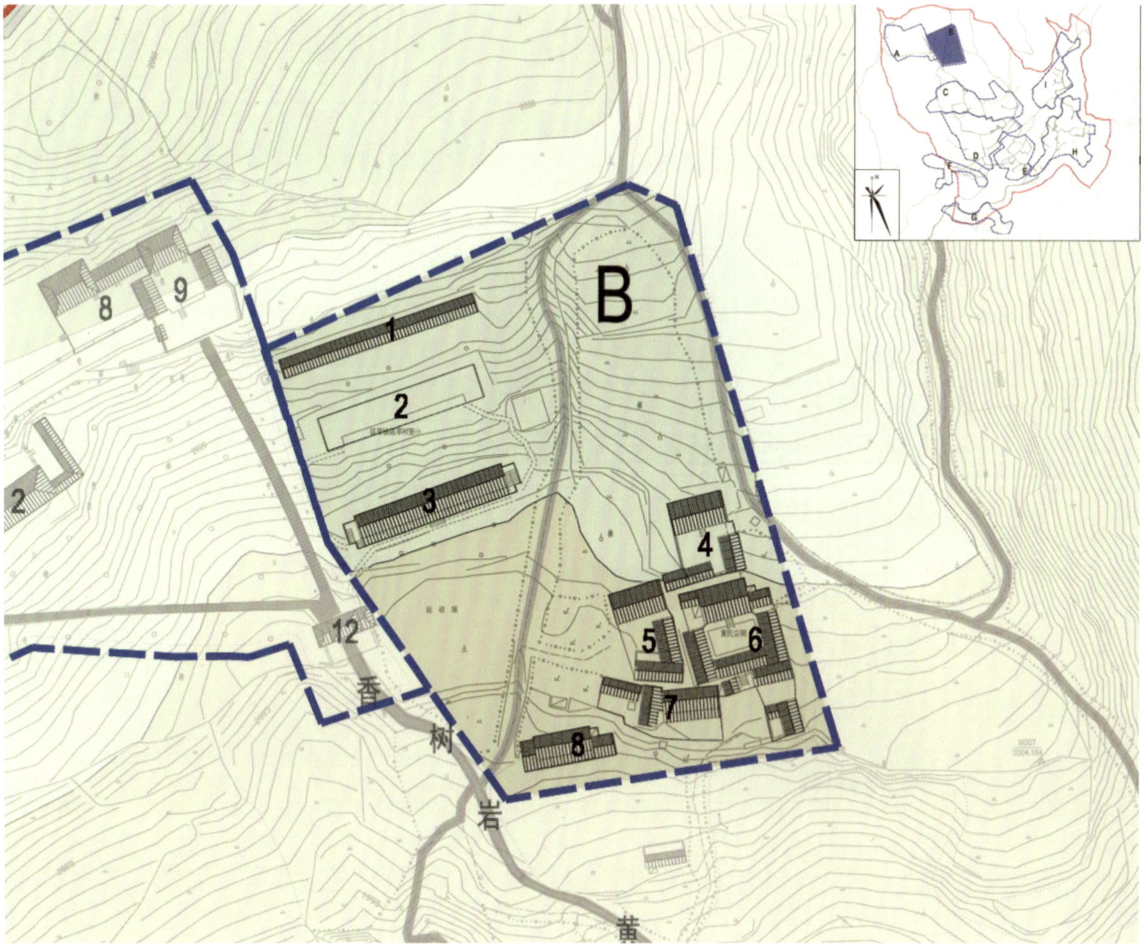

B区建筑编号图

区块编号	B	门牌号	
户主姓名	小学	产权	公
建筑编号	1	调查者	寇怀云、毛磊波
建筑基本信息与评价			
文保级别		建筑层数	1
建成年代	1979年至今	使用性质	教育
建筑风貌	四类风貌	建筑质量	一类质量
结构类型	砖混结构		

区块编号		B	门牌号	
户主姓名		小学	产权	公
建筑编号		2	调查者	寇怀云、毛磊波
建筑基本信息与评价				
文保级别			建筑层数	2
建成年代		1979年至今	使用性质	教育
建筑风貌		四类风貌	建筑质量	一类质量
结构类型		砖混结构		
建筑特色描述及相应照片				
外维护结构	墙体	 		

区块编号		B	门牌号	
户主姓名		小学	产权	公
建筑编号		3	调查者	寇怀云、毛磊波
建筑基本信息与评价				
文保级别			建筑层数	2
建成年代		1979年至今	使用性质	教育
建筑风貌		四类风貌	建筑质量	一类质量
结构类型		砖混结构		
建筑特色描述及相应照片				
外维护结构	屋面			

区块编号		B	门牌号	27号
户主姓名		黄钢	产权	私
建筑编号		4	调查者	寇怀云、毛磊波
建筑基本信息与评价				
文保级别			建筑层数	2
建成年代		1979年至今	使用性质	居住
建筑风貌		三类风貌	建筑质量	一类质量
结构类型		木结构		
建筑特色描述及相应照片				
外维护结构	墙体	 		
内部结构	梁架			
建筑装饰	门窗			

区块编号	B	门牌号	10号
户主姓名	杨忠绍	产权	私
建筑编号	5	调查者	寇怀云、毛磊波
建筑基本信息与评价			
文保级别		建筑层数	2
建成年代	1979年至今	使用性质	住宅
建筑风貌	三类风貌	建筑质量	一类质量
结构类型	土木结构		

区块编号		B	门牌号	10号
户主姓名		黄梅珠（黄家祠堂）	产权	私
建筑编号		6	调查者	寇怀云、毛磊波
建筑基本信息与评价				
文保级别		县级文保	建筑层数	2
建成年代		清代	使用性质	住宅
建筑风貌		一类风貌	建筑质量	二类质量
结构类型		土木结构		
建筑特色描述及相应照片				
外维护结构	墙体	 		
内部结构	梁架			

续表

建筑装饰	门窗	 
	栏杆	

区块编号	B	门牌号	10号
户主姓名	黄彪	产权	私
建筑编号	7	调查者	寇怀云、毛磊波
建筑基本信息与评价			
文保级别		建筑层数	2
建成年代	1979年至今	使用性质	住宅
建筑风貌	三类风貌	建筑质量	一类质量
结构类型	土木结构		
建筑特色描述及相应照片			
外维护结构	墙体		

区块编号	B	门牌号	12号
户主姓名	黄桂华	产权	私

续表

建筑编号	8	调查者	寇怀云、毛磊波
建筑基本信息与评价			
文保级别		建筑层数	2
建成年代	1979年至今	使用性质	住宅
建筑风貌	三类风貌	建筑质量	一类质量
结构类型	土木结构		
建筑特色描述及相应照片			
外维护结构	墙体	 	

诺邓村C区建筑单体信息调查表

C区建筑编号图

区块编号	C	门牌号	
户主姓名		产权	公
建筑编号	1（三崇庙）	调查者	寇怀云、毛磊波
建筑基本信息与评价			
文保级别	保护建筑	建筑层数	1
建成年代	明清	使用性质	宗教
建筑风貌	一类风貌	建筑质量	一类质量
结构类型	土木结构		

续表

<table>
<tr><td colspan="3">建筑特色描述及相应照片</td></tr>
<tr><td>外维护结构</td><td>墙体</td><td> </td></tr>
<tr><td>内部结构</td><td>梁架</td><td></td></tr>
<tr><td rowspan="2">建筑装饰</td><td>门窗</td><td></td></tr>
<tr><td>其他</td><td></td></tr>
</table>

区块编号	C	门牌号	
户主姓名	李文彪	产权	私
建筑编号	2	调查者	寇怀云、毛磊波
建筑基本信息与评价			
文保级别		建筑层数	2

续表

建成年代	1979年至今	使用性质	住宅
建筑风貌	三类风貌	建筑质量	一类质量
结构类型	土木结构		

区块编号	C	门牌号	14号
户主姓名	杨畅明	产权	私
建筑编号	3	调查者	寇怀云、毛磊波
建筑基本信息与评价			
文保级别		建筑层数	2
建成年代	1979年至今	使用性质	住宅
建筑风貌	三类风貌	建筑质量	一类质量
结构类型	土木结构		

区块编号		C	门牌号	16号
户主姓名		冉重志	产权	私
建筑编号		4	调查者	寇怀云、毛磊波
建筑基本信息与评价				
文保级别			建筑层数	2
建成年代		明清/1979年至今	使用性质	住宅
建筑风貌		三类风貌	建筑质量	一类质量
结构类型		土木结构		
建筑特色描述及相应照片				
外维护结构	墙体	 		
	台基			

续表

内部结构	梁架	 
建筑装饰	门窗	  

区块编号	C	门牌号	13号
户主姓名	李信	产权	私
建筑编号	5	调查者	寇怀云、毛磊波
建筑基本信息与评价			
文保级别		建筑层数	2
建成年代	1979年至今	使用性质	住宅
建筑风貌	三类风貌	建筑质量	一类质量
结构类型	土木结构		
建筑特色描述及相应照片			
外维护结构	墙体	 	
内部结构	梁架		

<table>
<tr><td>区块编号</td><td>C</td><td>门牌号</td><td>252号</td></tr>
<tr><td>户主姓名</td><td>杨双超</td><td>产权</td><td>私</td></tr>
<tr><td>建筑编号</td><td>6</td><td>调查者</td><td>寇怀云、毛磊波</td></tr>
<tr><td colspan="4">建筑基本信息与评价</td></tr>
<tr><td>文保级别</td><td></td><td>建筑层数</td><td>2</td></tr>
<tr><td>建成年代</td><td>明清</td><td>使用性质</td><td>住宅</td></tr>
<tr><td>建筑风貌</td><td>二类风貌</td><td>建筑质量</td><td>二类质量</td></tr>
<tr><td>结构类型</td><td>土木结构</td><td></td><td></td></tr>
<tr><td colspan="4">建筑特色描述及相应照片</td></tr>
</table>

<table>
<tr><td>外维护结构</td><td>墙体</td><td></td></tr>
<tr><td>内部结构</td><td>梁架</td><td></td></tr>
<tr><td rowspan="2">建筑装饰</td><td>门窗</td><td> </td></tr>
<tr><td>其他</td><td> </td></tr>
</table>

区块编号	C	门牌号	
户主姓名	杨福光	产权	私
建筑编号	7	调查者	寇怀云、毛磊波
建筑基本信息与评价			
文保级别		建筑层数	2
建成年代	1979年至今	使用性质	住宅
建筑风貌	三类风貌	建筑质量	一类质量
结构类型	土木结构		
建筑特色描述及相应照片			
外维护结构	墙体		
内部结构	梁架		

区块编号	C	门牌号	19号
户主姓名	黄永寿	产权	私
建筑编号	8	调查者	寇怀云、毛磊波
建筑基本信息与评价			
文保级别		建筑层数	2
建成年代	明清	使用性质	住宅
建筑风貌	二类风貌	建筑质量	一类质量
结构类型	土木结构		

续表

建筑特色描述及相应照片		
外维护结构	屋面	 
	墙体	 
	台基	
内部结构	梁架	 
建筑装饰	门窗	  

区块编号	C	门牌号		
户主姓名	李义	产权	私	
建筑编号	9	调查者	寇怀云、毛磊波	
建筑基本信息与评价				
文保级别		建筑层数	2	
建成年代	1979年至今	使用性质	住宅	
建筑风貌	三类风貌	建筑质量	一类质量	
结构类型	土木结构			
建筑特色描述及相应照片				
外维护结构	墙体			
内部结构	梁架			

区块编号	C	门牌号	
户主姓名	李卫泽	产权	私
建筑编号	10	调查者	寇怀云、毛磊波
建筑基本信息与评价			
文保级别		建筑层数	2
建成年代	1979年至今	使用性质	住宅
建筑风貌	三类风貌	建筑质量	一类质量
结构类型	土木结构		

续表

建筑特色描述及相应照片		
外维护结构	墙体	 
	台基	
内部结构	梁架	 
建筑装饰	门窗	  

区块编号	C	门牌号	21号
户主姓名	黄生	产权	私
建筑编号	11	调查者	寇怀云、毛磊波
建筑基本信息与评价			
文保级别	县级文保	建筑层数	2
建成年代	清代	使用性质	住宅

续表

建筑风貌		一类风貌	建筑质量	二类质量
结构类型		土木结构		
建筑特色描述及相应照片				
外维护结构	屋面			
	墙体	 		
建筑装饰	门窗	 		

区块编号	C	门牌号	21号
户主姓名	黄生	产权	私
建筑编号	12	调查者	寇怀云、毛磊波
建筑基本信息与评价			
文保级别		建筑层数	2
建成年代	1979年至今	使用性质	住宅
建筑风貌	三类风貌	建筑质量	四类质量
结构类型	土木结构		

续表

建筑特色描述及相应照片			
外维护结构	墙体		

区块编号	C	门牌号	22号
户主姓名	黄松	产权	私
建筑编号	13	调查者	寇怀云、毛磊波
建筑基本信息与评价			
文保级别		建筑层数	2
建成年代	1979年至今	使用性质	住宅
建筑风貌	三类风貌	建筑质量	一类质量
结构类型	土木结构		
建筑特色描述及相应照片			
外维护结构	墙体		
内部结构	梁架		

续表

建筑装饰	门窗	  

区块编号	C	门牌号	22号
户主姓名	黄松	产权	私
建筑编号	14	调查者	寇怀云、毛磊波
建筑基本信息与评价			
文保级别		建筑层数	2
建成年代	明清	使用性质	住宅
建筑风貌	二类风貌	建筑质量	三类质量
结构类型	土木结构		
建筑特色描述及相应照片			
外维护结构	墙体		
建筑装饰	门窗	 	

<table>
<tr><td colspan="2">区块编号</td><td>C</td><td>门牌号</td><td>23号</td></tr>
<tr><td colspan="2">户主姓名</td><td>黄必英①</td><td>产权</td><td>私</td></tr>
<tr><td colspan="2">建筑编号</td><td>15</td><td>调查者</td><td>寇怀云、毛磊波</td></tr>
<tr><td colspan="5">建筑基本信息与评价</td></tr>
<tr><td colspan="2">文保级别</td><td>县级文保</td><td>建筑层数</td><td>2</td></tr>
<tr><td colspan="2">建成年代</td><td>清代</td><td>使用性质</td><td>住宅</td></tr>
<tr><td colspan="2">建筑风貌</td><td>一类风貌</td><td>建筑质量</td><td>二类质量</td></tr>
<tr><td colspan="2">结构类型</td><td>土木结构</td><td></td><td></td></tr>
<tr><td colspan="5">建筑特色描述及相应照片</td></tr>
<tr><td rowspan="2">外维护结构</td><td>屋面</td><td colspan="3"></td></tr>
<tr><td>墙体</td><td colspan="3"> </td></tr>
<tr><td>建筑装饰</td><td>门窗</td><td colspan="3">  </td></tr>
</table>

区块编号	C	门牌号	25号
户主姓名	黄利壁	产权	私
建筑编号	16	调查者	寇怀云、毛磊波
建筑基本信息与评价			
文保级别		建筑层数	2

① 县文体局资料显示该建筑户主名称为黄必英，实地调查户主名称为黄德忠。

续表

建成年代	明清	使用性质	住宅
建筑风貌	二类风貌	建筑质量	三类质量
结构类型	土木结构		
建筑特色描述及相应照片			
外维护结构	屋面		
	墙体	 	
内部结构	梁架	 	
建筑装饰	门窗	 	

区块编号	C	门牌号	25号
户主姓名	黄利壁	产权	私

续表

建筑编号	17	调查者	寇怀云、毛磊波
建筑基本信息与评价			
文保级别		建筑层数	2
建成年代	1979年至今	使用性质	住宅
建筑风貌	三类风貌	建筑质量	一类质量
结构类型	土木结构		
建筑特色描述及相应照片			
外维护结构	墙体	 	

区块编号	C	门牌号	27号
户主姓名	黄金彪	产权	私
建筑编号	18	调查者	寇怀云、毛磊波
建筑基本信息与评价			
文保级别		建筑层数	2
建成年代	1979年至今	使用性质	住宅
建筑风貌	三类风貌	建筑质量	一类质量
结构类型	土木结构		
建筑特色描述及相应照片			
外维护结构	墙体	 	

续表

内部结构	梁架	
建筑装饰	门窗	  
	栏杆	
	其他	  

区块编号	C	门牌号	28号
户主姓名	杨利光	产权	私
建筑编号	19	调查者	寇怀云、毛磊波
建筑基本信息与评价			
文保级别		建筑层数	2
建成年代	1979年至今	使用性质	住宅
建筑风貌	三类风貌	建筑质量	一类质量
结构类型	土木结构		

续表

建筑特色描述及相应照片		
外维护结构	屋面	
	墙体	 
内部结构	梁架	 
建筑装饰	其他	 

区块编号	C	门牌号	29、31号
户主姓名	李圣全	产权	私
建筑编号	20	调查者	寇怀云、毛磊波
建筑基本信息与评价			
文保级别		建筑层数	2

续表

<table>
<tr><td colspan="2">建成年代</td><td>明清</td><td>使用性质</td><td>住宅</td></tr>
<tr><td colspan="2">建筑风貌</td><td>二类风貌</td><td>建筑质量</td><td>二类质量</td></tr>
<tr><td colspan="2">结构类型</td><td>土木结构</td><td></td><td></td></tr>
<tr><td colspan="5">建筑特色描述及相应照片</td></tr>
<tr><td rowspan="2">外维护结构</td><td>屋面</td><td colspan="3"></td></tr>
<tr><td>墙体</td><td colspan="3"> </td></tr>
<tr><td>内部结构</td><td>梁架</td><td colspan="3">  </td></tr>
<tr><td rowspan="2">建筑装饰</td><td>门窗</td><td colspan="3">  </td></tr>
<tr><td>栏杆</td><td colspan="3"></td></tr>
</table>

区块编号	C	门牌号	
户主姓名	黄金彪	产权	私
建筑编号	21	调查者	寇怀云、毛磊波
建筑基本信息与评价			
文保级别		建筑层数	2
建成年代	明清	使用性质	住宅
建筑风貌	二类风貌	建筑质量	三类质量
结构类型	土木结构		
建筑特色描述及相应照片			
外维护结构	墙体	 	
建筑装饰	门窗	 	

区块编号	C	门牌号	32号
户主姓名	杨宁光	产权	私
建筑编号	22	调查者	寇怀云、毛磊波
建筑基本信息与评价			
文保级别		建筑层数	2
建成年代	1979年至今	使用性质	住宅
建筑风貌	三类风貌	建筑质量	一类质量
结构类型	土木结构		

续表

建筑特色描述及相应照片			
外维护结构	屋面		
	墙体		
内部结构	梁架		

区块编号	C	门牌号	33号
户主姓名	黄文光	产权	私
建筑编号	23	调查者	寇怀云、毛磊波
建筑基本信息与评价			
文保级别		建筑层数	2
建成年代	1979年至今	使用性质	住宅
建筑风貌	三类风貌	建筑质量	一类质量
结构类型	土木结构		

续表

<table>
<tr><th colspan="3">建筑特色描述及相应照片</th></tr>
<tr><td rowspan="2">外维护结构</td><td>屋面</td><td> </td></tr>
<tr><td>墙体</td><td> </td></tr>
<tr><td>内部结构</td><td>梁架</td><td> </td></tr>
<tr><td rowspan="2">建筑装饰</td><td>门窗</td><td>  </td></tr>
<tr><td>其他</td><td> </td></tr>
</table>

区块编号	C	门牌号	34号
户主姓名	徐胜桃	产权	私
建筑编号	24	调查者	寇怀云、毛磊波
建筑基本信息与评价			
文保级别			2
建成年代	1979年至今	建筑层数	住宅
建筑风貌	三类风貌	使用性质	一类质量
结构类型	土木结构	建筑质量	

区块编号	C	门牌号	44号
户主姓名	杨树发	产权	私
建筑编号	25	调查者	寇怀云、毛磊波
建筑基本信息与评价			
文保级别		建筑层数	2
建成年代	明清	使用性质	住宅
建筑风貌	二类风貌	建筑质量	二类质量
结构类型	土木结构		
建筑特色描述及相应照片			
外维护结构	屋面		
	台基		

续表

内部结构	梁架	
建筑装饰	门窗	 

区块编号	C	门牌号	
户主姓名		产权	私
建筑编号	26	调查者	寇怀云、毛磊波
建筑基本信息与评价			
文保级别		建筑层数	1
建成年代	1979年至今	使用性质	辅助用房
建筑风貌	三类风貌	建筑质量	二类质量
结构类型	土木结构		

诺邓村D区建筑单体信息调查表

D区建筑编号图

区块编号	D	门牌号	
户主姓名	李耀先	产权	私
建筑编号	1	调查者	寇怀云、毛磊波
建筑基本信息与评价			
文保级别		建筑层数	2
建成年代	1979年至今	使用性质	住宅
建筑风貌	三类风貌	建筑质量	一类质量
结构类型	土木结构		

续表

建筑特色描述及相应照片		
外维护结构	屋面	

区块编号	D	门牌号	53号
户主姓名	杨静坤	产权	私
建筑编号	2	调查者	寇怀云、毛磊波
建筑基本信息与评价			
文保级别		建筑层数	2
建成年代	1979年至今	使用性质	住宅
建筑风貌	三类风貌	建筑质量	一类质量
结构类型	土木结构		
建筑特色描述及相应照片			
外维护结构	墙体		
	台基		

区块编号	D	门牌号	54号
户主姓名	杨照明	产权	私
建筑编号	3	调查者	寇怀云、毛磊波
建筑基本信息与评价			
文保级别		建筑层数	2
建成年代	1979年至今	使用性质	住宅
建筑风貌	三类风貌	建筑质量	一类质量
结构类型	土木结构		
建筑特色描述及相应照片			
外维护结构	屋面	 	
	墙体	 	
建筑装饰	门窗	 	

区块编号	D	门牌号	49号
户主姓名	杨荣槐	产权	私
建筑编号	4	调查者	寇怀云、毛磊波
建筑基本信息与评价			
文保级别		建筑层数	2

续表

建成年代	1979年至今	使用性质	住宅
建筑风貌	三类风貌	建筑质量	一类质量
结构类型	土木结构		
建筑特色描述及相应照片			
外维护结构	墙体	  	
内部结构	梁架	 	
建筑装饰	其他	 	

区块编号	D	门牌号	48号
户主姓名	段育珍	产权	私
建筑编号	5	调查者	寇怀云、毛磊波
建筑基本信息与评价			
文保级别		建筑层数	2
建成年代	1979年至今	使用性质	住宅
建筑风貌	三类风貌	建筑质量	一类质量
结构类型	土木结构		

续表

建筑特色描述及相应照片		
外维护结构	墙体	 
建筑装饰	门窗	 
	其他	

区块编号	D	门牌号	48号
户主姓名	施化雨	产权	私
建筑编号	6	调查者	寇怀云、毛磊波
建筑基本信息与评价			
文保级别		建筑层数	2
建成年代	1979年至今	使用性质	住宅
建筑风貌	三类风貌	建筑质量	一类质量
结构类型	土木结构		

续表

建筑特色描述及相应照片		
外维护结构	墙体	

区块编号	D	门牌号	45号
户主姓名	段泽奇	产权	私
建筑编号	7	调查者	寇怀云、毛磊波
建筑基本信息与评价			
文保级别		建筑层数	2
建成年代	明清	使用性质	住宅
建筑风貌	二类风貌	建筑质量	二类质量
结构类型	土木结构		
建筑特色描述及相应照片			
外维护结构	屋面		
	墙体	 	

续表

内部结构	梁架	
建筑装饰	门窗	 

区块编号	D	门牌号	
户主姓名	杨树先	产权	私
建筑编号	8	调查者	寇怀云、毛磊波
建筑基本信息与评价			
文保级别		建筑层数	2
建成年代	1979年至今	使用性质	住宅
建筑风貌	三类风貌	建筑质量	一类质量
结构类型	土木结构		

区块编号	D	门牌号	43号
户主姓名	杨树先	产权	私
建筑编号	9	调查者	寇怀云、毛磊波
建筑基本信息与评价			
文保级别		建筑层数	2
建成年代	民国	使用性质	住宅
建筑风貌	二类风貌	建筑质量	三类质量
结构类型	土木结构		

续表

建筑特色描述及相应照片		
外维护结构	屋面	
	墙体	  
内部结构	梁架	
建筑装饰	门窗	  
	其他	 

续表

区块编号	D		门牌号	40号
户主姓名	李世俊		产权	私
建筑编号	10		调查者	寇怀云、毛磊波
建筑基本信息与评价				
文保级别	县级文保		建筑层数	2
建成年代	清代		使用性质	住宅
建筑风貌	一类风貌		建筑质量	三类质量
结构类型	土木结构			
建筑特色描述及相应照片				
外维护结构	屋面			
	墙体			
内部结构	梁架	 		

区块编号	D	门牌号	
户主姓名	黄贵杨	产权	私
建筑编号	11	调查者	寇怀云、毛磊波
建筑基本信息与评价			
文保级别		建筑层数	2
建成年代	1979年至今	使用性质	住宅

续表

建筑风貌	三类风貌	建筑质量	一类质量
结构类型	土木结构		
建筑特色描述及相应照片			
外维护结构	墙体	  	

区块编号	D	门牌号	
户主姓名	杨汉民等三户	产权	私
建筑编号	12（进士家）	调查者	寇怀云、毛磊波
建筑基本信息与评价			
文保级别	县级文保	建筑层数	2
建成年代	明清	使用性质	住宅
建筑风貌	一类风貌	建筑质量	二类质量
结构类型	土木结构		
建筑特色描述及相应照片			
外维护结构	屋面		
	墙体	  	

续表

建筑装饰	门窗	 
	其他	

区块编号	D	门牌号	
户主姓名	黄占前	产权	私
建筑编号	13	调查者	寇怀云、毛磊波
建筑基本信息与评价			
文保级别	县级文保	建筑层数	2
建成年代	清代	使用性质	住宅
建筑风貌	一类风貌	建筑质量	二类质量
结构类型	土木结构		
建筑特色描述及相应照片			
外维护结构	屋面		
	墙体	 	

续表

内部结构	梁架	 
建筑装饰	门窗	 
	其他	

区块编号	D	门牌号	
户主姓名		产权	私
建筑编号	14（题名坊）	调查者	寇怀云、毛磊波
建筑基本信息与评价			
文保级别	县级文保	建筑层数	1
建成年代	清代	使用性质	石牌坊
建筑风貌	一类风貌	建筑质量	二类质量
结构类型	石结构		
建筑特色描述及相应照片			
外维护结构	墙体	 	

续表

建筑装饰	其他	 

区块编号	D	门牌号	26号
户主姓名	黄金彪	产权	私
建筑编号	15	调查者	寇怀云、毛磊波
建筑基本信息与评价			
文保级别		建筑层数	2
建成年代	明清	使用性质	商住
建筑风貌	一类风貌	建筑质量	二类质量
结构类型	木结构		
建筑特色描述及相应照片			
外维护结构	屋面	 	
	墙体		
内部结构	梁架	 	

续表

建筑装饰	门窗	  

区块编号	D	门牌号	39号
户主姓名	黄泽兴	产权	私
建筑编号	16	调查者	寇怀云、毛磊波
建筑基本信息与评价			
文保级别		建筑层数	2
建成年代	1979年至今	使用性质	住宅
建筑风貌	三类风貌	建筑质量	一类质量
结构类型	土木结构		

区块编号	D	门牌号	46号
户主姓名	杨照珍	产权	私
建筑编号	17	调查者	寇怀云、毛磊波
建筑基本信息与评价			
文保级别		建筑层数	2
建成年代	1979年至今	使用性质	住宅
建筑风貌	三类风貌	建筑质量	一类质量
结构类型	土木结构		
建筑特色描述及相应照片			
外维护结构	屋面		

区块编号	D	门牌号	77、78号
户主姓名	杨建民	产权	私
建筑编号	18	调查者	寇怀云、毛磊波
建筑基本信息与评价			
文保级别		建筑层数	2
建成年代	明清	使用性质	住宅
建筑风貌	二类风貌	建筑质量	二类质量
结构类型	土木结构		
建筑特色描述及相应照片			
外维护结构	墙体	  	
内部结构	梁架		
建筑装饰	门窗	 	

区块编号	D	门牌号	
户主姓名	杨乾坤	产权	私
建筑编号	19	调查者	寇怀云、毛磊波

续表

<table>
<tr><td colspan="4">建筑基本信息与评价</td></tr>
<tr><td>文保级别</td><td></td><td>建筑层数</td><td>2</td></tr>
<tr><td>建成年代</td><td>明清</td><td>使用性质</td><td>住宅</td></tr>
<tr><td>建筑风貌</td><td>二类风貌</td><td>建筑质量</td><td>三类质量</td></tr>
<tr><td>结构类型</td><td>土木结构</td><td></td><td></td></tr>
<tr><td colspan="4">建筑特色描述及相应照片</td></tr>
<tr><td rowspan="2">外维护结构</td><td>屋面</td><td colspan="2"></td></tr>
<tr><td>墙体</td><td colspan="2"> </td></tr>
<tr><td>内部结构</td><td>梁架</td><td colspan="2"></td></tr>
<tr><td>建筑装饰</td><td>门窗</td><td colspan="2">  </td></tr>
</table>

续表

区块编号		D	门牌号	
户主姓名		张德明	产权	私
建筑编号		20	调查者	寇怀云、毛磊波
建筑基本信息与评价				
文保级别			建筑层数	2
建成年代		明清	使用性质	住宅
建筑风貌		二类风貌	建筑质量	二类质量
结构类型		土木结构		
建筑特色描述及相应照片				
外维护结构	墙体			

区块编号		D	门牌号	
户主姓名		段阳生	产权	私
建筑编号		21	调查者	寇怀云、毛磊波
建筑基本信息与评价				
文保级别		明清	建筑层数	2
建成年代		二类风貌	使用性质	住宅
建筑风貌		土木结构	建筑质量	一类质量
结构类型				
建筑特色描述及相应照片				
外维护结构	墙体	 		

续表

建筑装饰	门窗	  

区块编号	D	门牌号	
户主姓名	李宗元	产权	私
建筑编号	22	调查者	寇怀云、毛磊波
建筑基本信息与评价			
文保级别		建筑层数	2
建成年代	明清	使用性质	住宅
建筑风貌	二类风貌	建筑质量	二类质量
结构类型	土木结构		
建筑特色描述及相应照片			
外维护结构	墙体	 	
建筑装饰	门窗	   	
	其他		

区块编号	D	门牌号	
户主姓名	李三妹	产权	私
建筑编号	23	调查者	寇怀云、毛磊波
建筑基本信息与评价			
文保级别		建筑层数	2
建成年代	1979年至今	使用性质	住宅
建筑风貌	三类风貌	建筑质量	一类质量
结构类型	土木结构		

区块编号	D	门牌号	58号
户主姓名	杨绍衡	产权	私
建筑编号	24	调查者	寇怀云、毛磊波
建筑基本信息与评价			
文保级别		建筑层数	2
建成年代	明清	使用性质	住宅
建筑风貌	二类风貌	建筑质量	二类质量
结构类型	土木结构		
建筑特色描述及相应照片			
外维护结构	墙体	 	
	台基		

续表

建筑装饰	门窗	  
	其他	

区块编号	D	门牌号	70号
户主姓名	李鹏程[①]	产权	私
建筑编号	25	调查者	寇怀云、毛磊波
建筑基本信息与评价			
文保级别	县级文保	建筑层数	2
建成年代	清代	使用性质	住宅
建筑风貌	一类风貌	建筑质量	二类质量
结构类型	土木结构		

① 县文体局资料显示该建筑户主名称为李鹏程，实地调查户主名称为李汉杰。

续表

<table>
<tr><th colspan="3">建筑特色描述及相应照片</th></tr>
<tr><td rowspan="2">外维护结构</td><td>屋面</td><td></td></tr>
<tr><td>墙体</td><td>  </td></tr>
<tr><td>内部结构</td><td>梁架</td><td>  </td></tr>
<tr><td>建筑装饰</td><td>门窗</td><td>  </td></tr>
</table>

区块编号	D	门牌号	
户主姓名	杨叶香[①]	产权	私
建筑编号	26	调查者	寇怀云、毛磊波

① 县文体局资料显示该建筑户主名称为杨叶香，实地调查户主名称为李四连。

续表

建筑基本信息与评价			
文保级别	县级文保	建筑层数	2
建成年代	清代	使用性质	住宅
建筑风貌	一类风貌	建筑质量	二类质量
结构类型	土木结构		
建筑特色描述及相应照片			
外维护结构	屋面		
	墙体	  	
建筑装饰	门窗	 	

区块编号	D	门牌号	号
户主姓名	黄正	产权	私
建筑编号	27	调查者	寇怀云、毛磊波
建筑基本信息与评价			
文保级别		建筑层数	2
建成年代	明清	使用性质	住宅
建筑风貌	二类风貌	建筑质量	二类质量
结构类型	土木结构		

续表

建筑特色描述及相应照片		
外维护结构	屋面	
	墙体	 
建筑装饰	门窗	

区块编号	D	门牌号	75号
户主姓名	杨长胜	产权	私
建筑编号	28	调查者	寇怀云、毛磊波
建筑基本信息与评价			
文保级别		建筑层数	2
建成年代	明清	使用性质	住宅
建筑风貌	二类风貌	建筑质量	二类质量
结构类型	土木结构		
建筑特色描述及相应照片			
外维护结构	墙体	 	

区块编号	D	门牌号	
户主姓名	赵三	产权	私
建筑编号	29	调查者	寇怀云、毛磊波
建筑基本信息与评价			
文保级别		建筑层数	2
建成年代	1979年至今	使用性质	住宅
建筑风貌	三类风貌	建筑质量	一类质量
结构类型	土木结构		

区块编号		D	门牌号	
户主姓名		李四连	产权	私
建筑编号		30	调查者	寇怀云、毛磊波
建筑基本信息与评价				
文保级别			建筑层数	2
建成年代		明清	使用性质	住宅
建筑风貌		二类风貌	建筑质量	二类质量
结构类型		土木结构		
建筑特色描述及相应照片				
外维护结构	墙体			
建筑装饰	门窗			

区块编号	D	门牌号	59号
户主姓名	杨艳芳①	产权	私
建筑编号	31	调查者	寇怀云、毛磊波
建筑基本信息与评价			
文保级别	县级文保	建筑层数	2
建成年代	清代	使用性质	住宅
建筑风貌	一类风貌	建筑质量	二类质量
结构类型	土木结构		
建筑特色描述及相应照片			
外维护结构	墙体	 	
内部结构	梁架	 	
建筑装饰	门窗	 	
	其他	 	

① 县文体局资料显示该建筑户主名称为杨艳芳，实地调查户主名称为曾兵雄。

区块编号	D	门牌号	68号
户主姓名	徐天成、杨树发	产权	私
建筑编号	32	调查者	寇怀云、毛磊波
建筑基本信息与评价			
文保级别	保护建筑	建筑层数	2
建成年代	明清	使用性质	住宅
建筑风貌	一类风貌	建筑质量	三类质量
结构类型	土木结构		
建筑特色描述及相应照片			
外维护结构	屋面	 	
	墙体	 	
内部结构	梁架	 	
建筑装饰	门窗	 	

<table>
<tr><td>区块编号</td><td colspan="2">D</td><td>门牌号</td><td>39号、68号</td></tr>
<tr><td>户主姓名</td><td colspan="2">杨树发</td><td>产权</td><td>私</td></tr>
<tr><td>建筑编号</td><td colspan="2">33</td><td>调查者</td><td>寇怀云、毛磊波</td></tr>
<tr><td colspan="5">建筑基本信息与评价</td></tr>
<tr><td>文保级别</td><td colspan="2"></td><td>建筑层数</td><td>2</td></tr>
<tr><td>建成年代</td><td colspan="2">明清</td><td>使用性质</td><td>住宅</td></tr>
<tr><td>建筑风貌</td><td colspan="2">二类风貌</td><td>建筑质量</td><td>二类质量</td></tr>
<tr><td>结构类型</td><td colspan="2">土木结构</td><td></td><td></td></tr>
<tr><td colspan="5">建筑特色描述及相应照片</td></tr>
<tr><td rowspan="2">外维护结构</td><td>屋面</td><td colspan="3"></td></tr>
<tr><td>墙体</td><td colspan="3"> </td></tr>
<tr><td>建筑装饰</td><td>门窗</td><td colspan="3"></td></tr>
</table>

区块编号	D	门牌号	
户主姓名	李鹏程	产权	私
建筑编号	34	调查者	寇怀云、毛磊波
建筑基本信息与评价			
文保级别		建筑层数	2

续表

建成年代	1979年至今	使用性质	住宅
建筑风貌	三类风貌	建筑质量	一类质量
结构类型	土木结构		

区块编号	D	门牌号	
户主姓名	黄建国①	产权	私
建筑编号	35	调查者	寇怀云、毛磊波
建筑基本信息与评价			
文保级别	县级文保	建筑层数	2
建成年代	清代	使用性质	住宅
建筑风貌	一类风貌	建筑质量	四类质量
结构类型	土木结构		
建筑特色描述及相应照片			
外维护结构	墙体	 	
内部结构	梁架	  	
建筑装饰	门窗		

① 县文体局资料显示该建筑户主名称为黄建国，实地调查户主名称为黄正。

区块编号	D	门牌号	83号
户主姓名	段进坤	产权	私
建筑编号	36	调查者	寇怀云、毛磊波
建筑基本信息与评价			
文保级别		建筑层数	2
建成年代	明清	使用性质	住宅
建筑风貌	二类风貌	建筑质量	二类质量
结构类型	土木结构		
建筑特色描述及相应照片			
外维护结构	屋面		
	墙体		

区块编号	D	门牌号	
户主姓名	杨梅枝	产权	私
建筑编号	37	调查者	寇怀云、毛磊波
建筑基本信息与评价			
文保级别	县级文保	建筑层数	2
建成年代	清代	使用性质	住宅
建筑风貌	一类风貌	建筑质量	二类质量
结构类型	土木结构		

续表

建筑特色描述及相应照片		
外维护结构	屋面	 
	墙体	 
建筑装饰	门窗	  
	其他	

区块编号	D	门牌号	
户主姓名	黄奇昌	产权	私
建筑编号	38	调查者	寇怀云、毛磊波
建筑基本信息与评价			
文保级别		建筑层数	2
建成年代	明清	使用性质	住宅

续表

建筑风貌	二类风貌	建筑质量	二类质量
结构类型	土木结构		
建筑特色描述及相应照片			
外维护结构	屋面		
	墙体		
建筑装饰	门窗	 	

区块编号	D	门牌号	
户主姓名	杨梅枝	产权	私
建筑编号	39	调查者	寇怀云、毛磊波
建筑基本信息与评价			
文保级别		建筑层数	2
建成年代	1979年至今	使用性质	住宅
建筑风貌	三类风貌	建筑质量	一类质量
结构类型	土木结构		
建筑特色描述及相应照片			
外维护结构	屋面		

区块编号	D	门牌号	65号
户主姓名	黄奇昌	产权	私
建筑编号	40	调查者	寇怀云、毛磊波
建筑基本信息与评价			
文保级别		建筑层数	2
建成年代	明清	使用性质	住宅
建筑风貌	二类风貌	建筑质量	二类质量
结构类型	土木结构		
建筑特色描述及相应照片			
外维护结构	屋面	 	
内部结构	梁架	 	
建筑装饰	门窗	 	
	其他	  	

区块编号	D	门牌号	66号
户主姓名	杨绍真	产权	私
建筑编号	41	调查者	寇怀云、毛磊波
建筑基本信息与评价			
文保级别		建筑层数	2
建成年代	明清	使用性质	住宅
建筑风貌	二类风貌	建筑质量	二类质量
结构类型	土木结构		
建筑特色描述及相应照片			
外维护结构	墙体	 	
内部结构	梁架	 	
建筑装饰	门窗		
	栏杆		

诺邓村E区建筑单体信息调查表

E区建筑编号图

区块编号	E	门牌号	
户主姓名		产权	私
建筑编号	1	调查者	蔡慧明 杜丽华
建筑基本信息与评价			
文保级别		建筑层数	1
建成年代	1979—至今	使用性质	牲口棚
建筑风貌	四类风貌	建筑质量	四类质量
结构类型	土木结构		

区块编号	E	门牌号	85号
户主姓名	杨汝杰[①]	产权	私
建筑编号	2	调查者	蔡慧明　杜丽华
建筑基本信息与评价			
文保级别	县级文保	建筑层数	2
建成年代	清代	使用性质	住宅
建筑风貌	一类风貌	建筑质量	二类质量
结构类型	土木结构		
建筑特色描述及相应照片			
外维护结构 墙体			
建筑装饰 门窗			

区块编号	E	门牌号	84号
户主姓名	徐益	产权	私
建筑编号	3	调查者	蔡慧明　杜丽华
建筑基本信息与评价			
文保级别		建筑层数	2
建成年代	1979—至今	使用性质	住宅
建筑风貌	三类风貌	建筑质量	二类质量
结构类型	土木结构		

① 县文体局资料显示该建筑户主名称为杨汝杰，实地调查户主名称为杨丽梅。

区块编号	E	门牌号	86号
户主姓名	李骑龙	产权	私
建筑编号	4	调查者	蔡慧明 杜丽华
建筑基本信息与评价			
文保级别		建筑层数	2
建成年代	明清	使用性质	住宅
建筑风貌	三类风貌	建筑质量	四类质量
结构类型	土木结构		
建筑特色描述及相应照片			
外维护结构	墙体	 	

区块编号	E	门牌号	86号
户主姓名	李骑龙	产权	私
建筑编号	5	调查者	蔡慧明 杜丽华
建筑基本信息与评价			
文保级别		建筑层数	2
建成年代	1979—至今	使用性质	住宅
建筑风貌	三类风貌	建筑质量	四类质量
结构类型	土木结构		

区块编号	E	门牌号	87号
户主姓名	李祝明	产权	私
建筑编号	6	调查者	蔡慧明 杜丽华
建筑基本信息与评价			
文保级别		建筑层数	2
建成年代	明清	使用性质	住宅
建筑风貌	三类风貌	建筑质量	二类质量
结构类型	土木结构		

续表

建筑特色描述及相应照片		
外维护结构	屋面	
	墙体	  

区块编号	E	门牌号	93号
户主姓名	黄术雅	产权	私
建筑编号	7	调查者	蔡慧明　杜丽华
建筑基本信息与评价			
文保级别		建筑层数	2
建成年代	明清	使用性质	住宅
建筑风貌	三类风貌	建筑质量	二类质量
结构类型	土木结构		
建筑特色描述及相应照片			
外维护结构	墙体		
内部结构	梁架		

续表

建筑装饰	栏杆	

区块编号	E	门牌号	92号
户主姓名	李因	产权	私
建筑编号	8	调查者	蔡慧明 杜丽华
建筑基本信息与评价			
文保级别		建筑层数	2
建成年代	明清	使用性质	住宅
建筑风貌	二类风貌	建筑质量	三类质量
结构类型	土木结构		
建筑特色描述及相应照片			
外维护结构	屋面		
	墙体		
	台基	 	

续表

内部结构	梁架	
建筑装饰	栏杆	

区块编号	E	门牌号	91号
户主姓名	李恒昌	产权	私
建筑编号	9	调查者	蔡慧明　杜丽华
建筑基本信息与评价			
文保级别		建筑层数	2
建成年代	明清	使用性质	住宅
建筑风貌	二类风貌	建筑质量	二类质量
结构类型	土木结构		
建筑特色描述及相应照片			
外维护结构	墙体		

区块编号	E	门牌号	91号
户主姓名	李恒昌	产权	私
建筑编号	10	调查者	蔡慧明 杜丽华
建筑基本信息与评价			
文保级别		建筑层数	2
建成年代	1979—至今	使用性质	住宅
建筑风貌	三类风貌	建筑质量	二类质量
结构类型	土木结构		

区块编号	E	门牌号	89号
户主姓名	杨崇安	产权	私
建筑编号	11	调查者	蔡慧明 杜丽华
建筑基本信息与评价			
文保级别		建筑层数	2
建成年代	明清	使用性质	住宅
建筑风貌	二类风貌	建筑质量	二类质量
结构类型	土木结构		
建筑特色描述及相应照片			
外维护结构	屋面	 	
内部结构	梁架	 	

续表

建筑装饰	门窗	  

区块编号	E	门牌号	90号
户主姓名	杨跃辉	产权	私
建筑编号	12	调查者	蔡慧明　杜丽华
建筑基本信息与评价			
文保级别		建筑层数	2
建成年代	1979—至今	使用性质	住宅
建筑风貌	三类风貌	建筑质量	二类质量
结构类型	土木结构		

区块编号	E	门牌号	88号
户主姓名	杨丽梅①	产权	私
建筑编号	13	调查者	蔡慧明　杜丽华
建筑基本信息与评价			
文保级别	县级文保	建筑层数	2
建成年代	清代	使用性质	住宅
建筑风貌	一类风貌	建筑质量	二类质量
结构类型	土木结构		

① 县文体局资料显示该建筑户主名称为杨丽梅，实地调查户主名称为杨尧安。

续表

建筑特色描述及相应照片		
外维护结构	屋面	 
	墙体	 
	台基	 
内部结构	梁架	
建筑装饰	门窗	  
	栏杆	

区块编号	E	门牌号	100号
户主姓名	李才坤	产权	私
建筑编号	14	调查者	蔡慧明　杜丽华
建筑基本信息与评价			
文保级别		建筑层数	2
建成年代	明清	使用性质	住宅
建筑风貌	三类风貌	建筑质量	三类质量
结构类型	土木结构		
建筑特色描述及相应照片			
外维护结构	墙体	  	
内部结构	梁架	 	

区块编号	E	门牌号	
户主姓名	黄德明	产权	私
建筑编号	15	调查者	蔡慧明　杜丽华
建筑基本信息与评价			
文保级别		建筑层数	
建成年代	明清	使用性质	库房
建筑风貌	三类风貌	建筑质量	四类质量
结构类型	土木结构		

区块编号	E	门牌号	91号
户主姓名	李恒昌	产权	私
建筑编号	16	调查者	蔡慧明 杜丽华
建筑基本信息与评价			
文保级别		建筑层数	2
建成年代	明清	使用性质	住宅
建筑风貌	二类风貌	建筑质量	二类质量
结构类型	土木结构		
建筑特色描述及相应照片			
结构	墙体	 	

区块编号	E	门牌号	101号
户主姓名	黄德明	产权	私
建筑编号	17	调查者	蔡慧明 杜丽华
建筑基本信息与评价			
文保级别		建筑层数	2
建成年代	明清	使用性质	住宅
建筑风貌	二类风貌	建筑质量	二类质量
结构类型	土木结构		

续表

建筑特色描述及相应照片		
外维护结构	屋面	
	墙体	 
内部结构	梁架	 
建筑装饰	门窗	 
	栏杆	
	其他	 

区块编号	E	门牌号	102号
户主姓名	杨锦秀	产权	私
建筑编号	18	调查者	蔡慧明 杜丽华
建筑基本信息与评价			
文保级别		建筑层数	2
建成年代	建国—1978	使用性质	住宅
建筑风貌	三类风貌	建筑质量	二类质量
结构类型	土木结构		

区块编号	E	门牌号	
户主姓名	杨景堂	产权	私
建筑编号	19	调查者	蔡慧明 杜丽华
建筑基本信息与评价			
文保级别		建筑层数	2
建成年代	1979—至今	使用性质	住宅
建筑风貌	三类风貌	建筑质量	二类质量
结构类型	土木结构		

区块编号	E	门牌号	
户主姓名	黄应全	产权	私
建筑编号	20	调查者	蔡慧明 杜丽华
建筑基本信息与评价			
文保级别		建筑层数	2
建成年代	明清	使用性质	住宅
建筑风貌	三类风貌	建筑质量	三类质量
结构类型	土木结构		

续表

<table>
<tr><th colspan="3">建筑特色描述及相应照片</th></tr>
<tr><td rowspan="3">外维护结构</td><td>屋面</td><td> </td></tr>
<tr><td>墙体</td><td> </td></tr>
<tr><td>台基</td><td></td></tr>
<tr><td rowspan="2">建筑装饰</td><td>门窗</td><td>  </td></tr>
<tr><td>栏杆</td><td></td></tr>
</table>

区块编号	E	门牌号	
户主姓名	杨定瑞、杨定吉	产权	私
建筑编号	21	调查者	蔡慧明 杜丽华
建筑基本信息与评价			
文保级别		建筑层数	2
建成年代	民国	使用性质	住宅
建筑风貌	二类风貌	建筑质量	二类质量
结构类型	土木结构		

建筑特色描述及相应照片			
外维护结构	屋面		
	墙体		
内部结构	梁架		

续表

建筑装饰	门窗	 

区块编号	E	门牌号	127号
户主姓名	杨无宏	产权	私
建筑编号	22	调查者	蔡慧明 杜丽华
建筑基本信息与评价			
文保级别	保护建筑	建筑层数	2
建成年代	明清	使用性质	住宅
建筑风貌	一类风貌	建筑质量	三类质量
结构类型	土木结构		
建筑特色描述及相应照片			
外维护结构	屋面		
	墙体	 	

续表

内部结构	梁架	
建筑装饰	门窗	 

区块编号	E	门牌号	128号
户主姓名	杨根焕	产权	私
建筑编号	23	调查者	蔡慧明 杜丽华
建筑基本信息与评价			
文保级别	保护建筑	建筑层数	2
建成年代	明清	使用性质	住宅
建筑风貌	一类风貌	建筑质量	三类质量
结构类型	土木结构		
建筑特色描述及相应照片			
外维护结构	墙体		

续表

建筑装饰	门窗	 

区块编号	E	门牌号	129号
户主姓名	徐兢业	产权	私
建筑编号	24	调查者	蔡慧明　杜丽华
建筑基本信息与评价			
文保级别	保护建筑	建筑层数	2
建成年代	明清	使用性质	住宅
建筑风貌	一类风貌	建筑质量	三类质量
结构类型	土木结构		
建筑特色描述及相应照片			
外维护结构	墙体		
	台基	 	

续表

内部结构	梁架	
建筑装饰	门窗	 

区块编号	E	门牌号	104号
户主姓名	张宗泽	产权	私
建筑编号	25	调查者	蔡慧明　杜丽华
建筑基本信息与评价			
文保级别		建筑层数	2
建成年代	明清	使用性质	住宅
建筑风貌	三类风貌	建筑质量	三类质量
结构类型	土木结构		
建筑特色描述及相应照片			
外维护结构	屋面		
外维护结构	墙体	  	

续表

内部结构	梁架	

区块编号	E	门牌号	132号
户主姓名	徐淑红	产权	私
建筑编号	26	调查者	蔡慧明　杜丽华
建筑基本信息与评价			
文保级别		建筑层数	2
建成年代	1979—至今	使用性质	住宅
建筑风貌	三类风貌	建筑质量	一类质量
结构类型	土木结构		

区块编号	E	门牌号	132号
户主姓名	徐淑红	产权	私
建筑编号	27	调查者	蔡慧明　杜丽华
建筑基本信息与评价			
文保级别		建筑层数	1
建成年代	1979—至今	使用性质	库房
建筑风貌	三类风貌	建筑质量	一类质量
结构类型	土木结构		

区块编号	E	门牌号	132号
户主姓名	徐淑红	产权	私
建筑编号	28	调查者	蔡慧明　杜丽华
建筑基本信息与评价			
文保级别		建筑层数	2
建成年代	1979—至今	使用性质	饭店
建筑风貌	三类风貌	建筑质量	一类质量
结构类型	土木结构		

续表

建筑特色描述及相应照片		
外维护结构	墙体	
内部结构	梁架	
建筑装饰	栏杆	

区块编号	E	门牌号	131号
户主姓名	黄宝坤	产权	私
建筑编号	29	调查者	蔡慧明　杜丽华
建筑基本信息与评价			
文保级别		建筑层数	2
建成年代	明清	使用性质	住宅
建筑风貌	二类风貌	建筑质量	三类质量
结构类型	土木结构		

续表

建筑特色描述及相应照片		
外维护结构	屋面	
	墙体	  
内部结构	梁架	
建筑装饰	门窗	 

诺邓村F区建筑单体信息调查表

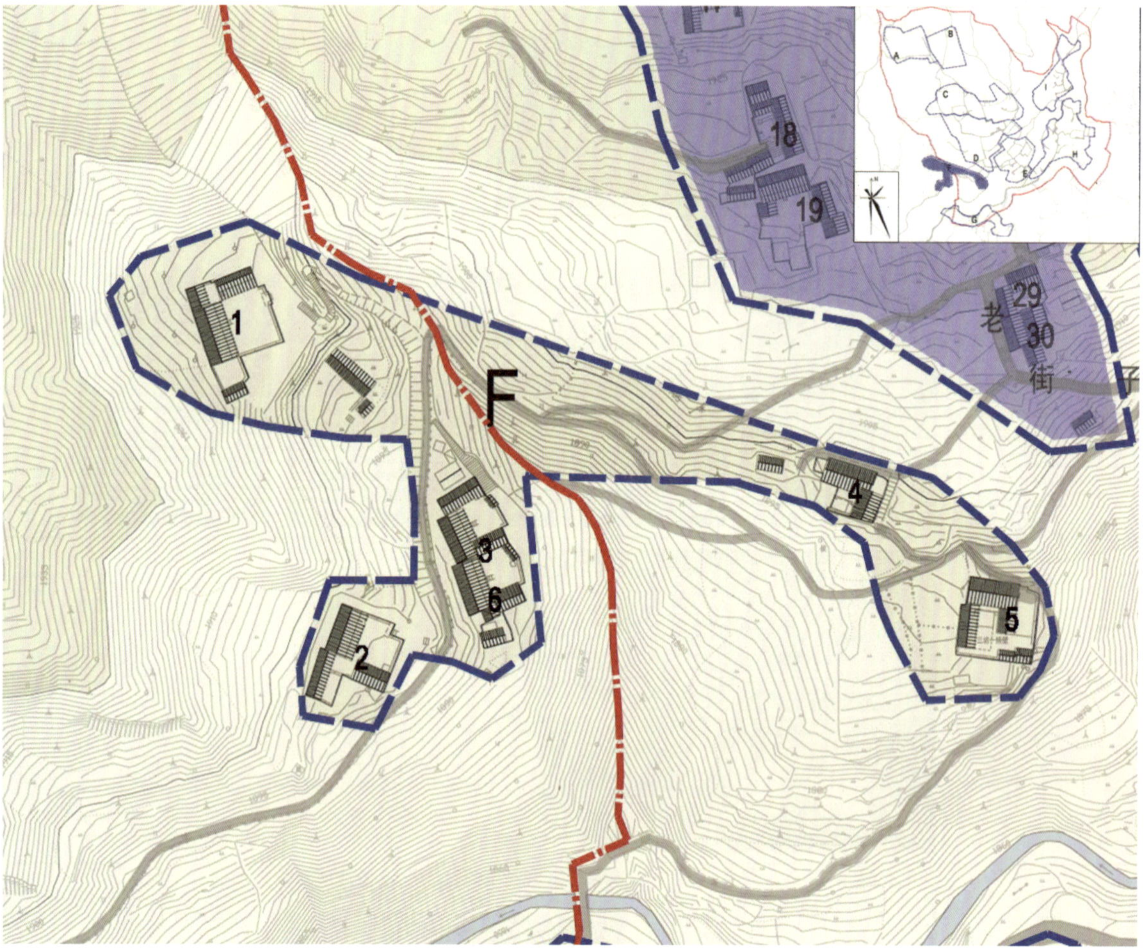

F区建筑编号图

区块编号	F	门牌号	95号
户主姓名	李梅珍	产权	私
建筑编号	1	调查者	寇怀云、毛磊波
建筑基本信息与评价			
文保级别		建筑层数	2
建成年代	1979年至今	使用性质	住宅
建筑风貌	三类风貌	建筑质量	一类质量
结构类型	土木结构		

续表

建筑特色描述及相应照片		
外维护结构	屋面	

区块编号	F	门牌号	96号
户主姓名	杨淑恒	产权	私
建筑编号	2	调查者	寇怀云、毛磊波
建筑基本信息与评价			
文保级别		建筑层数	2
建成年代	1979年至今	使用性质	住宅
建筑风貌	三类风貌	建筑质量	一类质量
结构类型	土木结构		

区块编号	F	门牌号	98号
户主姓名	杨应元	产权	私
建筑编号	3	调查者	寇怀云、毛磊波
建筑基本信息与评价			
文保级别		建筑层数	2
建成年代	1979年至今	使用性质	住宅
建筑风貌	三类风貌	建筑质量	一类质量
结构类型	土木结构		
建筑特色描述及相应照片			
外维护结构	屋面		

区块编号	F	门牌号	
户主姓名	杨赛安	产权	私
建筑编号	4	调查者	寇怀云、毛磊波
建筑基本信息与评价			
文保级别		建筑层数	2
建成年代	明清	使用性质	住宅
建筑风貌	二类风貌	建筑质量	四类质量
结构类型	土木结构		
建筑特色描述及相应照片			
外维护结构	屋面		
	墙体		

区块编号	F	门牌号	
户主姓名	杨德清	产权	私
建筑编号	5	调查者	寇怀云、毛磊波
建筑基本信息与评价			
文保级别	县级文保	建筑层数	2
建成年代	清代	使用性质	住宅
建筑风貌	一类风貌	建筑质量	二类质量
结构类型	土木结构		
建筑特色描述及相应照片			

续表

外维护结构	屋面	
	墙体	

区块编号	F	门牌号	98号
户主姓名	杨应元	产权	私
建筑编号	6	调查者	寇怀云、毛磊波
建筑基本信息与评价			
文保级别		建筑层数	2
建成年代	1979年至今	使用性质	住宅
建筑风貌	三类风貌	建筑质量	一类质量
结构类型	土木结构		
建筑特色描述及相应照片			
外维护结构	屋面		

诺邓村G区建筑单体信息调查表

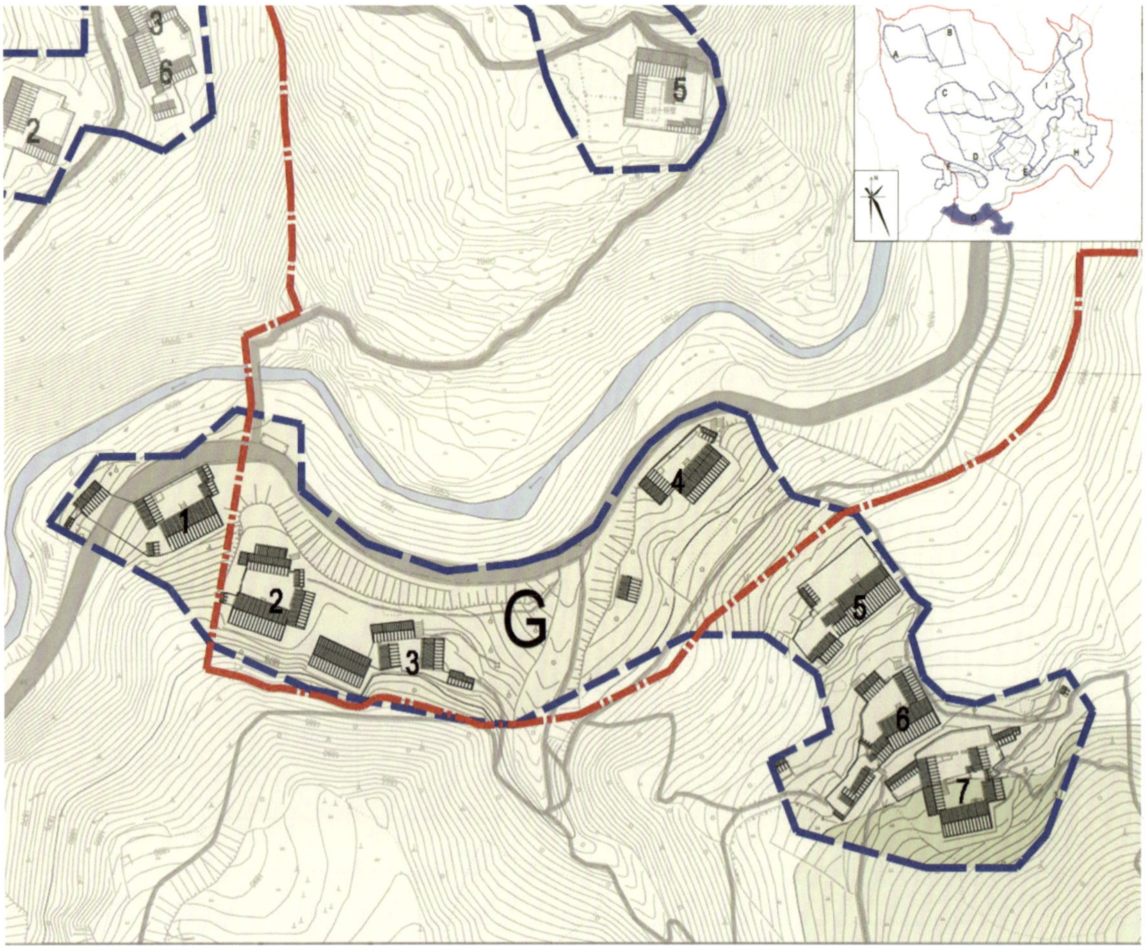

G区建筑编号图

区块编号	G	门牌号	193号
户主姓名	李继军	产权	私
建筑编号	1	调查者	蔡慧明 杜丽华
建筑基本信息与评价			
文保级别		建筑层数	2
建成年代	1979—至今	使用性质	住宅
建筑风貌	三类风貌	建筑质量	二类质量
结构类型	土木结构		

区块编号	G	门牌号	194号
户主姓名	李泽忠	产权	私
建筑编号	2	调查者	蔡慧明　杜丽华
建筑基本信息与评价			
文保级别		建筑层数	2
建成年代	1979—至今	使用性质	住宅
建筑风貌	三类风貌	建筑质量	一类质量
结构类型	土木结构		

区块编号	G	门牌号	194号
户主姓名	李泽忠	产权	私
建筑编号	3	调查者	蔡慧明　杜丽华
建筑基本信息与评价			
文保级别		建筑层数	2
建成年代	1979—至今	使用性质	住宅
建筑风貌	三类风貌	建筑质量	一类质量
结构类型	土木结构		

区块编号		G	门牌号	193号
户主姓名		李继军	产权	私
建筑编号		4	调查者	蔡慧明　杜丽华
建筑基本信息与评价				
文保级别			建筑层数	2
建成年代		1979—至今	使用性质	住宅
建筑风貌		三类风貌	建筑质量	二类质量
结构类型		土木结构		
建筑特色描述及相应照片				
外维护结构	墙体			

区块编号	G	门牌号	
户主姓名	李益	产权	私
建筑编号	5	调查者	蔡慧明 杜丽华
建筑基本信息与评价			
文保级别		建筑层数	2
建成年代	建国—1978	使用性质	住宅
建筑风貌	三类风貌	建筑质量	二类质量
结构类型	土木结构		

区块编号	G	门牌号	190号
户主姓名	李利松	产权	私
建筑编号	6	调查者	蔡慧明 杜丽华
建筑基本信息与评价			
文保级别		建筑层数	2
建成年代	建国—1978	使用性质	住宅
建筑风貌	三类风貌	建筑质量	二类质量
结构类型	土木结构		

区块编号	G	门牌号	189号
户主姓名	意僵	产权	私
建筑编号	7	调查者	蔡慧明 杜丽华
建筑基本信息与评价			
文保级别		建筑层数	2
建成年代	建国—1978	使用性质	住宅
建筑风貌	三类风貌	建筑质量	二类质量
结构类型	土木结构		

建筑特色描述及相应照片		
外维护结构	墙体	 

诺邓村H区建筑单体信息调查表

H区建筑编号图

区块编号	H	门牌号	
户主姓名		产权	公
建筑编号	1（火腿厂）	调查者	蔡慧明　杜丽华
建筑基本信息与评价			
文保级别	保护建筑	建筑层数	2
建成年代	建国—1978	使用性质	火腿厂
建筑风貌	一类风貌	建筑质量	二类质量
结构类型	土木结构		

续表

建筑特色描述及相应照片		
外维护结构	屋面	 
	墙体	 
	台基	
内部结构	梁架	
建筑装饰	门窗	 

续表

建筑装饰	栏杆	

区块编号	H	门牌号	
户主姓名		产权	公
建筑编号	2（龙王庙）	调查者	蔡慧明　杜丽华
建筑基本信息与评价			
文保级别	县级文保	建筑层数	1
建成年代	元代	使用性质	宗教
建筑风貌	一类风貌	建筑质量	二类质量
结构类型	土木结构		

建筑特色描述及相应照片		
外维护结构	屋面	
	墙体	 
内部结构	梁架	 

续表

建筑装饰	门窗	  
	其他	

区块编号	H	门牌号	
户主姓名		产权	公
建筑编号	3（卫生室）	调查者	蔡慧明　杜丽华
建筑基本信息与评价			
文保级别		建筑层数	2
建成年代	1979—至今	使用性质	医疗
建筑风貌	四类风貌	建筑质量	二类质量
结构类型	土木结构		

区块编号	H	门牌号	
户主姓名	杨春花	产权	私
建筑编号	4	调查者	蔡慧明　杜丽华
建筑基本信息与评价			
文保级别		建筑层数	2
建成年代	1979—至今	使用性质	住宅
建筑风貌	三类风貌	建筑质量	一类质量
结构类型	砖木结构/土木结构		

区块编号	H	门牌号	
户主姓名	李正华	产权	私
建筑编号	5	调查者	蔡慧明　杜丽华
建筑基本信息与评价			
文保级别		建筑层数	2
建成年代	1979—至今	使用性质	住宅
建筑风貌	四类风貌	建筑质量	二类质量
结构类型	土木结构		

区块编号		H	门牌号	117号
户主姓名		徐树　杨文江①	产权	私
建筑编号		6	调查者	蔡慧明　杜丽华
建筑基本信息与评价				
文保级别		县级文保	建筑层数	2
建成年代		清代	使用性质	住宅
建筑风貌		一类风貌	建筑质量	二类质量
结构类型		土木结构		
建筑特色描述及相应照片				
外维护结构	台基	 		
内部结构	梁架			

① 县文体局资料显示该建筑户主名称为徐树、杨文江，实地调查户主名称为李正华。

续表

建筑装饰	门窗	 
	其他	

区块编号	H	门牌号	168号、169号
户主姓名	李文红	产权	私
建筑编号	7	调查者	蔡慧明　杜丽华
建筑基本信息与评价			
文保级别		建筑层数	2
建成年代	明清	使用性质	住宅
建筑风貌	二类风貌	建筑质量	三类质量
结构类型	土木结构		
建筑特色描述及相应照片			
外维护结构	屋面		

续表

外维护结构	墙体	 
	台基	 
内部结构	梁架	
建筑装饰	门窗	 

区块编号	H	门牌号	
户主姓名	杨家琦	产权	私
建筑编号	8	调查者	蔡慧明　杜丽华
建筑基本信息与评价			
文保级别		建筑层数	2
建成年代	明清	使用性质	住宅
建筑风貌	二类风貌	建筑质量	三类质量
结构类型	土木结构		

续表

建筑特色描述及相应照片		
外维护结构	墙体	 
内部结构	梁架	

区块编号	H	门牌号	166号
户主姓名	杨天全	产权	私
建筑编号	9	调查者	蔡慧明　杜丽华
建筑基本信息与评价			
文保级别		建筑层数	2
建成年代	1979—至今	使用性质	住宅
建筑风貌	三类风貌	建筑质量	二类风貌
结构类型	土木结构		

区块编号	H	门牌号	165号
户主姓名	杨斌全	产权	私
建筑编号	10	调查者	蔡慧明　杜丽华
建筑基本信息与评价			
文保级别	县级文保	建筑层数	2
建成年代	清代	使用性质	住宅
建筑风貌	一类风貌	建筑质量	三类质量
结构类型	土木结构		

续表

建筑特色描述及相应照片		
外维护结构	墙体	 
内部结构	梁架	
建筑装饰	门窗	 
	其他	

区块编号	H	门牌号	168号
户主姓名	杨文江	产权	私
建筑编号	11	调查者	蔡慧明　杜丽华
建筑基本信息与评价			
文保级别		建筑层数	2

续表

建成年代	1979—至今	使用性质	住宅
建筑风貌	三类风貌	建筑质量	一类质量
结构类型	土木结构		

区块编号	H	门牌号	173号
户主姓名	杨四海	产权	私
建筑编号	12	调查者	蔡慧明　杜丽华
建筑基本信息与评价			
文保级别	保护建筑	建筑层数	2
建成年代	民国	使用性质	住宅
建筑风貌	一类风貌	建筑质量	二类质量
结构类型	土木结构		

建筑特色描述及相应照片		
外维护结构	墙体	
内部结构	梁架	 
建筑装饰	门窗	  

续表

建筑装饰	栏杆	

区块编号	H	门牌号	163号
户主姓名	杨莲瑞	产权	私
建筑编号	13	调查者	蔡慧明　杜丽华
建筑基本信息与评价			
文保级别		建筑层数	2
建成年代	明清	使用性质	住宅
建筑风貌	三类风貌	建筑质量	一类质量
结构类型	土木结构		
建筑特色描述及相应照片			
外维护结构	墙体		
	台基	 	

续表

内部结构	梁架	 

区块编号	H	门牌号	161号
户主姓名		产权	私
建筑编号	14（万寿宫）	调查者	蔡慧明 杜丽华
建筑基本信息与评价			
文保级别	县级文保	建筑层数	2
建成年代	元代	使用性质	住宅
建筑风貌	一类风貌	建筑质量	三类质量
结构类型	土木结构		
建筑特色描述及相应照片			
外维护结构	屋面	 	
	墙体	  	

续表

内部结构	梁架	 
建筑装饰	门窗	 
	栏杆	

区块编号	H	门牌号	151号
户主姓名	杨彩云、徐云清	产权	私
建筑编号	15	调查者	蔡慧明　杜丽华
建筑基本信息与评价			
文保级别		建筑层数	2
建成年代	1979—至今	使用性质	住宅
建筑风貌	三类风貌	建筑质量	二类质量
结构类型	土木结构		

区块编号	H	门牌号	160号
户主姓名	李丽琪	产权	私
建筑编号	16	调查者	蔡慧明　杜丽华

续表

建筑基本信息与评价			
文保级别		建筑层数	2
建成年代	1979—至今	使用性质	住宅
建筑风貌	三类风貌	建筑质量	一类质量
结构类型	土木结构		

<table>
<tr><td colspan="2">区块编号</td><td>H</td><td>门牌号</td><td>159号</td></tr>
<tr><td colspan="2">户主姓名</td><td>杨娟兰</td><td>产权</td><td>私</td></tr>
<tr><td colspan="2">建筑编号</td><td>17</td><td>调查者</td><td>蔡慧明　杜丽华</td></tr>
<tr><td colspan="5">建筑基本信息与评价</td></tr>
<tr><td colspan="2">文保级别</td><td></td><td>建筑层数</td><td>2</td></tr>
<tr><td colspan="2">建成年代</td><td>明清</td><td>使用性质</td><td>住宅</td></tr>
<tr><td colspan="2">建筑风貌</td><td>二类风貌</td><td>建筑质量</td><td>二类质量</td></tr>
<tr><td colspan="2">结构类型</td><td>土木结构</td><td></td><td></td></tr>
<tr><td colspan="5">建筑特色描述及相应照片</td></tr>
<tr><td>外维护结构</td><td>墙体</td><td colspan="3"></td></tr>
<tr><td>建筑装饰</td><td>门窗</td><td colspan="3"> </td></tr>
</table>

区块编号	H	门牌号	
户主姓名	杨庆祝	产权	私
建筑编号	18	调查者	蔡慧明　杜丽华

续表

建筑基本信息与评价			
文保级别		建筑层数	2
建成年代	1979—至今	使用性质	住宅
建筑风貌	三类风貌	建筑质量	二类质量
结构类型	土木结构		
建筑特色描述及相应照片			
外维护结构	屋面		
建筑装饰	门窗	 	

区块编号	H	门牌号	145号
户主姓名	黄家瑞	产权	私
建筑编号	19	调查者	蔡慧明　杜丽华
建筑基本信息与评价			
文保级别	县级文保	建筑层数	2
建成年代	清代	使用性质	住宅
建筑风貌	一类风貌	建筑质量	二类质量
结构类型	土木结构		

续表

建筑特色描述及相应照片		
外维护结构	屋面	
	墙体	 
内部结构	梁架	 
建筑装饰	门窗	 

区块编号	H	门牌号	
户主姓名	老年人协会	产权	公
建筑编号	20（盐局）	调查者	蔡慧明 杜丽华

续表

建筑基本信息与评价			
文保级别	县级文保	建筑层数	2
建成年代	元代	使用性质	社区服务
建筑风貌	一类风貌	建筑质量	二类质量
结构类型	土木结构		

建筑特色描述及相应照片		
外维护结构	屋面	
	墙体	
内部结构	梁架	 

续表

建筑装饰	门窗	  

区块编号	H	门牌号	148号
户主姓名	古楼客栈	产权	公
建筑编号	21	调查者	蔡慧明 杜丽华
建筑基本信息与评价			
文保级别		建筑层数	2
建成年代	明清	使用性质	住宅
建筑风貌	二类风貌	建筑质量	二类质量
结构类型	土木结构		

建筑特色描述及相应照片		
外维护结构	墙体	 
内部结构	梁架	

续表

建筑装饰	门窗	
	其他	 

区块编号	H	门牌号	237号
户主姓名	黄正	产权	公
建筑编号	22	调查者	蔡慧明　杜丽华
建筑基本信息与评价			
文保级别		建筑层数	2
建成年代	民国	使用性质	住宅
建筑风貌	二类风貌	建筑质量	三类质量
结构类型	土木结构		

续表

建筑特色描述及相应照片		
外维护结构	墙体	 
内部结构	梁架	
建筑装饰	门窗	 
	其他	

区块编号	H	门牌号	149号
户主姓名	杨建恒	产权	私
建筑编号	23	调查者	蔡慧明　杜丽华

续表

建筑基本信息与评价			
文保级别		建筑层数	2
建成年代	明清	使用性质	住宅
建筑风貌	二类风貌	建筑质量	二类质量
结构类型	土木结构		

建筑特色描述及相应照片		
外维护结构	屋面	
	墙体	 
内部结构	梁架	

续表

建筑装饰	门窗	 
	栏杆	 
	其他	

区块编号	H	门牌号	109号
户主姓名	杨文全	产权	私
建筑编号	24	调查者	蔡慧明 杜丽华
建筑基本信息与评价			
文保级别		建筑层数	2
建成年代	明清	使用性质	住宅
建筑风貌	二类风貌	建筑质量	二类质量
结构类型	土木结构		

续表

建筑特色描述及相应照片		
外维护结构	屋面	
	墙体	
内部结构	梁架	

区块编号	H	门牌号	131号
户主姓名	杨利民	产权	私
建筑编号	25	调查者	蔡慧明　杜丽华
建筑基本信息与评价			
文保级别		建筑层数	2
建成年代	明清	使用性质	住宅
建筑风貌	二类风貌	建筑质量	二类质量
结构类型	土木结构		

续表

建筑特色描述及相应照片		
外维护结构	墙体	 
建筑装饰	门窗	 

区块编号	H	门牌号	133号
户主姓名	杨应君	产权	私
建筑编号	26	调查者	蔡慧明　杜丽华
建筑基本信息与评价			
文保级别		建筑层数	2
建成年代	建国—1978	使用性质	住宅
建筑风貌	三类风貌	建筑质量	二类质量
结构类型	土木结构		

区块编号	H	门牌号	155号
户主姓名	杨汉魁	产权	私
建筑编号	27	调查者	蔡慧明　杜丽华
建筑基本信息与评价			
文保级别		建筑层数	2

续表

建成年代	1979—至今	使用性质	住宅
建筑风貌	三类风貌	建筑质量	二类质量
结构类型	土木结构		

区块编号	H	门牌号	134号、135号、136号
户主姓名	杨树禄、杨益	产权	私
建筑编号	28	调查者	蔡慧明　杜丽华
建筑基本信息与评价			
文保级别		建筑层数	2
建成年代	民国	使用性质	住宅
建筑风貌	二类风貌	建筑质量	三类质量
结构类型	土木结构		

建筑特色描述及相应照片		
外维护结构	屋面	
	墙体	
内部结构	梁架	

续表

<table>
<tr><td>建筑装饰</td><td>门窗</td><td> </td></tr>
</table>

<table>
<tr><td>区块编号</td><td>H</td><td>门牌号</td><td>154号</td></tr>
<tr><td>户主姓名</td><td>杨寿康、杨天锡</td><td>产权</td><td>私</td></tr>
<tr><td>建筑编号</td><td>29</td><td>调查者</td><td>蔡慧明 杜丽华</td></tr>
<tr><td colspan="4">建筑基本信息与评价</td></tr>
<tr><td>文保级别</td><td></td><td>建筑层数</td><td>2</td></tr>
<tr><td>建成年代</td><td>民国</td><td>使用性质</td><td>住宅</td></tr>
<tr><td>建筑风貌</td><td>二类风貌</td><td>建筑质量</td><td>二类质量</td></tr>
<tr><td>结构类型</td><td>土木结构</td><td></td><td></td></tr>
<tr><td colspan="4">建筑特色描述及相应照片</td></tr>
<tr><td rowspan="2">外维护结构</td><td>屋面</td><td colspan="2"></td></tr>
<tr><td>墙体</td><td colspan="2"></td></tr>
</table>

续表

建筑装饰	门窗	  

区块编号	H	门牌号	154号
户主姓名	杨寿康、杨天锡	产权	私
建筑编号	30	调查者	蔡慧明　杜丽华
建筑基本信息与评价			
文保级别		建筑层数	2
建成年代	1979—至今	使用性质	住宅
建筑风貌	三类风貌	建筑质量	二类质量
结构类型	土木结构		

区块编号	H	门牌号	
户主姓名		产权	私
建筑编号	31	调查者	蔡慧明　杜丽华
建筑基本信息与评价			
文保级别		建筑层数	2
建成年代	明清	使用性质	住宅（已弃）
建筑风貌	三类风貌	建筑质量	四类质量
结构类型	土木结构		
建筑特色描述及相应照片			
外维护结构	墙体	 	

续表

建筑装饰	门窗	 

区块编号	H	门牌号	156号
户主姓名	杨新会	产权	私
建筑编号	32	调查者	蔡慧明　杜丽华
建筑基本信息与评价			
文保级别		建筑层数	2
建成年代	明清	使用性质	住宅
建筑风貌	三类风貌	建筑质量	三类质量
结构类型	土木结构		
建筑特色描述及相应照片			
外维护结构	屋面		
	墙体	 	

区块编号	H	门牌号	157号
户主姓名	李爱坤	产权	私
建筑编号	33	调查者	蔡慧明　杜丽华
建筑基本信息与评价			
文保级别		建筑层数	2
建成年代	明清	使用性质	住宅
建筑风貌	二类风貌	建筑质量	二类质量
结构类型	土木结构		
建筑特色描述及相应照片			
外维护结构	墙体	 	
内部结构	梁架		

区块编号	H	门牌号	157号
户主姓名	李爱坤	产权	私
建筑编号	34	调查者	蔡慧明　杜丽华

续表

建筑基本信息与评价			
文保级别		建筑层数	2
建成年代	1979—至今	使用性质	住宅
建筑风貌	三类风貌	建筑质量	二类质量
结构类型	土木结构		

区块编号		H	门牌号	158号
户主姓名		杨吉昌	产权	私
建筑编号		35	调查者	蔡慧明 杜丽华
建筑基本信息与评价				
文保级别			建筑层数	2
建成年代		明清	使用性质	住宅
建筑风貌		二类风貌	建筑质量	二类质量
结构类型		土木结构		
建筑特色描述及相应照片				
外维护结构	屋面			
	墙体			

续表

内部结构	梁架	 
建筑装饰	门窗	 

区块编号		H	门牌号	
户主姓名		徐发胜	产权	私
建筑编号		36	调查者	蔡慧明　杜丽华
建筑基本信息与评价				
文保级别		县级文保	建筑层数	2
建成年代		清代	使用性质	住宅
建筑风貌		一类风貌	建筑质量	四类质量
结构类型		土木结构		
建筑特色描述及相应照片				
外维护结构	墙体	 		

续表

建筑装饰	门窗	 
	栏杆	

区块编号	H	门牌号	186号、187号
户主姓名	杨来发、陈河信	产权	私
建筑编号	37	调查者	蔡慧明　杜丽华
建筑基本信息与评价			
文保级别		建筑层数	2
建成年代	明清	使用性质	住宅
建筑风貌	三类风貌	建筑质量	三类质量
结构类型	土木结构		
建筑特色描述及相应照片			
外维护结构	墙体	 	

续表

内部结构	梁架	

区块编号	H	门牌号	
户主姓名	杨九文	产权	私
建筑编号	38	调查者	蔡慧明　杜丽华
建筑基本信息与评价			
文保级别	1979—至今	建筑层数	2
建成年代	三类风貌	使用性质	住宅
建筑风貌	土木结构	建筑质量	二类质量
结构类型			

区块编号	H	门牌号	184号
户主姓名	杨金怀	产权	私
建筑编号	39	调查者	蔡慧明　杜丽华
建筑基本信息与评价			
文保级别		建筑层数	2
建成年代	民国	使用性质	住宅
建筑风貌	二类风貌	建筑质量	三类质量
结构类型	土木结构		
建筑特色描述及相应照片			
外维护结构	墙体	  	

续表

建筑装饰	门窗	 

区块编号	H	门牌号	184号
户主姓名	杨金华	产权	私
建筑编号	40	调查者	蔡慧明 杜丽华
建筑基本信息与评价			
文保级别		建筑层数	2
建成年代	建国—1978	使用性质	住宅
建筑风貌	三类风貌	建筑质量	二类质量
结构类型	土木结构		

区块编号	H	门牌号	182号
户主姓名	徐子安	产权	私
建筑编号	41	调查者	蔡慧明 杜丽华
建筑基本信息与评价			
文保级别		建筑层数	2
建成年代	1979—至今	使用性质	住宅
建筑风貌	三类风貌	建筑质量	二类质量
结构类型	土木结构		

区块编号	H	门牌号	143号、144号
户主姓名		产权	私
建筑编号	42（贡爷院）	调查者	蔡慧明 杜丽华
建筑基本信息与评价			
文保级别	县级文保	建筑层数	2

续表

建成年代	清代	使用性质	住宅
建筑风貌	一类风貌	建筑质量	三类质量
结构类型	土木结构		
建筑特色描述及相应照片			
外维护结构	屋面	 	
	墙体		
	台基	 	
内部结构	梁架	 	

续表

建筑装饰	门窗	  
	栏杆	

区块编号	H	门牌号	
户主姓名		产权	公
建筑编号	43（盐井）	调查者	蔡慧明、杜丽华
建筑基本信息与评价			
文保级别	保护建筑	建筑层数	1
建成年代	汉代	使用性质	盐井
建筑风貌	一类风貌	建筑质量	三类质量
结构类型	土木结构		
建筑特色描述及相应照片			
外维护结构	屋面		

续表

内部结构	梁架	

诺邓村I区建筑单体信息调查表

I区建筑编号图

区块编号	I	门牌号	
户主姓名	杨全香	产权	私
建筑编号	1	调查者	蔡慧明 杜丽华
建筑基本信息与评价			
文保级别		建筑层数	2
建成年代	明清	使用性质	住宅
建筑风貌	二类风貌	建筑质量	三类质量
结构类型	土木结构		

续表

建筑特色描述及相应照片			
外维护结构	屋面		
	墙体		
	台基		
内部结构	梁架		

区块编号	I	门牌号	
户主姓名	杨育香	产权	私
建筑编号	2	调查者	蔡慧明　杜丽华

续表

<table>
<tr><td colspan="5">建筑基本信息与评价</td></tr>
<tr><td colspan="2">文保级别</td><td></td><td>建筑层数</td><td>2</td></tr>
<tr><td colspan="2">建成年代</td><td>明清</td><td>使用性质</td><td>住宅</td></tr>
<tr><td colspan="2">建筑风貌</td><td>三类风貌</td><td>建筑质量</td><td>三类质量</td></tr>
<tr><td colspan="2">结构类型</td><td>土木结构</td><td></td><td></td></tr>
<tr><td colspan="5">建筑特色描述及相应照片</td></tr>
<tr><td rowspan="2">外维护结构</td><td>屋面</td><td colspan="3"> </td></tr>
<tr><td>墙体</td><td colspan="3"> </td></tr>
<tr><td>内部结构</td><td>梁架</td><td colspan="3"> </td></tr>
<tr><td>建筑装饰</td><td>门窗</td><td colspan="3"> </td></tr>
</table>

区块编号	I	门牌号	
户主姓名	村委会	产权	公
建筑编号	3	调查者	蔡慧明　杜丽华
建筑基本信息与评价			
文保级别	保护建筑	建筑层数	2
建成年代	明清	使用性质	办公
建筑风貌	一类风貌	建筑质量	一类质量
结构类型	土木结构		
建筑特色描述及相应照片			
外维护结构	屋面	 	
	墙体	 	
内部结构	梁架	 	

续表

建筑装饰	门窗	 
	栏杆	

区块编号	I	门牌号	
户主姓名	杨好杏	产权	私
建筑编号	4	调查者	蔡慧明 杜丽华
建筑基本信息与评价			
文保级别		建筑层数	2
建成年代	1979—至今	使用性质	住宅
建筑风貌	二类风貌	建筑质量	二类质量
结构类型	土木结构		
建筑特色描述及相应照片			
外维护结构	墙体	 	

续表

内部结构	梁架	 

区块编号	I	门牌号	
户主姓名	杨庆明	产权	私
建筑编号	5	调查者	蔡慧明　杜丽华
建筑基本信息与评价			
文保级别		建筑层数	2
建成年代	明清	使用性质	住宅
建筑风貌	二类风貌	建筑质量	二类质量
结构类型	土木结构		
建筑特色描述及相应照片			
外维护结构	屋面		
	墙体	 	

续表

建筑装饰	门窗	 
	其他	

区块编号	I	门牌号	
户主姓名	段丽英	产权	私
建筑编号	6	调查者	蔡慧明 杜丽华
建筑基本信息与评价			
文保级别		建筑层数	2
建成年代	建国—1978	使用性质	住宅
建筑风貌	三类风貌	建筑质量	二类质量
结构类型	土木结构		

区块编号	I	门牌号	118号、119号
户主姓名	杨春林 杨继新	产权	私
建筑编号	7	调查者	蔡慧明 杜丽华
建筑基本信息与评价			
文保级别		建筑层数	2
建成年代	民国	使用性质	住宅
建筑风貌	二类风貌	建筑质量	二类质量

续表

结构类型	土木结构		
建筑特色描述及相应照片			
外维护结构	屋面		
	墙体		
内部结构	梁架		

区块编号	I	门牌号	120号
户主姓名	张常杏	产权	私
建筑编号	8	调查者	蔡慧明　杜丽华
建筑基本信息与评价			
文保级别		建筑层数	2
建成年代	建国—1978	使用性质	住宅
建筑风貌	三类风貌	建筑质量	二类质量
结构类型	土木结构		

区块编号	I	门牌号	
户主姓名	杨奇松	产权	私
建筑编号	9（银匠家）	调查者	蔡慧明　杜丽华
建筑基本信息与评价			
文保级别	县级文保	建筑层数	2
建成年代	清代	使用性质	住宅
建筑风貌	一类风貌	建筑质量	三类质量
结构类型	土木结构		
建筑特色描述及相应照片			
外维护结构	屋面		
	墙体	 	
	台基		

续表

建筑装饰	门窗	  
	栏杆	

区块编号	I	门牌号	121号
户主姓名	杨明德	产权	私
建筑编号	10	调查者	蔡慧明 杜丽华
建筑基本信息与评价			
文保级别		建筑层数	2
建成年代	明清	使用性质	住宅
建筑风貌	二类风貌	建筑质量	二类质量
结构类型	土木结构		
建筑特色描述及相应照片			
外维护结构	屋面	 	

续表

外维护结构	墙体	 
内部结构	梁架	 
建筑装饰	门窗	 

区块编号	I	门牌号	114号
户主姓名	杨畅忠	产权	私
建筑编号	11	调查者	蔡慧明　杜丽华
建筑基本信息与评价			
文保级别		建筑层数	2
建成年代	民国	使用性质	加工房
建筑风貌	二类风貌	建筑质量	三类质量
结构类型	土木结构		

续表

建筑特色描述及相应照片		
外维护结构	墙体	
内部结构	梁架	

区块编号	I	门牌号	114号
户主姓名	董菊香	产权	私
建筑编号	12	调查者	蔡慧明　杜丽华
建筑基本信息与评价			
文保级别		建筑层数	2
建成年代	1979—至今	使用性质	猪圈
建筑风貌	四类风貌	建筑质量	四类质量
结构类型	土木结构		

区块编号	I	门牌号	
户主姓名	杨春林	产权	私
建筑编号	13	调查者	蔡慧明　杜丽华
建筑基本信息与评价			
文保级别		建筑层数	1
建成年代	明清	使用性质	住宅（已弃）
建筑风貌	三类风貌	建筑质量	三类质量

续表

结构类型	土木结构		
建筑特色描述及相应照片			
外维护结构	屋面		
	墙体		

区块编号	I	门牌号	115号
户主姓名	董菊香	产权	私
建筑编号	14	调查者	蔡慧明　杜丽华
建筑基本信息与评价			
文保级别		建筑层数	2
建成年代	建国—1978	使用性质	住宅
建筑风貌	三类风貌	建筑质量	三类质量
结构类型	土木结构		
建筑特色描述及相应照片			
外维护结构	屋面		

续表

内部结构	梁架	 
建筑装饰	门窗	 
	栏杆	

区块编号	I	门牌号	115号
户主姓名	董菊香	产权	私
建筑编号	15	调查者	蔡慧明　杜丽华
建筑基本信息与评价			
文保级别		建筑层数	1
建成年代	建国—1978	使用性质	猪圈
建筑风貌	三类风貌	建筑质量	四类质量
结构类型	土木结构		

区块编号	I	门牌号	114号
户主姓名	杨畅忠	产权	私
建筑编号	16	调查者	蔡慧明 杜丽华
建筑基本信息与评价			
文保级别		建筑层数	2
建成年代	1979—至今	使用性质	住宅
建筑风貌	三类风貌	建筑质量	一类质量
结构类型	土木结构		

区块编号	I	门牌号	114号
户主姓名	杨畅忠	产权	私
建筑编号	17	调查者	蔡慧明 杜丽华
建筑基本信息与评价			
文保级别		建筑层数	2
建成年代	明清	使用性质	住宅
建筑风貌	三类风貌	建筑质量	二类质量
结构类型	土木结构		
建筑特色描述及相应照片			
外维护结构	屋面	 	
	墙体	 	

区块编号	I	门牌号	
户主姓名	李文魁	产权	私
建筑编号	18	调查者	蔡慧明　杜丽华
建筑基本信息与评价			
文保级别		建筑层数	2
建成年代	明清	使用性质	住宅
建筑风貌	三类风貌	建筑质量	三类质量
结构类型	土木结构		
建筑特色描述及相应照片			
外维护结构	墙体		
内部结构	梁架	 	
建筑装饰	门窗	 	

区块编号	I	门牌号	
户主姓名	杨映梅	产权	私
建筑编号	19	调查者	蔡慧明　杜丽华

续表

建筑基本信息与评价			
文保级别		建筑层数	2
建成年代	明清	使用性质	住宅
建筑风貌	三类风貌	建筑质量	二类质量
结构类型	土木结构/砖混结构		
建筑特色描述及相应照片			
外维护结构	屋面		
	台基		
内部结构	梁架		
建筑装饰	栏杆		

区块编号	I	门牌号	
户主姓名	杨杰仁	产权	私
建筑编号	20	调查者	蔡慧明　杜丽华
建筑基本信息与评价			
文保级别		建筑层数	2
建成年代	明清	使用性质	住宅
建筑风貌	二类风貌	建筑质量	二类质量
结构类型	土木结构		
建筑特色描述及相应照片			
外维护结构	屋面		
	墙体		
内部结构	梁架		
建筑装饰	门窗		

<table>
<tr><td colspan="2">区块编号</td><td>I</td><td>门牌号</td><td></td></tr>
<tr><td colspan="2">户主姓名</td><td>杨希文</td><td>产权</td><td>私</td></tr>
<tr><td colspan="2">建筑编号</td><td>21</td><td>调查者</td><td>蔡慧明 杜丽华</td></tr>
<tr><td colspan="5">建筑基本信息与评价</td></tr>
<tr><td colspan="2">文保级别</td><td></td><td>建筑层数</td><td>2</td></tr>
<tr><td colspan="2">建成年代</td><td>民国</td><td>使用性质</td><td>住宅</td></tr>
<tr><td colspan="2">建筑风貌</td><td>二类风貌</td><td>建筑质量</td><td>三类质量</td></tr>
<tr><td colspan="2">结构类型</td><td>土木结构</td><td></td><td></td></tr>
<tr><td colspan="5">建筑特色描述及相应照片</td></tr>
<tr><td rowspan="3">外维护结构</td><td>屋面</td><td colspan="3"></td></tr>
<tr><td>墙体</td><td colspan="3"></td></tr>
<tr><td>台基</td><td colspan="3"></td></tr>
</table>

续表

内部结构	梁架	 
建筑装饰	门窗	  
	栏杆	

区块编号	I	门牌号	
户主姓名	赵定钧	产权	私
建筑编号	22	调查者	蔡慧明　杜丽华
建筑基本信息与评价			
文保级别		建筑层数	2
建成年代	明清	使用性质	住宅/酿酒厂
建筑风貌	二类风貌	建筑质量	二类质量
结构类型	土木结构		

续表

建筑特色描述及相应照片			
外维护结构	屋面		
	墙体		
	台基		
内部结构	梁架		

区块编号	I	门牌号	
户主姓名	杨映菊	产权	私
建筑编号	23	调查者	蔡慧明 杜丽华

续表

建筑基本信息与评价			
文保级别		建筑层数	2
建成年代	解放—1978	使用性质	住宅
建筑风貌	三类风貌	建筑质量	二类质量
结构类型	土木结构		

区块编号	I	门牌号	
户主姓名	徐金枝	产权	私
建筑编号	24	调查者	蔡慧明　杜丽华
建筑基本信息与评价			
文保级别		建筑层数	2
建成年代	民国	使用性质	住宅
建筑风貌	二类风貌	建筑质量	二类质量
结构类型	土木结构		
建筑特色描述及相应照片			
外维护结构	屋面		
	墙体